PEDAGOGIA DA TOLERÂNCIA

ORGANIZAÇÃO E NOTAS
ANA MARIA ARAÚJO FREIRE
PREFÁCIO
LISETE R. G. ARELARO

PEDAGOGIA DA TOLERÂNCIA

Paulo Freire

9ª edição

PAZ & TERRA

Rio de Janeiro
2022

Pedagogia da tolerância, Paulo Freire

4ª edição, 3ª edição Paz e Terra

Editora Paz e Terra Ltda.
Rua Argentina, 171, 3º andar – São Cristóvão
Rio de Janeiro, RJ – 20921-380
www.record.com.br

Seja um leitor preferencial Record.
Cadastre-se e receba informações sobre nossos lançamentos e nossas promoções.

Atendimento e venda direta ao leitor:
sac@record.com.br

Texto revisto segundo o novo Acordo Ortográfico da Língua Portuguesa.

CIP-BRASIL. CATALOGAÇÃO NA FONTE
SINDICATO NACIONAL DOS EDITORES DE LIVROS, RJ.

F934p
9ª ed. Freire, Paulo, 1921-1997
Pedagogia da tolerância/Paulo Freire; organização, apresentação e notas de Ana Maria Araújo Freire. – 9ª ed. – Rio de Janeiro: Editora Paz e Terra, 2022.

400 p.
ISBN 978-85-7753-437-1

1. Educação – Filosofia. 2. Sociologia educacional. 3. Tolerância. I. Freire, Ana Maria Araújo. II. Título.

CDD: 370.113-0934.
CDU: 37.01

Impresso no Brasil
2022

A André, Marina, Flora e Gabriel, netos muito queridos que, desde cedo, sentem e sabem que só com amor e tolerância é possível um mundo melhor.

Nita

Sumário

Parte 3 – Sobre a ação cultural e cidadania

Parte 4 – Sobre ensino/ aprendizagem

Parte 5 – Diálogos e discursos

PREFÁCIO

FOI MUITO OPORTUNA A DECISÃO DE NITA FREIRE de reunir esta coletânca de reflexões e diálogos do Professor Paulo Freire — organizados em oito conjuntos de depoimentos, testemunhos, seminários e cartas — e de publicá-la sob o título *Pedagogia da tolerância*.

O título faz jus às convicções mais profundas de Paulo Freire: a tolerância para com as diferenças, para que a diversidade possa aflorar na sua plenitude; tolerância como *qualidade de conviver com o diferente, não com o inferior*, tolerância para com a incoerência ideológica dos atos pedagógicos, que, aos poucos e sempre, vai construindo o caminho do respeito pelo outro, pelos educandos. A indignação pelo capitalismo, que nesse percurso gesta o compromisso social dos professores com os interesses da maioria, dos grupos populares espoliados; a "prática que dá vida ao discurso" da educação como direito de todos, no cotidiano, no jogo das contradições e do poder.

O conjunto dos artigos — em vários estilos e oportunidades — revela e atualiza, com outras palavras e imagens, a discussão central presente em toda a sua obra, especialmente na tríade *Pedagogia do oprimido, Pedagogia da esperança* e *Pedagogia da autonomia*, qual seja a necessária coerência entre o discurso e a prática, o diálogo como método e suas implicações na transformação social, a que o reconhecimento do ato pedagógico como ato político nos obriga.

Paulo Freire tem um estilo único: é um irresistível contador de estórias e "causos". E por meio dessa metodologia original desvela as contradições presentes em todos os discursos — especialmente os que se apresentam como *neutros* — e vai-nos convencendo, com argumentos e seus reversos, da historicidade de nossas ações, como educadoras e cidadãs. Por isso foi um menino "cheio de sonhos docentes". Que ousava propor a radicalidade de conviver com o contrário, de aprender com o diferente. De ser um radical que não se atribui a posse da compreensão do mundo. Um revolucionário que sabia e propunha que libertação só se faz em comunhão. Portanto, um pregador do sonho necessário e coletivo. Que começa em cada um, mas que não se completa no somatório das libertações individuais, pois libertação não é doação dos que "veem mais e melhor": é ato-reflexão coletivo.

Afinal, Paulo Freire sempre nos preveniu que "existir é arriscar", e seu gosto pelo risco definiu seu sonho, seu sonho de liberdade. E sonhar em torno desse amanhã. Da liberdade dos povos e de cada um. Tinha horror à violência, mas sabia que há momentos *armados* na história da construção da cidadania e da igualdade dos explorados. Mas com beleza ética, amor e afetividade na política.

Nestes tempos difíceis, em que a intolerância com os mais pobres, mais lentos, com as minorias, com os não campeões, os não competitivos anda exacerbada, e o pensamento homogêneo e homogeneizado avança de forma sorrateira, ler esta obra nos faz melhores. Nos comove. E nos mobiliza. A têmpera da luta. Como ele queria e sempre fez.

Lisete R. G. Arelaro
(uma eterna aprendiz dos falados e feitos de Paulo Freire)

Apresentação

É SEMPRE UM PRAZER E UMA ALEGRIA ENORME apresentar um livro de Paulo Freire, meu marido, não só porque estou cumprindo uma das tarefas que ele mesmo me delegou, mas também porque a *Pedagogia da tolerância* tem os seus textos "molhados" no humanismo esperançoso, na crença na democracia verdadeira e nos sonhos de tolerância com o diferente. Com novas abordagens nas suas temáticas preferidas de "tarefeiro político do mundo", este livro acrescenta aos seus anteriores importantes contribuições para discernirmos sobre os dias extremamente conturbados de hoje.

Estou certa de que, se não a maioria, grande parte da população mundial tem o sonho utópico de construir um mundo no qual as relações de conflitos sejam resolvidas de forma harmoniosa — e não pela guerra —, tendo como intuito preservar a grandeza e a inteireza dos seres humanos.

Sonhamos com um mundo no qual caibam a tolerância, a decência, a confiança e a solidariedade tanto nas relações de família quanto nas sociais, em todos os seus níveis e amplitudes. Mas a partir do "11 de Setembro" o imperialismo norte-americano ditou, com o seu princípio maior calcado no neoliberalismo globalizado, uma versão pós-moderna da Lei de Talião, cujas ações incidentes no mundo devem necessariamente ser regidas pela cobiça das riquezas alheias, pela usurpação delas para usufruto privilegiado de seus pares e eventualmente de seus concidadãos.

Assim, as ações dos "neoconservadores e fundamentalistas cristãos"*, que comandam o mundo da Casa Branca, vêm sendo basicamente movidas pelo ódio pelo diferente, concretizado nas guerras de vingança, ditas preventivas, profundamente desumanizantes. Para quem as pratica e para quem as sofre, essas ações exacerbam, portanto, a antieticidade, em um processo de desumanização que atinge a todos.

Essa perversa ideologia dissemina a ideia de sua superioridade intrínseca, acima de todas as coisas e pessoas, e atinge todos os âmbitos e todas as relações. Estamos vivendo tempos de medo e desconfiança entre indivíduos da mesma família, entre vizinhos, entre colegas de trabalho e, sobretudo, entre sociedades de culturas diferentes.

O autêntico diálogo freiriano do qual tanto precisamos é aquele que, ao contrário, se rege pela *amorosidade*, pelo *respeito ao diferente e admiração pela diversidade* e pela *crença na horizontalidade das relações entre as pessoas como sujeitos da história* para a construção de um mundo verdadeiramente democrático. É uma ação cultural para a humanização.

Faço publicar este livro, então, não com a intenção apenas de divulgar uma nova obra de Paulo, por mais que isso seja válido, mas para propiciar e ampliar a possibilidade desse diálogo, para dar continuidade a esse entendimento do mundo proposto por ele desde os anos 1960.

---

* Categorias utilizadas por Boaventura de Sousa Santos, na *Carta Maior*, 29 de novembro de 2004, "O novo século americano", divulgada pela internet. A.M.A.F.

Se é certo que este livro não chegará aos "donos do mundo", me nutro da esperança de que ele, com certeza, vai chegar e servir não somente aos que sonham com esse mundo melhor, mas também a *outros-eus* que, não sendo sectários, vão procurar lê-lo porque querem escutar vozes diferentes da sua. Por serem curiosos e estarem abertos a outras leituras do mundo, querem sair da mesmice conservadora. Assim, para ambos se faz importante escutar a voz de um homem como Paulo Freire, que pautou a sua vida/obra em nos mostrar a possibilidade de outro mundo, no qual amar seja possível. Propondo-nos o diálogo conscientizador para construirmos uma sociedade verdadeiramente democrática.

Depois de ter organizado e nomeado os dois últimos livros de Paulo — *Pedagogia da indignação: cartas pedagógicas e outros escritos* e *Pedagogia dos sonhos possíveis* —, quando comecei, em princípios de 2004, a organizar estes textos de Paulo, pensava e refletia, constantemente, que a globalização da economia e o pensamento neoliberal, ao contrário do que os seus promotores diziam pretender fazer, e estavam concretamente fazendo, era disseminar, por meio do poder político e econômico centralizado, totalitário e exacerbado, a arrogância, a prepotência e a malvadez sem limites. Sobretudo, via com clareza, como tantos outros e outras faziam, que eles se comportavam e norteavam a política mundial com a intolerância dos superiores, dos que a ninguém e a nada respeitam, dos que "sabem com quem estão falando?". Dos que pensam que a história e eles mesmos se fazem apenas com o EU exacerbado, como demiurgos da realidade, sem o indispensável TU.

Nessa procura de nome para este livro, fui anotando, então, algumas hipóteses que pudessem dar a unidade necessária a textos de naturezas diferentes e que fizessem sentido na história atual. Quando, no dia 11 de março, fui sacudida e fiquei perplexa — como muitos em todo o mundo — com os três atentados na manhã de mutilações e mortes de simples homens e mulheres a caminho do trabalho, em Madri, o título *Pedagogia da tolerância* foi se afirmando.

Justamente na Espanha, país que lutou bravamente contra a Guerra do Iraque?, perguntava-me. Eu tinha estado lá duas vezes em 2003, em abril e em dezembro, e tinha testemunhado o veemente protesto contra o *sim* do governo do primeiro-ministro Aznar ao poder majestático do senhor Bush em nove cidades que visitei. Milhares de pessoas assinando manifestos, caminhando pelas ruas em passeatas, e janelas desfraldando pedidos ou exigências de "Não à guerra" e "Parem com a guerra", exibiam um vigor de paz e justiça pouco visto no mundo. Por que, perguntava-me, incessantemente, a voz de quase toda essa população, tantas vezes dividida pelas "nações" internas, mas uníssona na questão vital para a população mundial, não estava sendo ouvida?

Questionava-me também: por que resposta tão cruel dos não respeitados por suas diferenças de cultura e religião? Por que o mundo árabe não pode existir de forma diferente em um mundo massificado pela padronização exigida pelos imperialistas donos do poder do mundo? O que significa para um povo ver sua pátria invadida e vilipendiada? Ver sua cultura e suas riquezas saqueadas? Ódio por todos os ocidentais, indiscriminadamente?

Infelizmente, para o mundo árabe não era e continua não sendo apenas a raiva que mobiliza as ações éticas contestatórias; era — e continua sendo — o ódio, em resposta ao ódio concretizado nas mortes e nos flagelos de toda sorte impostos pela nação mais rica do mundo e por seus asseclas da Espanha e do Reino Unido, que, entre outras coisas, estão dividindo a Europa na sua unidade de reconstrução material e de paz conseguida pelo diálogo político do pós-Segunda Guerra Mundial.

Estamos, portanto, diante da história que se vem fazendo por meio do ódio recíproco que petrifica e desumaniza. Atos desumanizantes contra a desumanização de "etnias inferiores por natureza". Corpos despojados do desejo ontológico de viver em nome de seu Deus e de seus valores culturais contra armas poderosíssimas, que, no Extremo Oriente — como vem acontecendo também nas intifadas entre judeus e palestinos —, nos dizem da impossibilidade do diálogo e do menosprezo pela vida que nortcia a política ambiciosa, prepotente e malvada dos poderosos, à qual os "fracos" aderem por não encontrarem outra opção.

Fala-se, questionam-se, mais do que nunca, valores em todas as partes do mundo, mas é o "eixo do bem" que está produzindo uma moral esdrúxula a partir da sua "agenda religiosa-ideológica, a dos valores morais"*. Nascida no bojo do neoliberalismo/globalização da economia, que, na verdade, sendo ideológica e calcada no secular puritanismo de um calvinismo hipócrita — que tem medo do corpo seu e do outro/a e incentiva como legítimo o enriquecimento desenfreado "dos que têm valor", "dos mais aptos" —, vem

* Ibidem.

norteando os costumes e as tradições da maioria das pessoas da sociedade norte-americana.

Essa "agenda", portanto, além de ser exatamente a falta de ética, tem a intenção de miopizar, confundir e submeter o seu próprio povo, que, crédulo na palavra, ingenuamente a aceita, e assim torna-se "escravo" de suas próprias alienações. Por isso elege homens públicos com apelos moralistas, quando lhes falta exatamente uma vida e uma política interna e externa pautadas nos valores morais verdadeiros, na ética pública.

O que está sendo feito das virtudes humanas que deveriam ser procuradas em cada um de nós, dentro de nós mesmos? Não foram as virtudes tão valorizadas como bem social por excelência depois da derrocada do nazismo? Que virtude primeira falta a nós humanos nos tempos de hoje para termos *um mundo de respeito pelo diferente*, um mundo onde a PAZ seja possível?

Minha resposta a mim mesma é: a *tolerância*. Exatamente aquela virtude que por sua essência ontologicamente humana, eminentemente humanista, nega a possibilidade da existência desse binômio perverso da ganância e do desejo totalitário da globalização/neoliberalismo, que justifica a dualidade do terrorismo, que são as duas faces da mesma moeda: "eixo do bem" e "eixo do mal". Muito possivelmente, se não estancarmos essa atitude desumanizadora, seremos levados à autodestruição.

Aliás, na minha apresentação do livro de Paulo *Pedagogia dos sonhos possíveis*, no *post scriptum*, datado de 15 de outubro de 2001, disse:

> Que mundo é este que estamos construindo? Estamos perdendo a esperança de dias melhores ou este atentado à vida e à paz deve ser compreendido, contraditoriamente, como o início da possibilidade de entendimento e de projetos de um mundo no qual o *diálogo da tolerância e da diferença* nos encaminhará para um tempo/espaço de mais harmonia, justiça e tranquilidade? [...] ou nos identificamos com a ética libertadora, assim humanista, com as utopias em que cabem as diferenças, expurgando-nos e expurgando da sociedade planetária as discriminações, e nos solidarizamos na construção social dos *sonhos possíveis* da tolerância democrática, ou marcharemos a passos largos e rápidos para a autodestruição total dos seres humanos.

Assim, no dia 11 de março de 2004, pautada pela razão, pela emoção e pelos sentimentos, tentando adivinhar que título Paulo colocaria e, sobretudo, querendo ser coerente com sua *leitura de mundo*, decidi que este livro se chamaria *Pedagogia da tolerância.*

Pus-me, imediatamente, a procurar, então, o arquivo em que eu tinha guardado um escrito de Paulo que teria sido a terceira carta do livro *Pedagogia da indignação: cartas pedagógicas e outros escritos*, desprezado por ele, ainda inacabado, no momento mesmo em que ele soube da morte do índio Galdino Jesus dos Santos. Considerei que esse belíssimo texto, que se intitula "Da tolerância, uma das qualidades fundantes da vida democrática", deveria abrir a série dos trabalhos dele neste livro que entrego, pensando, repito, nos que acreditam na utopia de dias melhores e não na incapacidade humana de mudar o "nosso endereço" que determinaram os brutos e os prepotentes, justificando-se com a destruição das Torres Gêmeas de Nova York.

Por fim, gostaria de agradecer a duas pessoas que, particularmente, contribuíram para enriquecer a *Pedagogia da tolerância*. Fiéis amigos, aos quais Paulo dedicou também um querer bem muito especial, continuam incansáveis recriadores dele na tarefa de fazer um Brasil mais bonito e democrático.

Lisete Arelaro, que, "braço direito" — certamente a expressão que caberia neste caso é "braço esquerdo" — de Paulo nos anos em que ele foi secretário municipal de Educação de São Paulo, escreveu com esmero um precioso e lindo prefácio, declarando-se, humildemente, "uma eterna aprendiz dos falados e feitos de Paulo Freire". Creio, entretanto, que na sua experiência pessoal e como docente da Universidade de São Paulo, ela é uma fiel recriadora do mestre/professor. Conheci-a na labuta diária e desgastante da qual nunca se poupou para que Paulo, ela mesma e todos/as que tinham o sonho ético-político-democrático de "mudar a cara da escola" conseguissem esse *inédito-viável*, e para que, como verdadeira amiga, não fosse subtraído dele o tempo de convívio comigo.

Luiz Oswaldo, que, também amigo meu hoje, é professor da Universidade Estadual do Ceará, emprestando sua inteligência e sensibilidade política ao Banco do Brasil como um de seus vice-presidentes, escreveu um texto "molhado" da mais autêntica nordestinidade. Conheci-o com Paulo, quando ele se empenhava com talento e vontade política para que o BB Educar se tornasse um programa, e que, seguindo fielmente a compreensão de educação de meu marido, chegasse a 2004 com 178.554 alfabetizados(as) e contasse, atualmente, com a matrícula de 150.396 homens e mulheres que querem se tornar sujeitos de nossa história.

Um agradecimento verdadeiro e fraterno a todos e todas, na pessoa de Dom Pedro Casaldáliga, que autorizaram para publicação textos com suas participações ao lado de Paulo, alguns, inclusive, que estavam sob sua guarda e me foram cedidos. Com sua postura de irmão em Cristo, sempre aberto e solidário, esclareceu dúvidas e nos presenteou com grande satisfação "'Viver é recriar'; um diálogo sobre a educação indígena".

São Paulo, fim da tarde de 8 de dezembro de 2004, com a alegria do direito e do dever cumprido.

Nita
Ana Maria Araújo Freire

PARTE 1

Sobre os nacionais

1

Da tolerância, uma das qualidades fundantes da vida democrática*

O bárbaro assassinato de Galdino Jesus dos Santos, o índio pataxó que, despertado pela dor indizível de seu corpo em chamas, se soube inapelavelmente morrendo, nos coloca, mais uma vez, a questão da tolerância.

Da tolerância, da educação, da democracia. Mas não da tolerância como pura condescendência ou indulgência que A tem ou experimenta com relação a B. Neste sentido, a tolerância implica um certo favor que o tolerante faz ao tolerado. O tolerante, em última análise, é uma pessoa disposta, bondosa ou benevolentemente, a perdoar a "inferioridade" do outro.

Nesta compreensão alienada e alienante da tolerância, como favor do tolerante ao tolerado, se acha escondida no tolerante a desconfiança, quando não a certeza, de sua superioridade de classe, de raça, de gênero, de saber em face do tolerado. Este, por sua vez — espera o tolerante —, deve humildemente revelar sua gratidão à bondade do tolerante.

Não é desta tolerância nem deste tolerante nem tampouco deste tolerado que falo. Falo da tolerância como vir-

---

* Este texto teria sido a terceira carta do livro de Paulo Freire *Pedagogia da indignação: cartas pedagógicas e outros escritos*, mas não chegou a ser concluído pelo autor. A.M.A.F.

tude da convivência humana. Falo, por isso mesmo, da qualidade básica a ser forjada por nós e aprendida pela assunção de sua significação ética — a qualidade de conviver com o diferente. Com o *diferente*, não com o *inferior.*

A tolerância verdadeira não é condescendência nem favor que o tolerante faz ao tolerado. Mais ainda, na tolerância verdadeira não há propriamente o ou a que tolera e o ou a que é tolerado(a). Ambos se toleram.

Por isso mesmo, na tolerância virtuosa não há lugar para discursos ideológicos, explícitos ou ocultos, de sujeitos que, julgando-se superiores aos outros, lhes deixam claro ou insinuam o favor que lhes fazem por tolerá-los.

Ninguém é verdadeiramente tolerante se se admite o direito de dizer do outro ou da outra: o máximo que posso fazer é *tolerá-lo*, é *aguentá-lo*. A tolerância genuína, por outro lado, não exige de mim que concorde com aquele ou com aquela a quem tolero e também não me pede que a estime ou o estime. O que a tolerância autêntica demanda de mim é que *respeite* o diferente, seus sonhos, suas ideias, suas opções, seus gostos, que não o negue só porque é diferente. O que a tolerância legítima termina por me ensinar é que, na sua experiência, aprendo com o diferente.

A algo que me parece fundamental e até prévio a qualquer indagação em torno da tolerância é que ela é uma instância da existência humana.

Só entre mulheres e homens, seres finitos e conscientes de sua finitude, seres que, por natureza, são substantivamente iguais, é que se pode falar em tolerância ou intolerância. Não é possível conjecturar em torno da tolerância entre tigres ou entre mangueiras e jaqueiras.

É neste sentido que a tolerância é virtude a ser criada e cultivada por nós enquanto a intolerância é distorção viciosa. Ninguém é virtuosamente intolerante assim como ninguém é viciosamente tolerante.

[...]

2

“Viver é recriar”: um diálogo sobre a educação indígena*

Paulo Freire: É interessante observar a posição do dominador, seja ele uma pessoa, seja ele um grupo, seja ele uma classe, seja ele uma massa ou, dependendo, seja ele uma nação diante do dominado. A pergunta que se faz é sobre a relação dialética entre espoliadores e espoliados. Uma das características fundamentais do processo de dominação colonialista ou de classe, sexo, tudo misturado, é a necessidade que o dominador tem de invadir culturalmente o dominado. Portanto, a invasão cultural é fundamental porque ela pensa no poder, ora através de métodos violentos, táticos, ora através de métodos cavilosos. O que a invasão cultural pretende, entre outras coisas, é exatamente a destruição, o que felizmente não consegue em termos concretos. É fundamental ao dominador: triturar a identidade cultural do dominado.

* Diálogo de Paulo Freire com os missionários que atuavam junto às comunidades indígenas do Mato Grosso, durante a 8ª Assembleia do CIMI (Conselho Indigenista Missionário), Regional MT, realizada em Cuiabá, de 16 a 20 de junho de 1982. Apesar de haver neste volume uma parte intitulada Diálogos, resolvi incluir este, pela força de seu tema, na parte sobre os nacionais. A.M.A.F.

E quando a gente dá uma olhadela para as experiências de países colonizados, inclusive o Brasil, se vê a barbaridade, a disputa, o comportamento do colonizador na África; confusos esses momentos finais como os em que me encontrei constantemente como assessor do governo africano, de um país recém-libertado. Se percebe exatamente, em tudo e em todos, essa presença e essa garra de um governo imperialista, colonialista, de dominação no sentido de esmigalhar a identidade cultural do povo, do grupo, da classe dominada, para que assim facilmente faça a expropriação material dos dominados.

A História já está cheia disso, se repete em todo lugar. Não é por acaso que o branco colonizador na África tenha tentado convencer o africano de que o africano não tinha História, antes que o branco tivesse chegado.

Primeira afirmação: vocês veem que isso cientificamente não merece nem consideração, não dá nem para discutir uma barbárie desta; mas está viva, está expressa pela presença invasora do branco lá. O branco trouxe a História na mão, e a História é sua, e deu de presente, porque "quer bem" ao desgraçado do negro, a História de branco. Na História dele vem a cultura do branco, vem a religião do branco, vem a compreensão do mundo branco também; a língua do branco é a única que é língua, porque o que os negros falam é dialeto. Língua mesmo só a do colonizador, a do colonizado é dialeto, é um negócio ruim, fraco, inferior, pobre, incompetente, não é capaz de expressar o mundo, de expressar a beleza, a ciência; isso só se pode fazer na língua do civilizado, língua branca que é melhor, mais bonita, porque por trás dessa branquitude tem tanto Camões como Beethoven.

Observem que essa é a concepção branca do Brasil mestiço. Essa é a concepção branca do Brasil mestiço com relação às culturas negras ou à dos índios do Brasil. É impressionante ver isso no nosso caso aqui; num relato desse a gente percebe isso. A branquitude brasileira ao expropriar as terras, ao dominar a cultura, ao considerar os indígenas como de menor idade, incapazes*, quistos de negatividade no Brasil e de inferioridade, manchas de impotência nacional. Ao fazer isso, porém, sempre nesse momento em favor desse desenvolvimento do país, pretendem obter uma mão de obra nessa região toda do país. Uma mão de obra barata, explorada, vilipendiada.

E para isso então, ao pretender expropriar os indígenas de suas condições materiais verdadeiramente nacionais, então pretendem oferecer nessa busca de conquista do ser cultural do dominado, pretendem iniciá-lo em destrezas importantes para a branquitude. Mas essas destrezas são mínimas porque o que precisa do interditar os indígenas para servir melhor a branquitude pura é exatamente uma meia dúzia de conhecimentos, para com esses conhecimentos se tornar uma mão de obra semiqualificada com a vocação de continuar tão explorada como a do operário. Isso é o que para certa branquitude brasileira significa a integração do índio à brasilidade. Então o que é que acontece, é que a coisa é dialética, vem uma resposta que a branquitude não espera.

É que no momento em que a branquitude joga o índio numa iniciação rudimentar de estudos, com que a mão de obra indígena se sinta melhor, eles entram de qualquer ma-

* Esta situação dos indígenas brasileiros só foi revertida com a Constituição de 1988. A.M.A.F.

neira no campo da cultura indígena com essa proposta, e a resposta do dominado é exatamente sonhar os sonhos da branquitude. Mas não é só por pura alienação não, é que no fundo é como se os indígenas estivessem dizendo: se vocês vêm pra cá oferecer pra gente os primeiros aninhos de escola, pra gente virar operário de vocês, a gente quer agora estudos para que possamos ser médicos, engenheiros, padres, bispos; não é só vocês, não... Entendam bem, eu não quero com isso dizer que a gente chegue aí no sertão brasileiro para fazer universidade para índio, estou dizendo que é inevitável fugir desse tipo de reação.

No fundo, então, o problema maior com relação aos xavantes não é tanto a reivindicação deles, é que, por trás da reivindicação dos xavantes, o que há é uma desordem estabelecida, quer dizer, é essa estrutura de injustiça que está provocando essa resposta que nos deixa inclusive espantados. Em termos práticos, eu não sei até que ponto, por exemplo, um grande trabalho de conscientização com os xavantes ou com os indígenas nacionais seria uma tentativa de leitura da realidade e compreensão crítica da realidade brasileira. Quer dizer, um aprofundamento da compreensão das razões disso. Por exemplo, a questão não é tanto dizer aos xavantes "vocês não deveriam sonhar em ser engenheiros, médicos, porque o sistema inclusive vai dificultar". Porque se eu fosse xavante eu diria "mas por que eu não posso ser pedagogo, qual é o impedimento, qual é a diferença que existe?". A diferença é exatamente a que há no mundo de cá. Quer dizer, tenho a impressão de que quanto mais a gente acredita que o xavante é um ser humano competente em nível de sua cultura, da sua escola, é capaz de superar a sua competência atual; quer dizer, o xavante tem uma certa sabedoria hoje e é capaz de ter uma sabedoria maior amanhã.

Isso numa tentativa de cifração da razão de ser, do estado atual de coisas que provoca inclusive isso, provoca esse tipo de aspiração. Eu não tenho dúvida nenhuma de que não só nesse campo, mas em outros da experiência social, o próprio comportamento do branco provoca essa resposta. É difícil pra vocês dizerem "você não tem o direito de estudar". Mas, por outro lado, vocês estão certos, porque o tipo de escola que eles estão pedindo é uma espécie de veneno. Vocês vejam que situação dramática é a de vocês. Por isso é que eu proponho que se faça uma análise para o aspecto deles, uma análise corajosa. Porque dizer que não têm direito não é possível; não devem sonhar com isso, não é possível; mas estimular esse tipo de educação brasileira do jeito que está não ajuda nem a classe dominante brasileira.

Participante: Você sempre estabelece uma relação entre dominado e dominador. Se nota no povo xavante que ele tem inveja do branco.

Paulo Freire: Você está usando um discurso da classe dominante para compreender a do dominado, não dá. O que você está chamando de inveja é a necessidade de sobrevivência enquanto dominado.

Participante: Se nota uma coisa interessante: como etnia eles têm consciência dos seus valores e procuram defendê-los. Eu não sei por que o povo xavante, que é um povo bastante vigoroso e bastante altivo, não tem essa consciência e por isso quer se tornar exatamente igual a nós. O que a gente está tentando dizer é "você tem a sua cultura e tem o seu valor".

Paulo Freire: Há um livro que eu considero um livro clássico, de um ex-colonizado que hoje leciona em Paris. O livro dele se chama: *Retrato do colonizado precedido pelo retrato do colonizador**. Há um momento em que ele diz que o colonizador e o colonizado são membros de uma ambiguidade dramática, que é a seguinte: de um lado ele odeia o colonizador, e do outro ele se sente apaixonadamente atraído pelo colonizador. Então, esse dualismo, essa ambiguidade que o colonizado vive, tende a se romper, não por causa de discursos, mas tende essa ambiguidade a se romper em determinado momento histórico, em que o dominado, de diferentes maneiras, se confronta com o dominador. É exatamente na assunção de sua vida conflitiva que o dominado rompe com o dualismo dele e se descobre a si e não quer ser o outro. Mas em determinado momento o testemunho de humanidade que o dominado tem é o mesmo do dominador.

É a imitação, o que você chama de inveja. Não é inveja. É a necessidade de estar com o outro, na medida em que o outro está dentro dele. Uma das coisas dramáticas do colonizado é que ele introjeta o dominador dentro. O dominador habita a intimidade do dominado. O processo de libertação implica a expulsão do dominador. Vocês imaginam, faz 480 anos que o índio no Brasil é dominado, que é discriminado, que é considerado uma coisa exótica, que é domesticado, que é invadido e manipulado, que é desrespeitado na expressão de sua cultura. Ora, existir aí uma dúzia de índios no Brasil buscando autonomia é um negócio novo, inclusive agora; acho que existe uma certa religiosidade in-

---

* MEMMI, A. *Retrato do colonizado precedido pelo retrato do colonizador*. Rio de Janeiro: Paz e Terra, 1967.

tensa entre eles. Esse nível de luta se encontra muito mais entre eles.

Eu tenho a impressão de que se vocês me perguntassem: — Paulo, o que você sugeriria, se surgisse a possibilidade de, em grupos de crianças, adolescentes e adultos, exigirem alguém para ensinar a eles? Poderia discutir-se o pensamento e a classe cultural à qual pertencem, conhecer o ser da cultura, o que vale dizer também a língua, a linguagem, a História, discutir a História e inclusive usando métodos que toda cultura tem.

A respeito de uma memória oral é preciso que nós inclusive, que estamos trabalhando com índios, tenhamos uma sensibilidade à flor da pele para o problema de cultura e História. Nós temos que respeitar a memória oral, inclusive a introdução da palavra escrita nessas culturas de memória oral tem que ser bem-feita e com um total respeito à oralidade. Pode arrebentar o oral só por causa da palavra em português. Sem palavra escrita a intimidade do movimento pedagógico é superior à base. São mais dialéticos, têm a compreensão da totalidade permanente. Devemos, pelo menos, fazer uma análise ou tentativa permanente de resgatar a História destruída. É intenção da branquitude destruir esse senso da História.

Participante: Eu não acabei de colocar esse ponto que você estava falando sobre o choque de cultura. Nós temos um povo xavante que é uma cultura que ora trabalha para a vida, ora trabalha para a morte. O xavante percebe que, talvez por uma reação, está explodindo por se sentir limitado por 180 mil hectares de terra perto da cidade, naturalmente apertados pela civilização.

Eu entendo a situação dos índios do Brasil. Há tribos que não se deixam desrespeitar. Eles querem lutar e mostrar que não se deixam manipular, eles querem impor a sua própria vontade. Eles querem usar esses meios da civilização para se levantar de onde eles estão, dessa coação, para se pronunciar. Por isso, eles querem formar a nação xavante, para ter seu presidente, para ter sua estrutura como o civilizado tem, para poder dizer a nós civilizados que é uma coisa natural, que não os podemos deixar de lado. Precisamos conhecer esse aspecto histórico, e que eles têm necessidade de crescer e eles crescem. Eles usam esses meios para poder se pronunciar.

Paulo Freire: O que eu acho é que ele assumiu muita coisa, quer dizer, o índio nesses termos é absolutamente fundamental, é maravilhoso. Pra mim é ao nível desse anseio que vocês devem trabalhar. Eu não compreendo a presença de vocês no meio desses índios brasileiros, no Brasil, para preservá-los dessas disputas.

Participante: Quanto aos índios, no aspecto cultural, por enquanto, está indo, não sei até que ponto eles acreditam na própria cultura. Num momento acreditam, noutro parece que não. No fundo é essa a impressão. Às vezes parece que tem muito a ver e às vezes não tem nada. O trabalho do missionário sente a angústia dessa fé e se sente desprezado.

Paulo Freire: Eu não sei. Uma coisa em que eu volto a insistir, e que eu gostaria de dizer a vocês, inclusive todo momento em que a minha fala possa parecer veemente, possa parecer enfática, isso resulta apenas do fato de que eu não digo aqui o que eu não acredito. Então, o meu discurso sou eu mesmo, mas não significa que eu esteja aqui dogmático, dizendo: "Esta é a verdade." Eu não digo nada disto. Sou um cara muito coerente, mas eu poria outro aspecto pra vocês, mais como um desafio, um resultado das minhas observações tentando compreender o comportamento das classes sociais e das pessoas dominadas, pobres, espoliadas.

Há um tempo eu venho observando o luxo e o comportamento superficial dos grupos de dominados; eu andei observando nesse comportamento uma série de posturas que eu andei chamando de manhas dos dominados, manhas históricas*. As manhas se explicitam na linguagem, na cor, na atitude, e na própria reação ao frio. Se não fossem as manhas, os oprimidos se acabariam, não dava para sobreviver. A violência dos exploradores é tal que, se não fossem as manhas, não haveria como aguentar o poder e a negação que se encontram pelo país.

Se eu tomar um copo d'água em certas zonas rurais, ou em certas áreas periféricas de São Paulo, numa casa popular, possivelmente eu vou pro hospital. O meu organismo imunizado perdeu a imunidade na medida em que tenho de me adaptar. Se não houver essa manha que é orgânica, que é fisiológica, biológica etc., o oprimido desapareceria. Mas a arguição também se expressa na linguagem. Chega o extensionista rural, chega o missionário, chega o sanitarista, os três fazem cada um o seu discurso. O missionário sobre a transcendência que não tem nada a ver com a mundanidade: uma péssima teologia. Uma viagem para o céu sem passar pela História. O outro falando, fazendo seu discurso do

* Ver nota 29 do livro *Pedagogia da esperança* (Rio de Janeiro: Paz e Terra, 1992, p. 225) [17ª ed. São Paulo: Paz e Terra, 2011, p. 305]. A.M.A.F.

problema de entender sua linguagem... Quando em sua palestra diz: eu isso, eu isso, eu isso... E, quando os três vão embora, os camponeses vão fazer exatamente o que gostariam de fazer. Mas eles dão a impressão de estar cada qual mais satisfeito, pensando que contam com mais um, mas no fundo não. E até é possível que, às vezes, o camponês faça o que eles querem: em determinadas situações, o camponês não tem outra opção senão fazer, ele também já sabe.

Há um sexto sentido que o oprimido tem pra adivinhar. Esse senso nos oprimidos é mais pra adivinhar do que para apropriar-se do fato, da razão de ser do fato. Essas manhas, eu acho, não tenho dúvida alguma, de que não seria no meio desses índios que essas manhas não existiriam. Há 480 anos eles são obrigados a serem manhosos. Na medida em que nós fôssemos capazes de compreender as manhas e estudá-las e descobrir o papel delas na totalidade da forma de comportamento do manhoso, que é o oprimido, a existência dele e a importância da sua linguagem, de sermos capazes de entrarmos na profundidade da linguagem do oprimido, não tenho dúvidas de que mais adiante a gente descobriria que as manhas iriam tornar-se métodos pedagógicos.

A gente pode ver nelas sugestões para o nosso trabalho de uma pedagogia libertadora. Então, muita coisa que parece a nós fraqueza do oprimido, que parece a nós acomodação, já desistência, muita coisa disso nos dói, pois estamos com ele, pois nós temos uma opção e uma adesão a ele, mas acontece que nós não entendemos ainda bem as coisas, por mais que a gente viva a seu lado. Então, muita coisa disso parece a nós uma entrega, uma desistência do ser, mas na verdade não é isso, é a sobrevivência num certo momento.

E o que pode acontecer também é que o oprimido se equivoca às vezes; na busca da sua sobrevivência ele pode ter outro tipo de opção. Por isso eu insisto tanto num debate.

Se eu trabalhasse nesses grupos, sobretudo para conversar, faria fora dos encontros chamados formais, fora das horas chamadas de trabalho, procurava um encontro de papo na noite de lua, na casa fumando cachimbo. Eu tentaria aprender a "manha de pijama" — é claro que índio não tem pijama —, eu queria surpreender essas manhas ali na linguagem, no jogo de palavras, no uso de um advérbio. Eu tenho uma paixão pela linguística. Eu acho que o linguista tem muito a fazer, no que ajudar o índio, também descobrir as manhas que apanham a alma do discurso. Eu sugeriria a vocês muita reflexão. Se eu trabalhasse numa área e fosse conseguindo descobrir, um certo dia eu começava a colocar a técnica nas mãos. Nesse momento a gente começa a entrar fundo nos sons, a gente precisa molhar o corpo da gente nas mesmas águas culturais do oprimido. E, vejam bem, eu não estou aqui perguntando ou dando lições a vocês, pois em questão de problemas de índios no Brasil vocês podem ser realmente meus professores e minhas professoras, não há dúvida alguma e não estou fazendo estardalhaço, é porque sabem, têm prática e entendem, eu não. Agora, acontece que a minha prática grande e larga com outros grupos sociais de oprimidos me ensinou também um bocado de coisas, tanto que fui traduzindo expressões teóricas que acho que são práticas também.

Daí isso me lembra simbolicamente o Nordeste em tempo de seca, você olha, está tudo esturricado, passa um ano, passam dois, passam três, morre tudo que é bicho, é tudo danado de seco, a terra racha, quando é um dia dá uma neblina e de manhã ninguém reconhece mais o chão, explode de verde. Em dado momento histórico, em certa circunstância explode a autenticidade que está aparentemente morta ali. Isso não acontece por acaso, porque num grupo eu não acredito que se destrua porque esses grupos são simples demais.

Quantos índios a gente tem no Brasil? Talvez 200 mil, no total? Quantos havia quando o Brasil foi conquistado? Não digo que o Brasil foi "descoberto"; dizer isso é um método do colonizador. Se vocês fizerem uma pesquisa hoje pelo Brasil afora, inclusive, se vocês forem num ginásio e universidade também do Brasil, vão ver que a grande maioria dos brasileiros dirá: "O Brasil foi descoberto em 1500". O Brasil jamais foi descoberto. Ele foi conquistado, mas foi dito que o Brasil foi descoberto, porque tinha interesse em dizer que foi descoberto, apesar de ser invadido, de terem conquistado as terras. Daí em diante, os conquistados passam a usar uma linguagem como se fossem o conquistador. Quer dizer, 480 anos depois, a gente continua falando no Descobrimento do Brasil, o que é pior ainda que Inconfidência Mineira. Como você chama a um dos primeiros estouros de busca de liberdade, romântica ou não, do Brasil, de Inconfidência? Inconfidência é o nome que o colonizador tinha que dar, e não nós. O problema da linguagem é um problema muito sério.

Educação: um ato político

Paulo Freire: No fundo esses problemas todos sobre os quais a gente quer discutir — escola, cultura, invasão da cultura, respeito pela cultura —, isso é sobretudo um problema político e um problema ideológico. Não existe neutralidade em coisa nenhuma, não existe neutralidade na ciência, na tecnologia. A gente precisa estar advertido da natureza política da educação. Quando eu digo da natureza política da educação, eu quero salientar que a educação é um ato político. Por isso mesmo não há por que falar de um *caráter* ou de um *aspecto* político da educação, como se ela tivesse apenas um aspecto político, mas não fosse uma prática política. E não há uma escola que seja boa ou ruim em si mesma, enquanto instituição. Mas ao mesmo tempo não é possível pensar a escola, pensar a educação, fora da relação de poder; quer dizer, não posso entender a educação fora do problema do poder, que é político. É preciso que os educadores estejam advertidos disso porque, na medida em que o educador percebe que a educação é um ato político, ele se descobre como um político. Na verdade o educador é um político, é um artista, ele não é só um técnico, que se serve de técnicos, que se serve da ciência. E por isso mesmo ele tem que ter uma opção, e essa opção é política, não é puramente pedagógica, porque não existe essa pedagogia pura.

Então, na medida em que o educador é um ser político, ele tem que ter uma relativa clareza, pelo menos com relação à sua opção política, o que vale dizer que ele precisa se perguntar: em favor de quem eu trabalho em Educação, em favor de quê ou, em outras palavras, qual é o meu sonho enquanto educador. Vale perguntar também contra o que eu estou trabalhando, porque eu conheço uma coisa pelo contrário dela, é preciso que eu saiba então como educador com quem eu estou. Qual é a minha opção, qual é o meu compromisso. E, daí em diante, eu preciso também viver uma coisa que não é muito fácil, que é exatamente a coerência entre a expressão verbal da minha opção e a minha prática. Quer dizer, vejam bem, não é o discurso que valida a prática, é a prática que dá vida ao discurso, e aqui estou quase já indígena também, quer dizer, é a minha prática que no fundo diz que meu discurso é válido, e não o meu discurso que vai iluminar a minha prática.

É interessante, há pessoas em quem a identidade entre a prática e o discurso é tal que elas são já um discurso. Não sei se estou claro. Sem querer ferir a tua simplicidade e tua humildade como bispo, bispo de nós todos, Dom Pedro, eu te poria e te ponho entre essas pessoas no mundo que são o seu discurso ao andar. A tua prática é o teu discurso, é a tua palavra. Eu acho isso de uma importância enorme. Eu confesso a vocês, esse negócio de fazer um discurso lindo, um discurso de amor, de amorosidade cristã, e no dia seguinte considerar o indígena um sujeito ontologicamente inferior, vá para o inferno! Não tem sentido! Eu tenho a impressão de que essa coisa é muito importante para a gente.

Por exemplo: sonhamos com uma escola — agora, volto imediatamente a uma análise já feita —, uma escola que seja vivida ou cujos conteúdos programáticos correspondam à ansiedade dos educandos e, historicamente, culturalmente, socialmente, uma escola em que os educandos exercitem o direito de ser sujeitos. E agorinha na hora do café, a Beth* me dizia isso, que um dia, ela conversando com uma mulher do grupo no qual ela trabalha, ela disse:

— Eu tenho uma coisa para te ensinar.

---

* Irmã Beth Almarante, neta do Marechal Rondon, membro importante do CIMI, que trabalhava com os índios myky. A.M.A.F.

— Não, não me diga uma coisa dessas — respondeu a mulher.

Não entendendo a resposta, continuou:

— Por quê? O que há?

E, de repente, o problema da cultura, o problema da linguagem, percebeu, parte do ponto de vista da nossa cultura autoritária. A Beth estava certíssima, esse é o discurso normal: "Eu tenho uma coisa para te ensinar". Do ponto de vista da cultura deles, em que a palavra é a ação transformadora, onde o conhecimento se dá neste mistério da palavra, houve uma reação, a companheira indígena dela disse:

— Não, estava certo se você dissesse: "eu te ensino e tu me ensinas".

Então, a mulher indígena colocou exatamente, parece até que ela leu a *Pedagogia do oprimido*, ela colocou exatamente o problema da dialogicidade. O problema da dialogicidade tem que ver não só com a teoria do conhecimento, mas tem que ver com a postura democrática da presença do ser como sujeito do seu conhecimento, como sujeito da sua educação. Ora, uma escola que experimente um pouco disso, então, não será na verdade destruidora. Ela trabalhará, pelo contrário, pela restauração e a recuperação da memória que às vezes se perde.

Então, eu concordo com a observação tua. Não toda a escola... eu sei que no Brasil a maioria está estragando mesmo. Outro dia me perguntaram em Belo Horizonte se eu achava que era preciso reformar a educação brasileira. E eu disse: "Olha, não é só a educação brasileira, é a sociedade brasileira inteirinha que tem que ser refeita, que tem que ser reconstruída, reinventada". E reinventando a sociedade inteira a gente vai reinventar a educação que agora não vale quase nada. Vale alguma coisa, mas está horrível, e nela a escola.

Então, eu tenho a impressão de que se vocês pudessem dedicar um pouco de esforço, trabalhando muito próximo do método das linguistas, o que quer dizer que eu aposto nesse estudo, que eu não estou idealizando o papel das linguistas nem o papel de ninguém, mas eu acho que a compreensão da cultura passa pela compreensão da língua e da linguagem. Elas estavam me dando ali explicações formidáveis do ponto de vista da estrutura do pensamento, o não uso dos adjetivos, das orações chamadas intercaladas, adjetivas, subordinadas com o pronome *que*, pela falta desse *que*, que liga de uma maneira dependente o pensamento um com o outro, então nessa cultura como é que o pensamento se dá para explicitar isso; então as justaposições de pensamento que fazem com que o discurso inteiro seja realmente muito diferente do nosso, muito original também, e muito bonito, complexo e simples ao mesmo tempo. Então, eu acho que vocês podiam fazer experiências com escolas diferentes. Para isso, insisto, é preciso haver uma clareza política cada vez maior e também, obviamente, desenvolver em vocês manhas também. As manhas são exatamente as táticas que a gente tem que usar quando a gente trabalha com o reconhecimento dos limites que a gente tem para enfrentar o tipo de restrições, que a gente tem que confrontar.

Escola, ideologia e contradição

Paulo Freire: Nos anos 70 (sic), se desenvolveram algumas teorias francesas, dentro de uma perspectiva marxista; o Althusser, filósofo marxista francês, chamava a escola de aparato de reprodução ideológica do Estado, portanto da sociedade política, portanto da classe dominante. Há uma série de teóricos que estudaram também isso tudo muito precisamente. No Brasil, quando chegou, eu acho que assumiu um caráter mais mecânico do que a própria teoria deles na sua origem. Mas, indiscutivelmente, o que se observa é que a educação sistemática tem uma tarefa fundamental, que é a de reproduzir a ideologia de quem tem o poder no poder, evidentemente é isso.

Mas acontece que a educação não é só isso. Nesse caso, então, a escola indiscutivelmente reproduz e sempre reproduziu a ideologia da classe que está no poder. Daí a sua não neutralidade. Mas acontece é que a escola vive intensamente, através de nós, as contradições que se dão na sociedade. A escola então, de um lado, reproduz a ideologia dominante, mas do outro lado se dá também, independentemente do querer do poder, no jogo das contradições. E, ao fazer isso, ela termina por contradizer também a ideologia que ela deveria por tarefa reproduzir. Na medida em que a gente compreende o papel da escola, a relação entre a escola, a sociedade e a estrutura dominante em termos dinâmicos, dialéticos, contraditórios e não mecanicistas, a gente então compreende melhor isso.

Porque veja o seguinte: ou a gente reconhece que a escola além de reproduzir a ideologia dominante também possibilita a crítica a essa ideologia ou a gente não tinha como explicar a gente. A não ser que a gente dissesse: nós somos geniais ou, então, nós fomos postos na escola por Papai do Céu, que botou a gente lá de propósito para enganar os dominantes. Mas o Papai do Céu não se mete nisso e nós não somos geniais. É que na verdade os mecanismos, melhor, as relações que se dão na sociedade, infra e superestruturas, são históricas. São contraditórias e não mecanicistas. Por isso é que eu dizia: a escola não é boa e nem má em si. Depende a serviço de quem ela está no mundo. Precisa saber a quem ela defende.

E é por isso também que é possível, em qualquer sociedade, fazer algo institucional e que contradiz a ideologia dominante. Isso é o que eu chamo de uso dos espaços de que a gente dispõe. O que a gente tem de fazer é exatamente medir os espaços dentro das instituições onde a gente anda, inclusive da Igreja. Quer dizer, qual é o espaço livre que a gente tem, e aí ocupar esse espaço. Veja bem, a questão dos espaços é uma questão que, sendo política, é histórica. Os espaços historicamente se fecham e se abrem. Quer dizer, não é uma coisa assim definitiva. Veja, por exemplo, o equívoco que estaria na afirmação categórica de que a Igreja é reacionária. Aqui a gente cai no problema do verbo ser, que qualifica a essência do ser.

Quer dizer, quando eu me lembro da minha meninice e da minha juventude, eu continuei na Igreja Católica porque eu sou um sujeito impertinente, renitente. E eu até costumava dizer quando jovem: ora, se fazer parte da Igreja Católica fosse igual a torcer por um time de futebol, eu já tinha mudado pela repulsa... Era quase assim, em todo o meu corpo eu sentia a rejeição a um tipo de sermão horrível, de uma contradição extraordinária ao recado de Cristo. A minha exigência da coerência entre o discurso e a prática era uma coisa enorme, já na meninice; eu não podia compreender um padre gordo fazendo sermão a pobre.

Não há transcendentalidade sem mundanidade. Eu tenho que atravessar a mundanidade para alcançar a transcendentalidade. E essa coisa me irritava muito. E, na minha juventude, eu nunca confundi esse sermão com o recado de Cristo. Eu nunca tive que sair do time, mudar de time. Mas, hoje, vocês observem o que vem sendo a Igreja no Brasil, para não falar na América Latina toda... A gente vê o papel, o compromisso histórico que a Igreja foi assumindo no Brasil, no momento em que ela foi virando profética de novo. No começo, ela foi profundamente tradicional, depois ela foi moderna ou modernizada, que é uma maneira inteligente de ser mais eficientemente tradicional. Finalmente, grandes setores da Igreja no Brasil encarnam exatamente a postura profética, de quem denuncia, de quem anuncia, de quem não tem medo da morte.

Então eu sou muito cuidadoso com esse negócio de dizer tal coisa *é*. Não, eu acho que inclusive nenhum de nós *é*. Eu acho que nós *estamos sendo*, ou *não sendo* historicamente. Eu uso os verbos muito no gerúndio, para marcar a processualidade histórica.

Então eu acho que é a mesma coisa com relação à escola. Assim como não aceito a afirmação generalizada. Você pode ter uma escola, depende da inserção histórica, política da escola. Agora o grande problema nosso como educadores é saber o que fazer e como fazer, em função da opção nossa. Há uma opção que não corresponde ao modelo vigente. Veja bem: quando o educador coincide com o modelo vigente, ele não tem problema nenhum. Para quem o capitalismo é um negócio extraordinário, é uma solução humanista, então o trabalho desse educador é ajudar na preservação do desenvolvimento moderno do capitalismo. Esse cara não terá problema algum com o regime. Mas quando o educador, por n razões, tem opções que não essa, então ele começa a ter necessidade de viver intensamente, habilmente, o que eu chamo de relação entre tática e estratégia.

Quer dizer, na estratégia tu sacodes o teu sonho, o que tu buscas viabilizar. E as táticas são exatamente os caminhos que tu crias andando para viabilizar o sonho. E, quando o caminho não tem nada a ver com o sonho, então é contraditório. E quando o caminho também não leva em consideração os limites do outro time do lado de lá... Um dos equívocos nossos é pensar que só quem está sonhando é a gente, entendem? Mas tem o outro time do lado de lá que não está nem sonhando, ele está defendendo a concretude do sonho dele. É o regime capitalista. Esse cara tem muito mais cuidado com o sonho oposto do que a gente. Ora, a prática da gente, quando a gente é claro, é lúcido, tem que ver com os limites de espaço dos caras, que estão do lado de lá do sonho da gente. Não só os meus limites. Quando estou atuando, tenho que saber como é que o cara que não sonha igual a mim pode reagir à minha ação. Não sei se estou sendo claro. Porque eu aprendi quando eu era menino que, se um sujeito der um murro em ponta de faca, fura. Eu acho que isso era válido quando eu era menino e continua hoje.

Eu aprendi que transformação social se faz com gente viva e alguns heróis que morreram não é porque quiseram, mas porque, enfim, morreram. Não estou propondo um negócio de medos não, estou propondo esta relação dialética entre a tática e a estratégia; em outra palavra, estou propondo a sensibilidade para a percepção do possível histórico. Isto é, qual é o possível histórico hoje? Porque não há dúvida nenhuma de que só tem um jeito pra gente fazer amanhã o que hoje a gente não pode fazer: é fazer hoje o que hoje se pode fazer. Então, fazendo o que agora posso fazer, eu me preparo para amanhã fazer o que hoje não me é possível fazer. E essas coisas, eu acho, são de uma importância enorme para um papo como esse. Aparentemente, isso não tem nada que ver com os índios, mas aqui tem uma turma de gente que se preocupa intensamente com isso. Mas há muito mais gente preocupada com o sonho contrário. E então isso tudo é política. Não é negócio de idealismo, isso é uma ação política, mesmo quando evangélica, e precisamente porque evangélica, eu não dissocio uma coisa da outra. Neste sentido é que eu dizia que a escola é e não é. Quer dizer, é preciso que eu saiba o que posso fazer numa escola, até usando a manha de que a escola que eu quero fazer é uma escola tradicional.

PARTICIPANTE: A gente tem três tipos de realidade de escola lá na região dos tapirapé e karajá, na Ilha do Bananal, em Mato Grosso. Desde o pessoal como os karajás, em Luciara, que prefere ficar na cidade por causa da escola. Karajá estudando na escola de "tori" [não índio], na cidade. O Summer* também tem programa de escola que abrange quase todas as aldeias karajás. São formados professores que iniciam a alfabetização em karajá apenas, e só mais tarde passam para o português, inclusive para passar a ideologia do branco dentro desse plano de educação.

* Summer Institute of Linguistics.

Paulo Freire: Tens coisa concreta assim para dar como exemplo? Eu ouço falar nisso há anos.

Participante: Eu trouxe as cartilhas, eu posso mostrar. As cartilhas começam com o 1º e o 2º ano em karajá, depois vem a de transição que já não é mais em carajá, daí pra frente em português.

Participante: Com os tapirapés, a gente tentou fazer a escola partir da própria vida do tapirapé. A gente teve problema de linguística e foi fazendo tentativas. Iniciamos a alfabetização, porque achamos que era importante dentro da vida deles, também sobre o problema da terra, sobre o da procura da identidade tapirapé, as festas, problema do branco, as coisas que o branco traz e outros assuntos que parecem importantes pra vida deles. A gente teve muita dificuldade por causa da língua, tanto é que a gente na aula fazia discussão em português, mas as palavras geradoras eram em tapirapé. Só mais tarde é que eles pegaram a técnica da discussão e continuavam discutindo em tapirapé. A gente fala um pouco em tapirapé, mas não dá para entrar mais na conversa.

Dom Pedro Casaldáliga: Um parêntese. Trocando elogios, para sua satisfação, se partiu do método Paulo Freire na aldeia tapirapé, com a preocupação de palavras geradoras.

Participante: Agora, a gente vê a importância que teve a escola, mesmo assim, com relação às festas. Os tapirapés eram um povo deixando bastante as danças e, com o início da escola, eles recomeçaram várias coisas e se interessaram pela escola. Começaram a refletir sobre aquelas coisas e as recuperaram bastante com relação às festas e à luta pela terra também, ao mesmo tempo que frequentavam a escola.

Foi nessa mesma época que começaram as Assembleias Indígenas com representantes do grupo também. Estas foram duas coisas importantes para a luta tapirapé.

Depois da alfabetização na língua deles, a gente foi até um ponto, depois não conseguimos avançar mais. Entrou a alfabetização em português, daí a gente conseguiu produzir muita coisa, pois era a língua nossa, aí avançou mais. Quando eles estavam completamente alfabetizados em português, surgiu um problema de novo, eles não tinham o que ler. O que existe em português para ler, eles não conseguem acompanhar. É uma luta toda para conseguir material. Aí surgiu essa ideia da gente se reunir com a Beth e tentar fazer um material adequado para o pessoal ler.

Paulo Freire: Nessa experiência de vocês, alguém domina bem a língua deles?

Participante: Não. A gente teve uma noção muito inicial. A partir disso, fomos descobrindo muitas coisas na escola. E, quando a gente ensinava em tapirapé, ensinava muitas palavras, discutíamos com eles e assim a gente continua estudando.

Paulo Freire: Estou espantado. Como é que vocês tomam esse negócio nessas regiões do Brasil! Uma pergunta que eu faria a vocês: existe neles uma vontade realmente de ler e escrever em português?

Participante: A escola se iniciou a pedido e por insistência deles. Eles querem aprender também, ter uma continuidade. A grande questão deles é "Será que a escola daqui corresponde à escola lá de fora?".

Paulo Freire: E, agora, por quê? A gente está voltando ao papo dessa tarde. Até que ponto a ideologia dominante, consumista, capitalista no Brasil, está provocando, de um lado afastando e de outro provocando, a busca de certo instrumental. Não é por acaso que esse grupo indígena não deve estar assim, simplesmente, porque amanheceu na segunda-feira, dizendo: "vou aprender". Deve haver uma preocupação existencial.

PARTICIPANTE: Eles sentiram muito a necessidade por causa da luta pela terra; para poder ir a Brasília, precisam tomar um ônibus, a Funai engana a todo momento... então, eles sentem muito essa necessidade de aprender português por causa disso.

PAULO FREIRE: É uma excelente razão!

PARTICIPANTE: Isso eu queria perguntar. Até que ponto essas exigências são válidas: primeiro as dificuldades dentro do Estado. Segundo, a percepção de que é preciso entender a manha, a nossa manha, e a nossa manha é através da escola, da palavra escrita.

Então nesse ponto não dá, pois o que se oferece aos índios que estão escolarizados em geral em matéria de leitura? Para os que acabam, podendo, vão ler *Porantim* e *Boletim do Cimi**; isso só não basta para fazer entender a nós, a nossa sociedade. Acho que seria importantíssimo adaptar uma literatura.

PARTICIPANTE: *Porantim* somente não basta...

PAULO FREIRE: Não basta.

PARTICIPANTE: Seria uma forma de adaptar uma literatura, a nossa literatura boa, humanista, ou sei lá qual, política, para fazer com que eles nos entendam.

---

* Ambos são publicações do CIMI — Conselho Indigenista Missionário. A.M.A.F.

Paulo Freire: Olha a base disso aí, seria uma sugestão, quando eu perguntei se alguém entre vocês tinha o domínio da língua, se houvesse essa possibilidade, depende do domínio da língua... seria gravar estórias, da tribo. Toda a cultura de memória oral está repleta de estórias e provérbios e a linguagem que explicita as estórias e provérbios está repleta de metáforas. Essas são as características fundamentais de culturas como estas. E vejam bem como Cristo enquanto pedagogo tinha — tinha que ter, não é? — também uma intuição linguística extraordinária. Você vê que o velho Cristo fazia o discurso por parábolas: estórias que ele contava e que ele provocava que se sacasse uma conclusão. Assim era no tempo dele, e assim continua sendo nas culturas preponderantemente orais, ou relativamente orais, como é o caso da nossa. A cultura indígena é quase totalmente oral. No resto do Brasil, nas áreas rurais, é preponderantemente oral. O uso de estórias é absolutamente pedagógico. É um caminho de pedagogia e de política.

O problema é saber em favor de quem a gente vai usar o mito. Essa para mim é de importância fundamental. A peça teatral aqui é o uso da estória. Por exemplo, essa cultura deve estar cheia de estórias de bichos, de aves, de árvores. Quer dizer, há uma intimidade orgânica entre o homem e mulher, nessas culturas, e o mundo. A relação é umbilical. Isso é a cultura já, essa relação é eminentemente cultural e a linguagem nessa cultura é também orgânica. Ela tem que ser necessariamente uma linguagem natural, quer dizer, uma linguagem material, concreta, não tem abstrações. Dificilmente você terá nessas culturas, nessas estórias, discursos em torno de conceitos. A gente usa o conceito porque a gente se distancia de tal maneira do real que termina jogando com os conceitos do concreto. É uma coisa maravilhosa. Como a gente parece um bando de malabaristas, jogando com os conceitos do mundo concreto, a mil metros, a um milhão de quilômetros de distância...

Nessas culturas não há nenhum jogo conceitual. O que há é o mundo mesmo. Através dessas estórias, através delas se dá a pedagogia, através dela se dá a formação. Há gente elitista e incompetente que pensa que nessas culturas não há teoria, que nessas culturas não há educação sistemática teórica. Essas culturas são eminentemente pedagógicas, num sentido assim mais profundo que essa palavra tem. E as estórias nessas culturas têm um papel pedagógico imenso, enorme. Então, uma primeira sugestão seria recolher estas estórias e pô-las no original, na língua, na língua nacional deles, e de outro lado a tradução. Agora, é preciso ver como fazer essa tradução em português de maneira que se aproxime o máximo possível do espírito da língua nacional deles e delas.

Participante: Será que a divulgação desse material não seria mais uma forma de dominação? Isso vai passar na mão de todo mundo.

Paulo Freire: Se a gente for desse jeito, a gente faz um gueto maior do que a redução que o governo já faz. A gente termina fazendo uma reserva dentro da reserva para a gente defender os reservados. Quer dizer, agora, eu respeito a tua pergunta, mas eu acho o seguinte: eu não proponho que se faça um negócio desse para fazer tese de mestrado na universidade não, defender uma tese e mandar às favas os índios. E publicar isso lá para ganhar dinheiro. Não. Eu estou propondo que essa pesquisa volte ao índio. Ele é o pesquisador também, e não eu o pesquisador dele. Isso aí é instrumento de pedagogia dele. Agora, na medida em que você trabalhasse intensamente com um grupo indígena na compreensão da sua própria cultura, se depois alguns exploradores se apoderam desse material para voltar lá e explorar, não vai dar não. Não vai dar, porque o cara assumiu a sua cultura. Como é que ele vai ser explorado? Agora, em todo trabalho de educação, político, portanto em todo trabalho de libertação e em todo trabalho humano, existe risco. Agora, ou você corre os riscos ou você se suicida.

Existir é arriscar. Existir, no sentido mais indefinido possível, e por isso mesmo mais radical, é arriscar. E nem por isso a gente deixa de existir porque está aqui. E o bacana da existência é que é arriscada. Imagina se não fosse, era chato pra burro. Isto é, em toda a História você está sujeito a um risco. Mas aí você está correndo um risco e diminuindo outros riscos. Na medida em que você corre bem um risco, você diminui outros. Na medida em que você corre o risco, não de desvelar a cultura do outro para se apoderar dela, mas para que o próprio nacional indígena se apodere dos valores da sua cultura, você está possibilitando que ele brigue melhor. Uma das razões que eles me deram aqui, para eles aprenderem português, é pra poder brigar melhor em Brasília, pra poder pegar o ônibus. É preciso que eles se conheçam melhor também, dentro da sua própria cultura, para que possam brigar conosco.

Mas o problema é o seguinte: é que tu tens pela língua dele um grande respeito. A história está contada na língua dele, fundamentalmente na língua dele. Agora, cá secundariamente, está a tradução na outra língua, na língua estrangeira que é o português. Ele tem que ler o português também, é material de leitura, de reflexão e aí a colaboração do linguista é absolutamente fundamental. É preciso que o próprio índio perceba a positividade de sua língua. E para isso a linguística nos pode ajudar enormemente e aos outros educadores. Vocês deveriam trabalhar junto aos linguistas, quando fossem analisar esse texto, da estória na língua nacional e na tradução brasileira. E dizer, olha, discutir com eles, por exemplo, como há uma riqueza fantástica na língua deles. Que eles dizem isso mais fluentemente. Que em português a gente teve dificuldade de traduzir. Que não deu para sair tão bonito quanto era no original.

Vocês querem ver outra coisa? Não sei se vocês confirmam isso. Eu aposto, por intuição, que essas línguas devem ter um conteúdo afetivo extraordinário. Eu não sou linguista, eu não conheço nenhuma delas, mas eu aposto. Eu me lembro, amigos, faz uns cinco ou seis anos que eu estava na ilha de Fiji, no Pacífico Sul, e lá eu recebi uma homenagem. Fui homenageado por um grupo chamado de aborígines pelos brancos, no meio da mata, que coisa formidável! O pessoal tido como inferior, não intelectual, que me prestava uma homenagem porque me conhecia como intelectual. Então, eu fui homenageado no meio da mata e era uma cerimônia linda, uma cerimônia de comunhão e eu tinha que beber uma bebida que me parecia muito estranha para minha cultura. Até grande parte da cerimônia eu não tinha o direito de falar. Vejam o problema da fala, da palavra nessas culturas. Eu não tinha o direito de dizer a palavra até o momento em que eu fosse recebido como um membro deles. Até o momento em que me dissessem sim. E durante esse período havia um cara que falava em meu lugar. É uma coisa maravilhosa. De um lado, eles negavam que eu falasse, do outro eles não aceitavam que houvesse um silêncio com a minha presença. Era uma coisa linda. Eu não podia ser um silenciado. Então, eles delegavam um deles que era o porta-palavra, e que falava sem me consultar. Então, ele falava em meu lugar. E chegou um momento em que pude falar, quando fui recebido, depois da comunhão. E obviamente que eu falei em inglês. Então tinha uma tradução na língua nacional feita por uma mulher da tribo. Ela tinha formação universitária, na Inglaterra. Ao meu lado, estava um sacerdote francês que morava lá há trinta anos e se recusava a falar francês. Só falava a língua nacional do grupo com quem vivia, e comigo falou em inglês também. Recusou-se a falar em francês. Quando eu falei em inglês, eu fiz um sacrifício enorme para conseguir dizer em inglês o que a minha afetividade brasileira gostaria de ter dito. E a moça traduziu para a língua nacional deles. No fim da cerimônia, o padre francês me disse: "Olha, é uma pena que você não entenda a língua deles, porque o discurso que a tradutora fez foi melhor que o original em inglês". Agora, ele era um sujeito formidável e estava de tal maneira emprenhado da afetividade da língua, que ele disse para mim: "Olha, eu não sei o português que vocês falam no Brasil, mas a minha convicção é de que você fez um discurso profundamente afetivo, só que no inglês..." E, como ele dominava o inglês, ele estava ouvindo o meu discurso e a tradução, ele entendia perfeitamente a língua nacional. E ele disse: "A tradutora, então, tinha todas as possibilidades de dizer na língua dela exatamente o que você gostaria de ter dito mas não disse, por isso que o discurso dela foi melhor". E eu anotei isso nas minhas curiosidades.

Eu aposto: essas línguas são profundamente afetivas. A sua sintaxe é afetiva. A sua lógica está rica de afetividade. Eu acho que seria bacana se vocês pudessem mostrar os valores que tem a língua deles, que não é inferior ao português. Pelo contrário, em certos aspectos é melhor, explicita mais. Mas eu não estou propondo também que vocês transformem, não é pegar os grupos indígenas pra dar seminário acadêmico, curso de linguística. Segundo, há uma relação direta entre a sua língua e o seu mundo, a sua realidade, a sua história, a sua cultura, que a sua língua já é isso. Vocês poderiam aproveitar o próprio material de leitura para transformar em material pedagógico a interpretação da realidade através da própria estória que eles contassem. Eu acho que esse poderia ser um caminho da escola. E o outro seria aprender a decifrar as manhas do dominador. Uma das tarefas nossas como educador é esta: é decifrar o mundo opressor para o oprimido; por isso que esse trabalho é político. Quem sabe, determinados textos de escritos de jornais devessem ser traduzidos na língua deles. Eu acho que há um mundo de material que vocês podem elaborar. Agora, sempre *com* eles, nunca só *para* eles.

Participante: O Summer já fez um tipo de coletânea de estórias. Agora eles fizeram assim: não recolheram dos velhos não, eles pegaram os alunos que era gente nova, e como esse pessoal tem nova compreensão, nova visão dos mitos que foram contados. Houve uma recriação, não muito favorável.

Dom Pedro Casaldáliga: É como gente nova, que quase com uma certa boa vontade, recolhe cantigas do povão. Eu estava pensando em fazer essas colocações que são preocupações nossas: o fato de nas leituras escolares se lerem trechos da Bíblia será um mal em princípio? Acho que não, depende, não é?

Se essas leituras são feitas com desprezo ou com certa benevolência é uma coisa. Agora, se realmente eles apreenderam que é a raiz da própria cultura e até da própria fé, acho que é outra coisa.

Paulo Freire: A ênfase na oralidade não pode parar em nome da grafia. Você veja o seguinte: em primeiro lugar, toda leitura da palavra é sempre precedida pela leitura do mundo. Segundo: se toda leitura da palavra é precedida pela leitura do mundo, isso remete-nos à leitura do mundo. Em outras palavras: a leitura do mundo precede a leitura da palavra e a leitura da palavra exige a continuidade da leitura do mundo. Mas isso é histórico: foi assim que o bicho virou gente e depois de virar gente o ser humano falou. Porque primeiro mudou o mundo, praticou e depois então escreveu, depois de tanto tempo.

Outro problema: não pode haver separação também entre ler e escrever. O exercício da leitura necessariamente exige o exercício da escrita, e da própria produção de texto. É preciso não separar a leitura da produção da palavra para ser lida de novo. Fora disso não tem sentido a leitura. Mas, ao mesmo tempo, entregar-se gostosamente ao jogo da oralidade. Nesse sentido, por exemplo, seria fantástico que vocês estimulassem ao máximo a dramatização. E nisso tem um precursor da gente que foi o próprio Anchieta; podem-se discutir os conteúdos políticos e ideológicos de Anchieta, mas seu trabalho nesse sentido foi extraordinário. Quer dizer, eu acho que fazer dramatização também, de algumas estórias que não têm muito o que ver com uma profundidade maior, com um mistério maior da cultura, em que envolva uma riqueza do mito, eu acho que seria bom a dramatização provocando o exercício da oralidade.

Participante: Nos tapirapés é assim e acho que nos outros grupos também deve ser. Para contar um mito eles representam o mito. E na língua tem som que a gente não sabe, não tem como escrever. As histórias de brigas com fazendeiros, discussão com eles, eles representam e têm muito de dramaticidade.

Paulo Freire: As línguas orais são tão concretas que viram corporais. Não sei se não estou muito simbólico. Porque as línguas são corporais. É uma coisa extraordinária, você ver como o africano fala. Não conheço, não tenho experiências com os grupos indígenas brasileiros. É uma das minhas deficiências. Mas eu me lembro que vi na África como o africano fala de modo geral com o corpo inteiro. Você faz uma pergunta ao africano, não quando ele já é intelectualizado, e a resposta que ele dá é com o som da palavra, e o jeito do corpo. Eu participei de muitas conversas em zonas rurais da Guiné-Bissau; quando o povo falava, era preciso usar uma roda, um espaço quase como esse, porque dramatizava a história toda. E eu me lembro que um dia estava em Dar El Salaam, na Tanzânia, com o ministro da Educação da Guiné-Bissau, e nós fomos convidados pra uma cerimônia de conclusão de curso de um Instituto de formação política do Partido, em Dar El Salaam. Inicialmente, o diretor desse instituto falou em inglês, fazendo um relatório das atividades. Enquanto falava em inglês, não mexia o corpo. Exatamente como a língua inglesa exige. Ele mexia a boca só; a mão, nada, coisa nenhuma. Quando ele terminou o discurso em inglês, ele fez o mesmo discurso em sua língua. A primeira coisa que ele fez foi afastar de si o microfone e delimitar um espaço que foi o espaço do discurso. Vejam, é um teatro, uma coisa maravilhosa! Eu não entendia a língua, mas entendi a linguagem, o corpo, o gesto. E aí eu disse pro ministro da Guiné-Bissau:* "Cabral, quando discuto com vocês na Guiné esse problema da língua e linguagens, eu tenho razão. Veja, esse homem agora está fazendo a tradução do que ele disse em inglês. Mas agora é ele que está falando, antes ele tinha traduzido. O primeiro discurso dele foi a tradução dele, quando ele falou em inglês. Mas, agora, é o corpo dele que fala".

Isso tem que ser aproveitado por nós. O problema, por exemplo, o uso do corpo no processo de libertação enquanto expressão de cultura, é absolutamente fundamental. O respeito pelo corpo, você veja como nós ocidentais temos muita marca defeituosamente cristã, estragamos o corpo. Veja você, Paulo [apóstolo] falou tanto em corpo, a gente fala tanto em corpo místico, e ao mesmo tempo o cristianismo deu uma conotação de pecado ao corpo, da qual a gente dificilmente se liberta. Quando o corpo é um treco bacana. Não importa que seja gordo ou magro, é o corpo do ser humano, que é uma coisa maravilhosa, uma presença criadora. E isso, nessas culturas, não tem negócio não. A gente pode passar, pode ter 480 anos de cristianismo deformado

* Mário Cabral, na época ministro de Estado para Educação e Cultura, a quem Paulo Freire dirigiu inúmeras cartas, transcritas no livro *Cartas a Guiné-Bissau: registro de uma experiência em processo* (Rio de Janeiro: Paz e Terra, 1977) [5ª ed. São Paulo: Paz e Terra, 2011]. A.M.A.F.

lá, e não se mexeu nisso. Outra coisa: nós cristãos temos que ser suficientemente humildes para reconhecer as besteiras que fizemos e ver se já é tempo de não fazer mais. Devemos respeitar essa maravilhosa compreensão lúdica do corpo. Brinca-se com o corpo, o corpo na árvore, o corpo na relva, o corpo na água, o corpo ao sereno, o corpo na chuva, o corpo no trabalho.

Participante: Na Missão Anchieta tem fundamentalmente oito grupos, oito povos com os quais se trabalha mais. O problema de educação, se as datas históricas não estão muito corretas, o problema de educação foi encarado de modo mais sistemático pelos anos 1947, quando começou realmente a funcionar sistematicamente o internato de Utiariti. Quando o internato se fechou, em 1971, já estava sendo fechado havia uns três ou quatro anos. A prática desse internato foi aquela de uma educação indígena uniforme para todos, que talvez não desconheceu na prática inteiramente a diferença. Depois a gente poderia ver se mesmo dentro dessa diferença tem algum denominador comum.

Eu quase distinguiria, temos dois povos aí que por dois motivos diferentes permaneceram com uma educação primitiva, mas eu digo educação primitiva não no sentido pejorativo, ao contrário. São os nhambiquaras justamente os primeiros com os quais se entrou em contato e que praticamente foram reativos, graças a Deus, ao nosso sistema. Os nhambiquaras e salumãs são dois extremos, culturalmente falando. E mais ou menos dentro destes grupos estão também os myky. Depois tem outro grupo, muito especial, que são os iranxes. Que é um grupo etnicamente muito misturado, em parte devido à Missão.

Temos atualmente os rikbaktsas, os kaiabis e apiakás. Sobretudo eles, de um modo ou de outro, se defrontam com os problemas próprios de uma educação escolar, mas eles pensam nas consequências e nos efeitos da escolarização como tal. Agora, nestes dois grupos, por circunstâncias aparentemente externas, a Missão não está dando mais escolarização. Praticamente, como se pode falar, lá nada temos, demos muitas voltas e reviravoltas.

Os rikbaktsas que também esperam alguma coisa da escola, parecida aos iranxes, ou seja, essas coisas que nós conhecemos, de saber português, saber matemática, para poder se defender.

Participante: Temos também um trabalho que eu já considero muito importante, de mitologia. Os 15 livros que estão escritos, estão transcritos, o que é um trabalhão. Tudo isso tem já um vocabulário, tirado dos próprios mitos, das conversas, que tem uns 4 mil itens, é enorme.

Para os kaiabis e apiakás, se tem uma estrutura de tipo mais escolar mesmo. E, aqui também, não foram para os apiakás, mas para os kaiabis. A gente coloca kaiabis e apiakás junto primeiro porque os dois são de língua tupi e foram unidos em duas reservas que são contíguas. Aí tem o Summer que fez trabalhos, cartilhas, que também não são usadas. A gente tem na aldeia somente um exemplar dos três volumes. O Summer fez diversos trabalhos de gramática, há estudos científicos e até pagaram índios para fazerem contos, lendas, até o que o índio viu quando foi para a cidade, então ele conta isso na língua.

Contamos também com uma nova mitologia nhambiquara, recolhida e publicada, com aproximadamente 150 páginas.

PARTICIPANTE: Dos iranxes é a mesma coisa, tem uma mitologia relativamente exaustiva. Uma mitologia bastante completa como podem ser completas as mitologias. Não é como a Bíblia, é muito mais criativo do que a gente pensa. Cada 15 dias tem um mito novo, é exagero um pouco, mas às vezes basta que um cara tenha feito uma reflexão sobre os fósforos e nasceu um mito novo.

Nos paresis [parecis], a mitologia é uma obra monumental no sentido clássico do verbo, são quase setecentas páginas. São notas que por sua vez têm a semente de novos mitos, muito eruditas, muitas delas: cada bichinho, cada árvore, mas também é importante.

Para os kaiabis a Missão fez trabalhos, mas o padre João não escreveu ainda isso, mas tem um trabalho de base de um austríaco Koch-Grünberg*; esse seria um pouco o quadro mais externo. Os meliás, os nhambiquaras guardam amplo material do Summer, embora não sejam usados, inclusive a Bíblia, parcialmente traduzida, e livros escolares.

PARTICIPANTE: O Summer não trabalhou com os nhambiquaras da Missão, mas trabalhou com outros nhambiquaras. Para os nhambiquaras, faz tempo, foi uma tribo muito cobiçada. No livro de Lévi-Strauss, aos poucos se está descobrindo que ele fez a tese sem chegar à aldeia dos nhambiquaras. Ele aproveitou as anotações dos missionários.

PARTICIPANTE: Eu acho que os trabalhos de Daniel** são sistematicamente injustiçados. Ele vem aqui, dá isso para

---

* Koch-Grünberg viajou pelo norte do Brasil e pela Venezuela no início do século XX e colheu informações inéditas no campo da antropologia, linguística e sociologia dos povos indígenas da região. A.M.A.F.

** O participante refere-se a Daniel Matenho Cabixi, um representante do povo paresi. A.M.A.F.

nós e, sem querer ofender ninguém, mas quantos leram isso e anotaram um pouco? Com os trabalhos de Daniel sempre acontece a mesma coisa. É o único que vem com o trabalho escrito e, precisamente, porque está escrito, se deixa para lá. O de economia, do ano passado, aconteceu a mesma coisa. Não houve tempo de se fazer nenhum comentário. Fica por isso mesmo. Ele faz algumas perguntas, alguns desafios e vai ficar por isso mesmo.

Agora vêm os iranxes. Essa é uma carta que eles escreveram para mim, falando muitas coisas. Falam de condução, de dentista, de rádio, de pano, de prego, de bomba-d'água, de galinha e de tela de arame*.

Paulo Freire: Essa carta é um documento extraordinário e taticamente não deve ser publicada, eles se sentirão traídos. Segundo, é possível que a Funai se vingue disso. Há uma contradição tremenda. Por isso é que eu não acredito que tenham abandonado a língua, e fazer essa reivindicação aí. Porque no momento em que um grupo indígena diz: não precisa de vir aqui pra me ensinar a ser iranxe, e diz com humildade mas também com uma cientificidade maravilhosa. E por que não? Não precisa exatamente porque eu já sou iranxe. Inclusive com esse verbo ser. Vale dizer, *não precisa* é sinal de que *eu sou*. E como é que, ao mesmo tempo, a língua é isso, a língua é iranxe. Há uma contradição entre a afirmação da autonomia cultural e a negação da língua. Por isso é que eu não acredito. Ou essa carta não é

* Nessa carta, um jovem iranxe tece considerações a respeito da educação indígena conduzida pelos missionários. A carta não está aqui reproduzida por se tratar de um documento iranxe, o qual se solicitou que não fosse publicado. A.M.A.F.

verdadeira, ou a afirmação primeira, a fuga da língua, a recusa da língua, foi pura aparência.

"Temos que enfrentar tudo"

Paulo Freire: Eu digo o seguinte: ou a gente prepara para confrontar e, lá dentro, a gente se prepara para enfrentar a realidade tal qual está sendo ou também não dá na cabeça da gente. Eu acho, eu não tenho resposta para vocês. Eu acho que estou aprendendo muito aqui. Eu desafio vocês. Não é possível mostrar o queijo e depois dizer: "Vocês não comam porque vocês não têm o cuidado com esse queijo, eu sim. Queijo é perigoso para índio, só não é para branco". Conhecimento é tanto para vocês como para mim. Ou eu dou um jeito nesse treco ou vou passar até o fim do século com esse tipo de medo.

Dom Pedro Casaldáliga: O que está mal no Brasil, no mundo em geral, não é apenas a educação, a escola, a universidade. Lamentaria demais que nos ativéssemos só a problemas da educação, a escola, sem ver a economia, a política, que é esta que está aí, e isso é um reflexo de um problema bem maior. O que devemos procurar nós mesmos é nunca enfrentar apenas a educação, aí estaremos perdidos. Temos que enfrentar tudo.

Paulo Freire: Não existe uma coisa chamada educação em si, língua em si, linguística, sons, fonética, consoantes, nada disso existe nisso mesmo. Eles existem num contexto maior, que é político, econômico, social e ideológico.

Dom Pedro Casaldáliga: Nós enfrentamos a globalidade do problema e, aí sim, podemos ajudar os índios a partir da nossa experiência, do que sabemos de mal dessa sociedade, a eles enfrentarem a globalidade também. Nesse sentido, a gente pensava em como concretizar mais, mas por outro lado eu acho muito importante que se conscientize dum modo global, do político, que é a nação, e o problema maior que temos que enfrentar e, enquanto realmente a sociedade for essa que está aí, não teremos condições de fazer uma escola decente. O que podemos é fazer essa escola de um modo mais crítico, mais contestatório, com uma vontade de transformação mais radical. Acho que ao mesmo tempo não estamos perdendo tempo, se nos conscientizarmos, se mudarmos de atitude, se globalizarmos nossa atitude, acho que não perdemos tempo, mesmo se não saímos com certa receita, que ninguém, possivelmente, é capaz de dar.

Participante: Em tudo isso a gente vê um medo de acreditar na liberdade do índio. A liberdade se faz sendo livre. E nós temos esquemas, muitas vezes pré-fabricados, e pensamos que o índio tem que ser assim, que a escola tem que ser assim, e queremos que o índio vá para onde nós queremos. Seja, é caminhar junto com ele, e arriscar com ele, tirando as vantagens para eles o mais possível de todas as circunstâncias.

Dentro desse emaranhado de coisas, aparece uma saída, e não é a ideal, mas é a única que aparece. Vamos nos encaminhando por ela e corrigindo e melhorando o mais que se pode. Seja, esse risco pela liberdade e pela caminhada junto com ele, o mais importante de tudo para nós é irmos aprendendo com ele. Agora se realmente nós queremos ser tão idealistas, tão ótimos, não fazemos nada. Vamos fazendo tudo isso e caminhando sem eles. Penso que devemos fazer a caminhada em conjunto com eles.

PARTICIPANTE: Sugiro a você, Beth, que coloque aquele exemplo dos myky; acho que se encaixa bem para ser um questionamento para a gente.

BETH: Esse é um exemplo de uma mulher, de apenas dez anos de contato, mas que teve uma reação nesse processo. A reação veio pelo desejo que eles têm de sal; eles não usam o sal. Nós explicamos que o sal traz problemas de saúde.

Eles estavam querendo sal. Acontece que eu tenho pressão baixa e expliquei para eles que eu precisava levar um pouco de sal, que ia precisar. Nisso as mulheres começaram a pedir sal. A gente conversou com elas explicando esse problema do sal. Elas foram embora. Depois chegou uma mulher para mim e disse:

— Eu hoje estudar nada.

— Você vai à roça? — eu perguntei.

— Nao — ela estava quase chorando... é uma mulher muito inteligente. — Nunca mais estudar — ela repetiu.

— Por quê? — perguntei.

— Primeiro eu conhecer nada, depois conheci, depois gostar, depois precisar, e aí você diz que estraga — ela respondeu.

Ela analisou todo o processo de contato: conhecer nada, depois conhecer, gostar, precisar e aí dizer que estraga.

PAULO FREIRE: Vocês vejam que isso não acontece só com o sal, mas também com o resto.

PARTICIPANTE: É preciso reparar que esses índios são da mesma tribo iranxe, só com o estágio de contato diferente.

Ela analisou todo o processo de contato com o branco e com tudo o que está entrando, e que claro vão conhecer, precisar, vão ter a necessidade e depois não têm a possibilidade de obter.

Ciência e mitologia

Paulo Freire: Eu me lembro aqui, agora, de um grande líder africano, Amílcar Cabral, que se empenhou na luta na Guiné-Bissau. Eu me lembro dos textos do Amílcar. Os seminários que ele fazia de avaliação de luta em plena frente de batalha na mata. Ele juntava os guerrilheiros, ele fazia aquela avaliação da guerra, da luta e, ao fazer a avaliação da luta, ele enfrentava o problema do pensamento mágico dos guerrilheiros. Com absoluto respeito, mas mostrando que era preciso superar a compreensão mágica do mundo, por uma compreensão científica do mundo. Me lembro do problema da crença nos amuletos, um deles, um negro disse: "Mas eu tenho visto os companheiros deixarem de morrer por causa do amuleto. A bala vem, ricocheteia, bate no chão, bate numa árvore, sai e não pega o corpo que está defendido pelo amuleto". O Amílcar dizia: "Eu respeito a posição do meu povo, mas o que eu quero deixar aqui muito claro é que a gente escapa da bala, do inimigo, na medida em que aprende melhor a defender-se da bala. Mais tarde, daqui a anos, os nossos netos vão dizer: 'Nossos avós lutaram muito, mas acreditavam em coisas bizarras'".

Quer dizer, eu não estou propondo, Deus me livre, que a gente chegue aos bororos e faça lá uma Sorbonne, para discutir a biologia mais correta, mais atual. De repente eles têm uma concepção física de mundo que merece todo o respeito. Mas a gente está discutindo aqui a luta da sobrevivência desses povos e eles lutam contra um opressor que tem o comando da ciência e da tecnologia. Quer dizer, eles não podem ficar simplesmente como reservas de uma cultura. É como se nós achássemos lindo que os sobreviventes de uma época, que não é a nossa, continuassem com seus mitos maravilhosos... mas a gente não tem mito não, a gente tem a ciência para dominar. Não sei não, eu não tenho nenhuma posição definida para isso.

Mas o que eu quero é colocar esse problema, sem desrespeito ao índio, sem desrespeito à compreensão que os grupos indígenas têm do mundo, de sua presença no mundo, de sua chegada ao mundo, eu tenho a impressão de que cedo ou tarde terão que ir compreendendo uma nova razão de ser dos fatos, sob pena de continuarem dependentes. Não sei, eu gostaria de ouvir a opinião dos antropólogos metidos nisso, mas não antropólogos que querem transformar o índio em museu.

Pode ser que eu esteja completamente errado ao dizer isso, e como eu tenho uma amorosidade sincera a todo o grupo de oprimidos, e obviamente pelos índios, se vocês provam que eu estou errado eu saio do erro. Mas temo que a gente preserve durante séculos essa coisa, que a gente continue tomando conta deles.

Participante: Como necessidade nossa.

Paulo Freire: Exato, por necessidade nossa.

Dom Pedro Casaldáliga: Eu não sou antropólogo, mas vou responder. Penso que talvez a história da atitude da Igreja, no que se refere à fé, à ciência e à Bíblia, pode ajudar um pouco. Durante muitos séculos a Igreja vivia aquele medo da ciência, porque invadia e desmistificava completamente a vida. Posteriormente, agora, eu acho que muitos de nós, com bastante harmonia interior, sabemos conviver e conjugar o que há de ciência com o que há de fé, com o que há de mito, frente à própria Bíblia. E não temos nenhum entrave em particular; pelo contrário, temos crescido. Quem sabe se mais ou menos isso, nós poderíamos levar simultaneamente ao trabalho indigenista.

PARTICIPANTE: Não sei não, neste momento a gente está discutindo a sobrevivência dos povos indígenas e neste exato momento a sobrevivência da humanidade também está ameaçada por causa da ciência.

PAULO FREIRE: Não é por causa da ciência não, é por causa da política que está orientando a ciência. É uma certa ciência a serviço de uma certa causa, esse é que é o problema, mas a ciência em si não é a culpada disso, não.

PARTICIPANTE: Paulo Freire, que está certo, diz que ninguém quer fazer o índio de museu. Vamos ter que apresentar a ciência de uma forma ou de outra, um currículo, um programa. Que programa é esse?

Quem vai fazer um programa, para quem? Para todos os grupos em conjunto? Então seria uma só superestrutura que faria um programa para índios e para a escolarização de índios no Brasil? Ou seria para um grupo específico, cada qual com a sua situação? E, se for cada grupo com a sua situação, o que apresentar? Falta é o esqueleto mestre, uma pedagogia que seja mais próxima da realidade de cada grupo desses. A pedagogia de Paulo Freire, em geral, adapta-se à cultura brasileira com mais facilidade ou com alguma dificuldade. Mas na realidade indígena como é que vamos aplicá-la?

Paulo Freire: O ponto fundamental dessa chamada Pedagogia de Paulo Freire: dá lá e dá cá. Não há prática pedagógica que não parta do concreto cultural e histórico do grupo com quem se trabalha. Esse é o princípio fundamental dessa pedagogia, serve lá também. É absolutamente autêntico lá.

Participante: De acordo com o que se está colocando, quer dizer, essa prática pedagógica de Paulo Freire, adaptada à realidade indígena, com que sequência de passos ela vai ser apresentada? Será a mesma que é apresentada numa cidade como São Paulo, ou que sequência seria em cada realidade? Aí é que está a dificuldade. Ou se pega os programas da escola opressora e se segue normalmente? Parece que se está precisando em cada situação específica ver a sequência do método pedagógico a ser aplicado.

Participante: Em torno dessa colocação do que será melhor para o povo indígena pode ser que seja até pieguice, mas é a base com a qual eu ajo. Cristo deixou um esquema de vida, dentro do qual o homem seria feliz. Basicamente, as bem-aventuranças, o repartir, o viver em comunidade, a plenitude de vida.

Durante 480 anos, nós e nossos anteriores missionários e agentes da Pastoral fizeram isso que nós achamos que era necessário, caminhar rapidamente para que o índio conhecesse toda a maneira de ser nossa. E vimos o fracasso e o esmagamento desses povos.

Há apenas poucos anos, se tenta uma pedagogia diferente, que é nós nos colocarmos em cosmovisão com aquele povo, já que está vivendo basicamente com o que o Cristo está querendo: o repartir, o viver em comunidade, o respeito mútuo, ainda que uma cosmovisão diferente não é certa conforme a ciência. O bem desses povos é isso. A nossa atitude deve ser de respeito. É o único jeito, mas simplesmente querer passar por um processo histórico antigo é um fracasso.

Paulo Freire: Bem, mas eu não propus passar por processos antigos, se fossem os antigos, que nem sequer ensinaram nada. O que os jesuítas fizeram no começo, desde a chegada dos exploradores no Brasil, foi ensinar latim. Não apressaram a violência, não apressaram a espoliação, não apressaram a morte dos índios, não apressaram a cultura dos índios. Eu não estou propondo o retorno a essa etapa, eu acho que a gente tem é que se identificar integralmente com a cultura deles.

O que eu coloquei foi até que ponto vamos ser nós os delimitadores do que os índios devem saber. É isso. Mas estou totalmente de acordo, não há outro ponto de partida, em nenhum processo educativo correto, que não seja o ponto em que estão os educandos. E não do ponto em que pensam que estão os(as) educadores(as).

Como ponto de partida, é isso aí. É impossível conhecer a não ser daquele estado em que estou conhecendo. O fundamental não é de método, de palavras etc. É essa a posição. Vejam, na carta, o que é que dizem os iranxes? Nós não precisamos que vocês nos venham ensinar o que significa ser iranxes, porque nós já somos iranxes. No fundo querem dizer: nós temos uma história e uma cultura que nos constituíram como iranxes. Não precisamos que vocês venham interpretar isso. Segundo, o que nós estamos querendo é conhecer o conhecimento que o branco tem, e, porque tem, nos explora e nos domina.

Pergunto eu agora. Primeiro, como responder a essa demanda? Segundo, ao responder a essa demanda, se estará ou não de novo tocando nas tradições culturais? Você entra ou não entra com a ciência? O que eles querem aprender é o conhecimento que o branco tem, e o conhecimento que o branco tem é científico. Como é que faz? Respondo ou não? Eu não sei, eu estou aprendendo aqui mais do que ensinando. Eu faço aqui perguntas.

Participante: Eu queria fazer só uma colocação que o Paulo fez hoje, para se chegar ao concreto dessa história da política e programação. O seguinte: você diz, a nossa atitude pode ser de ficar guardando o índio como um menino. Ele não pode ir a São Paulo, ele não pode ir a Brasília, e a intenção dele é estudar mais e estudar como o branco sabe, ir a Brasília ou ir a São Paulo.

Por outro lado, você colocou, e houve um protesto geral naquela hora de que a pedagogia de Paulo Freire seria inteiramente dentro da cultura, dentro da realidade de cada povo.

Se o índio tem que ter uma escola, uma programação, a escola vai ser tão alienante como as escolas do nosso sistema. Por que, se o índio dentro da sua cultura, da sua vida, ele vai ter que aprender inglês, a equação do segundo grau, uma série de coisas que já é completamente em contradição, que já é contra aquela cultura, aquela vida, aqueles valores, por que a porta estará aberta para ele poder continuar?

Paulo Freire: Você tem a chave dessa porta?

Participante: Não, não tenho, mas exatamente o problema, eu acho que temos que deixar essa porta aberta. Agora, que programação fazemos que no fundo não seja uma programação igual à das nossas escolas aí fora, em contraste com a realidade do povo indígena?

Paulo Freire: Aí é que eu acho, ou a gente é competente para fazer isso, ou não adianta fazer.

Participante: Eu acho que é isso que a gente pretende realizar, Paulo.

Paulo Freire: Eu acho que a gente tem que ser competente, tem que virar competente, para fazer isso. Ninguém é: se torna competente.

Evidentemente, esse é um problema que você coloca para um programa que você organiza para um plano de educação popular numa favela. Esse é um plano que se coloca aí na Universidade Católica, na PUC, na Unicamp, quando eu, no primeiro dia do ano, eu encontro com um grupo de quarenta estudantes. Eu não ofereço programa a ninguém, eu crio com os estudantes, eu elaboro com os estudantes o meu programa. Eu acho muito importante fazer isso.

Devemos ter sempre uma pergunta: o que há por trás do texto, o que é que o texto esconde, o que é que o texto clarifica, quais são os objetivos, qual é a subjetividade, realmente, do texto. Porque há textos que são escritos manhosamente, textos que se desvelam a si mesmos.

Por isso mesmo, para mim em relação a um tipo de documento como esse, a minha preocupação maior, maior do que a inteligência do texto, que eu acho que foi muito bem apanhada aqui em diferentes aspectos pelos diferentes grupos, seria ver o que já funciona em relação a esse texto, seria ver como é que a educação está se dando lá, em decorrência disso, desse regimento. O que interessa mais a mim é saber se a escola trai ou confirma o regimento que está escrito. Por sua vez é saber, e na medida em que eu analise a prática em que se dá, que confirma ou não o texto, a prática me leva, me remete às coisas que estavam escondidas no texto, e que no fundo é a posição ideológica, por exemplo, de quem fez o texto, de quem escreveu o regimento.

Então, esse é o primeiro aspecto que eu colocaria: é o da observação da prática, quer dizer, numa das minhas primeiras falas anteontem, eu insistia exatamente em que a prática é a que valida o discurso, e não o contrário.

O sujeito pode ter um discurso muito bonito e ter uma prática que não tem nada a ver com esse discurso. Ao perguntar, se afinal de contas, dos dois em qual é que eu acredito, é na prática desse cara ou é na palavra desse cara? É claro que na prática. Quer dizer, é a prática que vale. Esse é o primeiro aspecto.

Agora, um segundo, e eu vou apenas agora refletir a prática a partir do que eu ouvir dos diferentes grupos, confirmando a minha leitura isolada e silenciosa lá no quarto desse regimento. Eu acho que se há uma intenção tática no regimento, ou manhosa, eu acho que o texto ultrapassou os limites da tática. Quer dizer, se há, também eu não tenho autoridade nenhuma para dizer que não há ou que há, só tenho diante de mim o texto e eu tenho a discussão de vocês e as pessoas de vocês. Eu não tenho o direito de julgar ninguém, eu estou estudando esse texto e ouvindo o que os outros disseram. Mas se há uma intenção tática, manhosa, resultaria no seguinte: é preciso que se ofereça ao poder um mínimo de regimentação, de proposta regimental para que se possa ter um trabalho como esse. Então, nós vamos fazer essa proposta para obter o sinal verde, e aí a gente não faz necessariamente o que está proposto, mas sim o que a gente escondeu na proposta. Se houve essa intenção que eu daria a vocês, porque agora já não tem mais jeito, porque já tem um parecer mínimo do conselheiro, a quem eu também não conheço. Não sei se ele deu um parecer ao esconderijo ou às coisas escondidas, ou se ele deu um parecer às coisas mais claras. O fato é que o poder já disse "sim" de uma maneira muito eloquente ao regimento.

Esse é o segundo ponto da minha reflexão. Eu acho que o texto avançou demais no ponto de vista mais ideológico do que científico até, ou simultaneamente os dois, quando certamente ele fala na capacidade de pensar, eu acho que aí é demais. Agora pra mim o que ocorre aí com essa expressão, isso é uma advertência que eu faço, vejam bem, eu não faço só a vocês, mas a mim também. Vejamos nós, como nós também escondemos um mundo de coisas dentro de nós que de vez em quando aparecem como ideologia, isso sim que se chama ideologia. Vejamos como guardamos essas marcas profundas dentro de nós e que de vez em quando elas explodem no meio das melhores das intenções e aparecem vestindo as intenções, e ao mesmo tempo traindo, desnudando-nos. Essa afirmação aí deixa vocês nus. Que quer dizer isso? Possibilitar a capacidade de pensar: o que isso quer dizer? Que antes não se pensava, mas será que índio não pensa? É claro que pensa. No fundo aí, o que isso revela, eu quero ultrapassar agora o texto e apanhar nós na nossa existência, isso revela uma profunda intolerância da nossa parte.

O que é a intolerância? É a incapacidade de conviver com o diferente. Segundo, é a incapacidade de descobrir que o diferente é tão válido quanto nós ou às vezes melhor, em certos aspectos é mais competente. O que significa é que o diferente não é necessariamente inferior, não existe isso. Mas a tendência da gente ao rejeitar o diferente é a intolerância, é se considerar a gente, como o educador do diferente, o salvador do diferente e nunca o educando também do diferente; o salvador do diferente e nunca o que é também salvo pelo diferente. Quer dizer, essa intolerância que se vê, eu acho inclusive, ela é essencialmente anticristã. Não é acristã, é anticristã. No meu entender, hein!

Na verdade não é a escola de vocês que vai criar essa capacidade de pensar. E, digo mais, a escola de vocês, a nossa escola, só será válida na medida em que, pensando diferente, respeita o pensamento diferente. Fora disso, é uma invasão a mais, é uma violência sobre a outra cultura.

Esse ponto tem que ver com o que vocês também já levantaram, que é o tal conceito da Integração, que eu acho que mais de uma vez já foi dito isso, a tática, ou a manha, ultrapassa o limite. Não era preciso fazer essa concessão tão grande para obter o visto. Eu acho que vai demais além, o que me faz pensar no risco, me faz pensar que vocês estão mais próximos de na verdade trabalhar para essa tal Integração do que não trabalhar para ela, ou, em outras palavras, o que me faz pensar que vocês se aproximam muito mais realmente de um esforço contra os interesses dos chamados indígenas do que a favor. No fundo, vocês são realmente brancos, eu acho que esse treco precisa ser pensado e repensado, quer dizer, a amorosidade de vocês com relação aos interesses vitais dos grupos indígenas não se mede apenas pelo sacrifício físico de morar lá. De jeito nenhum, até tem gente que tem uma capacidade enorme de amar os índios, mas não pode ficar lá porque não aguenta e não tem saúde que resista a isso tudo. Quer dizer, eu também não sei, nunca fui lá e não sei como vocês estão vivendo lá, porque é possível até que vocês estejam criando lá um pedaço de branquitude defendendo-se da hostilidade, por exemplo, do clima, da agressividade da natureza, e tem um refrigerador em casa, é um exílio como eu também tive. Duro mesmo é morar lá do jeito como os caras moram, do jeito parecido, ou mais ou menos parecido. Mas, o que eu queria dizer a mim também, eu não atiro pedra em ninguém, mas o que eu gostaria de sublinhar aqui para nós todos, para mim como um educador que pensa que está trabalhando em função dos interesses básicos dos grupos populares espoliados, das minorias, essa advertência eu faço também, até que ponto a gente está coerente com esse querer, com esse desejo na prática da gente.

Eu acho que essas perguntas a gente tem que fazer constantemente, diariamente, quer dizer, o que é integração nessa luta, o que significa isso? Qual é essa escola, que educação é essa, quais são os conteúdos? Houve um grupo que falou aqui que não há nenhuma referência sobre a capacitação da educadora ou do educador. Eu acho que trabalhar em áreas como essa exige muito de nós, não é adivinhando que a gente faz essas coisas. A gente tem que aprender realmente com eles e a gente tem que aprender a pensar em torno, não aprender a pensar, mas a pensar sobre determinados aspectos que a ciência também ajuda a compreender.

Agora à tarde, numa cartilha que me mostravam que alguém está elaborando, eu dizia para ele que, se isso fosse para aplicar numa área periférica de São Paulo, por exemplo, eu diria não, isso aqui não, isso aqui não bate, mas eu não tenho autoridade nenhuma para te dizer que isso não bate lá; pelo contrário, lá tu conheces e eu não. É essa preparação que eu acho que também tem que ser muito bem pensada, mas, mais do que tudo isso, é a coerência, é perguntarmos em torno de como nós amamos os índios. Chamá-los de indígenas não é só dizer eu amo, é preciso saber qual é o caminho que eu faço, no sentido de pôr em prática esta amorosidade. Qual é a minha relação? Serei eu capaz de guardar comigo as marcas da minha cultura? Porque evidentemente não é possível arrancá-las de mim!

Eu conversava com a jovem ali, sobre sua prática com os kampas. E eu perguntava o que é que eles comiam e ela me falava que eles comem macaxeira de manhã, macaxeira ao meio-dia e macaxeira de noite. E eu dizia: "Sabe qual é uma das minhas maiores limitações para trabalhar com os grupos indígenas assim? É o negócio da comida". A comida em mim é um dos traços mais fortes da minha cultura, o gosto. Eu passei 16 anos brigando no exílio para descobrir quiabos, para descobrir pitangas, era um inferno, eu vivia sonhando com quiabada. Então, se eu me meto num lugar, eu até nem quero pensar, os sonhos que eu ia ter com galinha ao molho pardo. Um bacalhau feito no leite de coco. Agora, por outro lado, não poderia ir sequer introduzindo isso, porque eu tenho medo de que eu terminasse estragando a cultura dos índios, sugerindo umas "coisinhas"... Um dia, iam chegar lá antropólogos para estudar e iam descobrir que os índios também comiam galinha ao molho pardo. *(risos)*

Eu não estou dizendo aqui que vocês, que nós temos que esquecer a cultura em que nós fomos engendrados, não é isso. Mas é a capacidade, e é aí um dos grandes problemas que nós temos e sobretudo vocês, que é o de continuar sendo alguma coisa, passar a começar a ser outra, e sem ser dual, sem ser ambíguo. Quer dizer, não é fácil um tipo de trabalho desse, mas sobretudo nesse reconhecimento da sua cultura, que você não renega só porque vai para lá. Você não pode pensar que a sua é melhor do que a outra. O que você tem que pensar e descobrir, que é óbvio, é que é diferente, é completamente diferente, mas não inferior. E às vezes, meus queridos amigos e minhas amigas, a gente pensa que é inferior mesmo.

Eu não queria voltar a um ponto de ontem, mas acho que vale a pena, sem arrogância nenhuma e humildemente, tocar nisso de novo. Aquela discussão de ontem, em que se duvidava da autenticidade do texto do Daniel, tem que ver com isso. Tem que ver com essa história que trata o regimento, ensinar a pensar. Inclusive essa contradição foi apontada por uma jovem aqui, quando tu dizias: mas foi a própria Missão que ensinou esse rapaz a ler e escrever o português e agora duvida de que ele aprendeu. Aquela discussão de ontem tem que ver com essa coisa que eu estou tentando sublinhar, e se o rapaz era ou não era o autor porque o discurso dele estava bem organizado, bem estruturado, e então isso não é texto que índio escreva. Por que não é texto que índio escreva? Porque está bem organizado, está bem estruturado, porque está pensado, então é a confusão. Só o branco é que pensa.

Como branco sabe pensar, sabe escrever aquilo. O Daniel então é índio, não pode, não pensa, não pode escrever.

Quer dizer, depois de tantos anos que alguns de vocês tenham vivido e convivido com os índios, e de repente sai esse negócio, não sai com maldade, não. Não estou dizendo que vocês são ruins, nada disso, mas isso sai assim, sai porque existe todo o fundo ideológico de uma inexistente superioridade ocidental e branca sobre o resto do mundo. Esse etnocentrismo europeu que está metido em tudo não dá, desse jeito não pode.

Então, eu repito, as minhas reflexões não são assim negativas, são muito mais advertências que eu faço a nós, me incluindo não com relação ao meu trabalho nesse interior do Brasil, porque eu realmente não conheço nada, mas com o meu trabalho nas periferias de São Paulo e no Brasil mesmo, esta preocupação que a gente tem que ter com a coerência entre o que a gente faz, o que a gente escreve e o que a gente diz, e esse perguntarmos diariamente em torno da nossa opção, se essa realmente é a que a gente quer. Acho que isso é absolutamente fundamental e quem sabe se não seria possível voltar agora à sugestão de um dos grupos, que seria a de pelo menos pensar-se numa forma de defesa em torno de se amanhã as autoridades acharem que devem, baseadas nessa proposta do regimento, que ela pode até piorar e generalizar, o que seria uma coisa lamentável.

E finalmente, dando uma prova de que na verdade a intenção ao redigir-se o regimento era de esconder mais do que clarear, a proposta que eu faria agora amorosamente é que a posta em prática da escola negue esse regimento. Não fazer uma discussão: Ei, Rio Negro, estou fazendo o contrário do que foi dito no regimento. É fazer o possível para trabalhar menos no sentido dessa chamada integração. O respeito maior, realmente, que está posto no regimento à cultura indígena. Fora disso, eu não tenho, realmente, mais nada a dizer.

Dom Pedro Casaldáliga: Antes de encerrarmos dentro dessa linha de regimento para povos, culturas diferentes, talvez seria bom que nos desse, Paulo, uma referência de sua própria experiência na África. Na hora de pensar outra escola e outro regimento também, quem sabe se haveria uma contribuição aí.

Paulo Freire: Eu não sei, tenho a impressão que a contribuição não seria grande. Pode parecer falta de humildade de minha parte, o que não é, é apenas o testemunho da coerência entre o que eu digo e o que eu faço. Por isso eu acho que é pouco humilde falar nisso. Com relação, como que um brasileiro no exílio, um brasileiro intensamente brasileiro, e intensamente brasileiro porque profundamente recifense — porque, na verdade, foi a minha recificidade que me fez pernambucano, a minha nordestinidade que me fez brasileiro, a minha brasilidade que me fez latino-americano, e a minha latino-americanidade me faz um homem do mundo, porque ninguém é do mundo sem ser primeiro de um lugar qualquer. É nesse sentido que — vejam, eu não sei o nome das tribos, como eu estou pouco brasileiro nisso — são universais, podem ser universais, na medida em que se enraizam e se reconhecem enquanto tais.

Então, a minha grande pergunta que eu sempre me fiz era até que ponto como brasileiro, como educador, ao ser convidado por esses países recém-libertando-se do jugo colonial, até que ponto, e essa é uma pergunta dramática, até que ponto, continuando eu mesmo brasileiro, eu tinha que respeitar o modo de estar sendo diferente do outro povo. E eu dizia: será que é legítimo que eu chegue à Guiné-Bissau e diga aos guineenses como é que eles devem educar os seus filhos? Eu não podia fazer isso. Será que eu não tenho que demonstrar, inclusive, um profundo respeito pela cultura africana? Será que a minha concepção do mundo é melhor ou é a correta e a de lá é a errada? Eu acho que o que vale aqui é exatamente isso: é eu ter sido sempre um ajudante, mas não um ajudante que se neutralizasse. Vejam bem, não é um ajudante passivo que se submetesse simplesmente a apanhar uma cadeira de um canto e levar para outro em função do pedido do nacional. Não, mas um ajudante que discutia com o nacional, um ajudante que testemunhava do nacional a sua palavra também, que dizia ao ministro:

— Camarada ministro, me desculpe, mas para mim esse treco está errado.

— Por quê? — perguntava o ministro.

— Por isso, por isso e por isso. O que é que tu achas, pensa e reflete. Será que estou errado, será que estou interpretando mal? — eu respondia.

É claro que há aspectos, se você pensa, por exemplo, no que é a educação, no que pode ser educação. Sobre isso eu discutia também. Nas culturas de memória oral, tem que ver com o caos que a gente tem aqui. O respeito por essa oralidade, por essa compreensão do mundo, pela expressividade, então a ênfase a isso. Isso era uma coisa sobre o que eu falava com as autoridades desses países africanos. Não que eles não soubessem disso, mas exatamente para sublinhar a necessidade de um trato mais ou menos especial com relação a determinadas áreas menos urbanas do país. Quer dizer, esse, Dom Pedro, era o ponto que eu acho que poderia sublinhar aqui. Vejam bem, não trombeteando acertos meus, muito pelo contrário, aproveitando essa minha passagem pelos países africanos como um desafio intenso que eu tive para aprender mais, a coerentemente não ter um discurso distinto da minha prática.

Quer dizer, eu não podia ter escrito a *Pedagogia do oprimido*, e chegar anos depois à Guiné-Bissau e pretender ser o pedagogo deles. Se eu tivesse feito isso, eu deveria ter retirado o livro das edições vendidas nas línguas em que ele estava traduzido.

Eu tenho respeito inclusive pelas coisas que eu escrevo, por isso é que eu não escrevo muito. Sou um sujeito muito sóbrio, meus livros são livrinhos e eu acho formidável que seja assim. Eu cuido, eu olho um período do texto que eu escrevo, eu leio de novo e digo: o que eu quero dizer com isso? Será que o que eu estou dizendo aqui tem que ver com o que eu faço? Pra ver se tem mesmo... Eu tenho muito cuidado. E o cuidado em mim é tão grande nisso, que, às vezes, o que eu escrevo já é o que eu estou fazendo. Não há separação.

A minha passagem pela África, pelos outros países da América Latina, do Caribe, tem servido pra mim como esse exercício a mais, de não me considerar como representante de uma cultura superior, de eu respeitar intensamente a forma de compreender o mundo que o outro tem, e não considerá-lo inferior.

Eu me lembro uma vez, eu estava na Tanzânia, na Universidade de Dar El Salaam, eu tive um seminário lá, e à noite de um certo dia um professor de Ciências Políticas — ele era de um outro país africano, não da Tanzânia — me convidou para jantar com ele. Ele era um homem muito culto, muito inteligente. Até que me dava gana em ser aluno dele, dos cursos dele. Em certo momento, ele conversando comigo disse:

— Paulo, você sabe que quando fui para Londres, para fazer o meu doutoramento, minha avó e minha mãe se reuniram em casa e fizeram um culto aos ancestrais e pediram a eles que me defendessem da branquitude em Londres — depois ele parou e fez um silêncio e me disse: — Paulo, eu gostei que elas tivessem feito isso.

Agora, vocês imaginem se fosse eu dizer:

— Mas como é que você, um professor de Ciências Políticas, me diz uma coisa como essa!

Inclusive, ele poderia fazer perguntas parecidas do ponto de vista da minha crença, de me fazer perguntas parecidíssimas com relação a minha postura de fé. Mas não... Eu simplesmente disse a ele:

— Eu acho formidável isso. Eu também acho não só bonito, mas acho válido.

Ele riu e brincando disse:

— Eu tenho a impressão de que os ancestrais funcionaram bem, escapei da branquitude!

Eu tenho a impressão de que isso daí, essas coisas me educaram, tudo isso me educa. Eu me educo todos os dias, com as observações que se fazem a mim, com as críticas que se fazem.

Eu tenho a impressão de que há uma qualidade entre outras, algumas, duas ou três, que estão acima desses regimentos, porque eles se forjam em nós, na prática nossa. São virtudes que os educadores e executadores têm de vir criando em nós, na nossa prática. Não são virtudes enquanto coisas com que a gente nasça, nem são coisas que caem do céu nas terças e quintas às sete horas da tarde. São coisas que a gente fabrica na gente. A primeira delas eu diria a vocês é a coragem de ser humilde. Que abranja a tua compreensão do mundo e a tua compreensão da cultura. Se tu não viveres a humildade de reconheceres que a tua cultura tem também um bando de coisas ruins, tu não aceitas o que te parece ruim na cultura dos outros. Se tu não assumes a humildade, tu não aprendes. Tu não te deixas educar pelo teu educando, porque tu não és capaz de perceber que ele também te educa. A outra virtude ou qualidade que a gente tem que criar para um trabalho como esse, e é indispensável, é a virtude de assumir a ingenuidade do educando. Não quero dizer com isso que tu vais te tornar igual ao educando, porque também não pode, porque tu és tu, mas ou tu és capaz de compreender, de quase estar como se fosses o outro, apanhando a ingenuidade dele para descobrir que ele não é tão ingênuo quanto pode parecer às vezes. Porque ela também ilumina algo do ponto de vista da situação em que está o educando. Se tu não és capaz de assumir a ingenuidade do outro, tu não és capaz de descobrir que também és ingênuo em certas horas. Ou tu assumes a ingenuidade do outro, e ao fazê-lo tu descobres que às vezes o outro também é crítico e não apenas tu, ou então tu pensas que tu és a vida toda crítico diante do ingênuo.

Isso é o que o texto revela quando diz que a partir dali os índios vão poder começar a pensar. O que está faltando nesse texto é exatamente a humildade de assumir a ingenuidade do índio. E por sua vez é profundamente crítica do ponto de vista da cultura dele. Quer dizer, não é possível deixar de assumir isso.

A outra virtude, que a gente vai vivendo e fazendo na gente, é essa coisa óbvia de que você tem que partir exatamente dos níveis em que o educando está e não dos níveis em que você se encontra, que você se acha como educador ou educadora. Eu costumo sempre dar um exemplo muito concreto com isso. Se eu estou no lado de cá da rua e se eu quero estar no outro lado da rua, eu não tenho outro caminho a não ser atravessar a rua. Em outras palavras, ninguém estando cá chega lá, partindo de lá, mas partindo de cá. É por isso que eu acho inviável a teologia que dicotomiza a história da meta-história, a mundanidade da transcendentalidade. Como é que é possível chegar lá, partindo de lá. Tem que partir de cá. Então, há uma caminhada, uma travessia, indiscutivelmente.

E essa caminhada, essa travessia a gente faz a partir de onde está, é da compreensão da cultura, é da sensibilidade histórica que a gente tem que desenvolver na gente, isso tudo demanda essa humildade a que eu me referia. Essas coisas, Dom Pedro, eu as vivi intensamente na minha experiência na África. Quando tudo indicava que eu podia ter sido tentado demais pela minha própria prática brasileira anterior, e pretender transplantar minha prática para lá. É por isso que eu sempre digo: experiências e práticas não se transplantam, se reinventam, se recriam. O que tu fazes hoje com um certo grupo indígena necessariamente não pode ser feito amanhã com outro. Tu terás que reinventar e não só tu como sujeito da reinvenção, mas o outro com quem tu te encontras. No fundo, *viver é recriar.* É por isso que a recriação já não é mais nem viver, já é a existência. Neste sentido é que existir é mais do que viver. A gente tem que existir com os grupos indígenas.

Preservar a cultura?

Participante: Quero procurar lembrar com eles o que é o valor cultural do grupo e, por outro lado, esses grupos em contato com a nossa sociedade branca, necessariamente que a própria cultura já é dinâmica, mas necessariamente por esse contato, sempre mais forte, mais constante, há um aceleramento de mudanças dentro da cultura. Então todos aqueles problemas que a gente colocou ontem aí estavam muito ligados também a isso. Essa dialética entre preservar e mudança cultural.

Acho que, ligado exatamente a isso, quer dizer, até que ponto o preservar não folcloriza a cultura. Quer dizer, vai preservar aquilo que já é morto, inclusive na própria cultura. Até que ponto a gente pode se direcionar para uma coisa, para outra coisa, sem fazer harmonia necessária dessa caminhada.

Paulo Freire: Olha, não sei se vocês concordarão comigo, entende? Eu tenho a impressão, sem falar aqui em cultura indígena, em cultura nenhuma. Eu tenho a impressão de que o conceito de preservar é reacionário em si. Pra mim o conservador é um reacionário na medida em que só se conserva o que já não pode estar. Vocês reparem, por exemplo: eu recuso que se fale em termos de conservar os Evangelhos. Entende, Dom Pedro? *(risos)* Eu queria ser mais claro. Quer dizer, para mim falar na conservação e na preservação dos Evangelhos é um desrespeito. Você não pode conservar uma coisa que é absolutamente válida e viva historicamente. Você vê que até do ponto de vista dos depósitos de conserva é assim também. *(risadas)* Não se conserva e preserva o que está morrendo, mas não é mais válido. Então para mim o problema que se coloca a vocês não é o de preservar a cultura indígena, mas o de respeitá-la. Aí é outra coisa. O problema é o do respeito à cultura indígena e não de conservá-la em ilhas, em guetos histórico-culturais; é aquilo que tu farias, que tu fazias a impressão de crítica, de transformar, de inventar o índio de proveta, quer dizer, o índio de museu. Quer dizer, não acho que seja esse o problema nosso. Então, o problema nosso não é o de conservar a cultura indígena, mas o de, respeitando-a, reconhecer as idas e vindas do movimento interno da própria cultura. E contribuir para esse movimento interno, para esse dinamismo. As culturas não são algo estático, não são algo parado, nada é parado. Quer dizer então, é ver qual é a orientação desse movimento com eles; o que é que pode ocorrer na intimidade da própria cultura. Há uma sensibilidade em torno do movimento dela, porque ela vai fazendo os seres que estão dentro dela. Do ponto de vista de vocês, além da sensibilidade sem a qual quem não for capaz de sensibilizar histórica e culturalmente arranje as trouxinhas e venha para a avenida Paulista [na cidade de São Paulo], ou para Nova York ou para Chicago, mas não pode estar é lá. E mesmo na avenida Paulista tem que ter muita sensibilidade histórica, ideológica, entende? Mas é diferente. Então, do ponto de vista de vocês, além dessa sensibilidade, sem a qual não é possível nada, é preciso ter também a dimensão científica, entende? A claridade vem quando se ganha a razão de ser do movimento, quer dizer, do movimento interno da coisa. Não porque é teu, mas para poder fazer parte dele. Isso para mim não tem nada que ver com preservar ou conservar. Quer dizer, a pergunta de vocês, a maneira como eu entendo esses conceitos e como eu os vivo na minha luta política: eu não conservo coisa nenhuma que não tem sentido, que não tem valor, o que não presta, entende? Pra mim isso não é o problema da conservação folclórica, mas é o respeito da movimentação interna da cultura. Porque inclusive é impossível o encontro das culturas quando uma é perniciosa para a outra, no momento em que uma esmaga e invade a outra.

PARTICIPANTE: O nosso sentido de preservar seria agir de maneira que não servisse de esmagamento, mas que possibilitasse sua evolução.

PAULO FREIRE: Eu entendo o que vocês querem dizer com preservar, só que eu sou meio rigoroso com os conceitos que eu uso. Para mim, conservar e preservar são conceitos que eu não uso, porque eles são para mim reacionários ideologicamente. Eu acho que o problema não é tanto o de preservar mas o de respeitar até o que você pode defender, de ajudar na defesa de certos traços culturais. Não se pode negar que, na dinâmica das culturas, internamente há uma dinâmica também, de uma com a outra, e isso não é necessariamente ruim.

Participante: No documento do Daniel, ele não fez isso. Ele fala que um dos objetivos fundamentais é levar às nossas comunidades o conhecimento dessa realidade nova que nos rodeia. Do interesse em perpetuar nossas normas morais e culturais. Dizer que estamos prontos para receber o que de útil a sociedade deles nos oferece e rechaçar o que de ruim ela nos apresenta, mas a cegueira etnocêntrica não permite esse diálogo franco que se quer.

Paulo Freire: Exatamente. Eu acho que ele coloca a questão. Eu me lembro desse trecho dele. Eu me lembro de um trecho de Amílcar Cabral quando ele dizia: "A defesa da nossa cultura não implica a recusa à contribuição do que há de positivo noutras culturas". Exatamente o que o Daniel diz, o Amílcar também diz. Quer dizer, qualquer cara de bom-senso, que viva a experiência da cultura dominada, descobre isso. Às vezes quem não descobre isso facilmente é o cara que vive na cultura dominante, mesmo dizendo que está a favor da cultura dominada, porque ele está marcado pela dominante.

Participante: Então, e por outro lado, o próprio índio pode ter essa visão assim da cultura dominante e preservar o que se está criticando, foi o que foi visto ontem, quando o iranxe disse: "Oh, a língua não tem problema, não estamos falando, mas está conservada lá, os myky conservam, vão conservar a língua. É um meio de concepção errado, myky vai conservar para nós".

Sonhos possíveis

Paulo Freire: Existem sonhos dentro de todas as culturas, e o problema mais sério que se coloca é saber quem é que é o sujeito decididor desses sonhos. Estão entendendo o que quero dizer? Eu acho que às vezes a gente corre o risco de querer ser, de decidir qual é o sonho que é válido. Eu acho que não pode inclusive porque muitos desses sonhos que alguns de nós consideram sonhos ruins são sonhos que foram introduzidos, são sonhos que são pesadelos do dominador.

Quer dizer, no momento, vamos considerar aqui, voltando ao tal regimento. O regimento fala na escola e aponta o problema da Integração Nacional; no momento em que essa escola caminha no sentido da integração com a sociedade civil brasileira nacional, essa sociedade é uma sociedade consumista, é uma sociedade capitalista, pode ser vagabundérrima, mas é consumista.

Depois, o próprio comportamento nosso, quer dizer, eu não sei, por exemplo, e aqui é apenas conjectura, mas vamos admitir que em algumas áreas como essas missionárias disponham de refrigerador na sua casa, e que disponham de liquidificador, que disponham de panela de pressão, e essas coisas todas, quer dizer, instrumentos, utensílios que são fundamentais e indispensáveis na nossa forma de viver, na nossa cultura, e que são instrumentos que têm um nível de tecnologia que não tem nada que ver com o de lá. Só isso já é a invasão, só a presença desses instrumentos é invasora já, mas ao mesmo tempo que é invasora é provocadora de sonho. Ora, ninguém vai me dizer que uma aguinha gelada é igual a água quente pra beber, não é, culturalmente, vê bem; não é por acaso que um sujeito que more numa cultura como essa, ele corre pra fonte de água fresca, que não foi castigada pelo sol, ele bebe essa água, não vai beber água morna. No momento em que você introduz um instrumento que liga lá na parede um negócio misterioso e dá uma aguinha fria a qualquer hora, você provoca necessariamente uma aspiração mais adiante de ter aquele bicho branco funcionando.

Quer dizer, eu não estou dizendo que isto existe, porque eu nunca andei nessas zonas, não sei de nada disso, mas estou admitindo como conjectura e é um exemplo entre os outros, mas a nossa forma de ser, o nosso discurso, e quando digo discurso não me refiro só à palavra não, é o jeito de vestir, é o jeito de andar, de dizer bom-dia, é o jeito de pôr a mão em cima da pessoa, isso tudo é discurso da prática do branco. Como o índio pensa, e não vai aprender a pensar depois da escola, ele tem conjecturas, ele deve de noite raciocinar sobre aquilo, ele deve se perguntar sobre o que está ocorrendo, como ele vê essas coisas. E mais e mais vai a Integração levando as crianças a estudar uma série de coisas que têm que ver. Aqui eu estava lendo esta cartilha! Vejam o seguinte, é na de transição...

PARTICIPANTE: É na do Summer para os karajás.

PAULO FREIRE: Vejam o seguinte: "Vou viver no mato. Lá mora vovó. Eu vou ver vovó. Vou de avião. Vai também Laura. Eu vim de lá".

Inclusive, é demais, fraqueza! É a preocupação com a fonética, como se a fonética existisse em si, para introduzir o V, como se o V sozinho fosse alguma coisa. Não existe V. Só existe V com A que dá VA e VÁ como verbo, só existe VA como sílaba de uma palavra, como vaca. Isso é linguística.

PARTICIPANTE: Eles eram linguistas.

PAULO FREIRE: Isso não vale nada, me desculpem a grosseria, mas essas coisas às vezes me irritam, sabe? Isso daqui introduz um baita de um sonho que é um avião. Depois que nós próprios introduzimos esses pesadelos, essas alienações, então um dia o cara vai exigir e a gente diz, como está ocorrendo isso? Como é possível isso? Mas nós somos a razão de ser disso. Então aí nós assumimos um papel de fiscal, de censor do sonho dos outros; não dá.

É por isso que eu digo: eu acho que nós teríamos que estar profundamente preocupados, e que na relação é fundamental não só compreender a cultura de lá, nem só a cultura de que eu faço parte, mas é sobretudo compreender a relação entre essas duas culturas. O problema é de relação: a verdade não está nem na cultura de lá e nem na minha, a verdade do ponto de vista da minha compreensão, está é na relação entre as duas.

Eu tenho a impressão de que foi numa entrevista que eu devo ter dado na Suíça sobre o problema da África, em que eu devia estar citando ou me lembrando do Amílcar Cabral, que falava em sonhos também, em sonhos possíveis. Eu acho que isso a gente mais uma vez tem que se preocupar com esse problema. De onde é que vêm esses sonhos, onde é que são forjados? Tá aqui uma cartilha que inventa sonhos tremendos.

Participante: Que cria as necessidades.

Paulo Freire: Pois é.

Participante: Agora, Paulo, acontece uma coisa. Se os nossos índios estivessem isolados, admito que isso era o ideal, mas não é só a presença dos missionários que introduz todas essas necessidades.

Tem ônibus que passa na frente de casa. Eles saem constantemente. Para muitos o avião foi o primeiro instrumento de comunicação que viram, antes de outro. Muitos ou vieram de avião ou de outro jeito, não sei, é uma problemática difícil.

Eles pedem escola, eles querem a 5ª, 6ª séries. Querem saber todas essas coisas. Para conciliar as duas coisas, é um desafio horrível!

PAULO FREIRE: Claro, irmã, eu não diria — seria profundamente errado, injusto e não verdadeiro — que são os missionários e missionárias que levam esse negócio para lá, só. Apenas, eu acho que a responsabilidade dos missionários e missionárias, diante disso, deve ser bem maior, a responsabilidade de não enfatizar. Outra coisa que também não iria pedir, seria uma doidice, pedir aos missionários e missionárias que não fossem para as áreas indígenas, como se fossem eles apenas o testemunho da presença de uma cultura distinta. Eu até acho que com vocês a coisa melhore e pode melhorar, é essa a minha esperança. Que vocês sejam capazes de diminuir o impacto de um trabalho que é destruidor da cultura. Eu também não peço a vocês, como missionários e missionárias, que guetizem, que façam guetos lá, porque também era impossível, era irreal fazer essa chamada, essa tal impossível preservação, mas era de uma compreensão mais crítica com relação ao que os donos do mundo estão fazendo.

DOM PEDRO CASALDÁLIGA: E depois eu acho que nós podemos e devemos, por duplo motivo, como agentes de outra cultura no meio do mundo indígena, eu diria muito especificamente como missionários, dar valor a essa nova vocação, nós devemos ser uma presença autocrítica da nossa própria cultura, enfrentando consumismo, prescindindo dele, superando individualismos, privaticidades egoístas em nossa cultura. Uma coisa é a Funai, um comerciante ou ônibus, ou sei lá o quê, trazer isso tudo da cultura ocidental, e outra coisa é que sejamos nós, então eu acho é uma possibilidade constante de uma vigilância, de um autocontrole, de uma autocrítica. Se eu procuro ter o último modelo de relógio, quando chego à aldeia, a primeira coisa que ele olha é o relógio e ele quer aquele último relógio. Se ele vê que uso um relógio normal e simples como ele tem, e às vezes ele tem um relógio melhor do que o meu, é outra coisa. Aí devemos dar valor a um certo testemunho de austeridade e de ascética, diria, frente a nossa cultura consumista e egoísta.

Participante: Alguém quis vir para uma reunião de chefes xavantes, em Sangradouro. Um deles saiu com essa, um dos chefes: que dali em diante não se falasse mais em reserva indígena, porque não somos bichos para sermos conservados, não somos animais.

Paulo Freire: Formidável, não? Quero que vocês vejam essa expressão Reserva, Parque... No Chile chamam de Reduccíon.

Participante: Tem parque de "fauna, flora e índios".

Paulo Freire: Tem parque de "fauna, flora e índios"... É incrível, vocês veem como a gente revela a ideologia da gente nessas palavras.

Participante: Paulo, eu queria uma palavra sua a respeito dum problema de fundo, eu estou achando que nós estamos falando muito de educação formal, de uma educação de escola, e estamos falando muito pouco daquilo que é essência nossa como missionários, de educação religiosa. Nós, pra completar a educação religiosa de nosso povo, no sentido cristão, acho que esse sentimento cristão já se manifestou várias vezes, e eu acho de uma forma que a gente acha meio difícil de dialogar desse modo, mas eu estava só pensando: Cristo trocando algum costume do povo dele, estava errado? Qual é o nosso modo de educar, se trocamos, estamos violentando, nos colocamos na parte de opressores, ou é mesmo o nosso dever chegar a uma dialética, chegar a uma conformação de valores religiosos?

Paulo Freire: Vou dizer apenas duas coisas, e pedir a Dom Pedro que diga de novo o que ele me dizia ontem na mesa, quando em certo momento se tocava nisso, nesse problema. Eu digo duas coisas e te peço, Dom Pedro, para completar.

Em nome da amorosidade, nós, cristãos, temos sido através da História intensamente arrogantes, e o pior, em nome de Cristo; um negócio que me choca.

O segundo, não temos compreendido bem, eu acredito, o recado de Cristo. Não temos percebido também que, afinal de contas, uma compreensão da transcendência se dá de forma independente e diferente, mas legítima, dentro das culturas de formas distintas, de como nós representamos e de como nós vivemos.

No fundo, então, nós temos tido comportamentos de, em lugar de compreender a fé, por exemplo, como uma forma de leitura da transcendência e de convivência com ela, nós temos entendido a fé como um martelo que a gente impõe e dá a mão como um instrumento qualquer. Chegam lá com isso e perguntam:

— Você tem fé?

— Não!

Então está aqui, toma! Segura esse troço que é a fé!

Não pode. Então quando a gente vê na História, e inclusive eu acho que é até um bom lugar para eu colocar isso. Eu acho que a expressão "Terra de Missão" é profundamente colonialista. Porque, como cristão, o cara pretendendo continuar sendo cristão, eu acho que é o mundo inteiro que é uma terra de missão. Mas o que é que acontece? Peguem um mapa do mundo e coloquem nessa parede e vão pintar de verde, as "terras de missão". Vocês vão ver que, por coincidência, só dá no Terceiro Mundo. Então vejam o seguinte: "Terra de Missão", se existe uma terra de missão, é porque uma terra declarou que a outra é de missão. E qual foi essa que disse que as outras são de missão? Eu não conheço Chicago como terra de missão. Não pode haver lugar mais bacana para ser terra de missão que Amsterdã. Eu visitei Amsterdã de noite, visitei as vitrines das mulheres nuas, seminuas, brancas, pretas, marrons, morenas, e os homens lendo esses corpos para depois entrar nos livros desses corpos: o dinheiro. Isso eu vi. Não me consta que Amsterdã, Zurique, Berlim, Genebra, Londres, Chicago, Los Angeles sejam "terra de missão", cheias de gente do Terceiro Mundo. Eu não encontrei nenhum sacerdote negro, ou asiático ou latino-americano fazendo missão em Nova York.

Então, por que isso? Porque eu acho que era tempo de a gente se rever, o que significa o missionário e a missionária. Significa entrar como os cruzados com uma bandeira, para impor a fé a ferro e fogo? Ou fé é coisa que se cria, que nasce e cresce numa certa intimidade com a transcendência, na leitura do mundo, na leitura do real? Não é coisa que se ensine com esses medíocres catecismos que há por aí. Não é coisa de intelectualidade, de transferência de textos, de frases. É coisa que inclusive se testemunha, mas o testemunho da fé não pode ser arrogante, tem que ser sobretudo compreensivo, tolerante das diferenças. Eu acho que a gente tem sido intolerante. No fundo, a impressão que eu tenho é que nós somos mais cristãos do que Cristo, como alguns marxistas mais marxistas que Marx, como alguns freudianos mais freudianos do que Freud. Era preciso que a gente ficasse um pouco menos nessas coisas e respeitasse mais os outros. Eu queria que Dom Pedro completasse isso porque ele tem uma autoridade maior do que a minha nisso.

Dom Pedro Casaldáliga: Eu queria completar primeiro, porque acho que o problema é muito complexo e muito conflitivo. Para nós é muito vital, e por isso, para nós, nos entusiasma e nos dói. Vocês sabem, depende de colocações, depende de ritmo etc. Evidentemente, já assim de princípio, acho que a própria colocação de educação religiosa também não seria a mais feliz, não é? Eles têm a sua religião e a sua educação religiosa. Agora eu acredito na evangelização desta religião indígena. Mas evangelizar já é uma coisa, mesmo sendo infinitamente real, muito mais sutil, mais respeitosa, muito mais lenta, e sobretudo, quando temos dito, não pode ser apenas individualizado. Mesmo dando o valor pleno a cada pessoa evidente, mas tem que ser bastante comunitário, sobretudo assim como os povos indígenas que são muito essencialmente comunitários. Depois, não esquecendo nunca toda a experiência do massacre evangelizador, exercido durante séculos. Repito, sei que isso não satisfaz a muitos, a ninguém, nem de um lado nem de outro, mas me parece que seria importante que continuássemos olhando esse problema com bastante respeito, sem dogmatismo, sem agressividade, com muita fé. Não tenho nada mais a completar. Acho que vai levar séculos, a Igreja no fim, quando prestar contas ao seu Senhor e reconhecer que realmente foi além do que devia, e em muitos lugares ficou aquém, e no fim teremos a satisfação de vermos que Deus é bem maior do que nós todos, que Cristo é bem maior que a sua Igreja, e que há muitos caminhos de Salvação, mesmo que para nós cristãos realmente o Cristo seja corporalmente, palavras da Bíblia, e eu acredito plenamente nela, a expressão da divindade, e que para nós é realmente Cristo o caminho. Mas para a imensa humanidade, não sou eu que digo, mas um teólogo jesuíta, para a imensíssima maioria da humanidade, salvação nem sempre se fará através do Cristo conhecido, porém por outros caminhos... Mesmo que eu acredite que Cristo que é o Salvador Universal. Mesmo quem não conhece se salva por Ele, mas evidentemente que a imensa maioria da humanidade não o conhece. E o que é mais triste para nós cristãos é que uma grandíssima parte da humanidade, sobretudo nesse Terceiro Mundo, e eu poderia dizer uma boa parte da humanidade jovem no Primeiro Mundo, conhece mal o Cristo e até o contesta, e às vezes o rejeita, talvez por causa de nós.

Na Bíblia dizia, nos antigos, filhos do povo de Deus, que Deus era blasfemado por causa deles. Eu acho muitas vezes que o Cristo é blasfemado por causa dos cristãos.

Paulo Freire: Eu gostaria, agora, de agradecer realmente, sinceramente, o convite que tive de vir cá, com toda a sinceridade, com toda a humildade. Eu vim aqui — talvez eu até peça desculpas — muito mais curioso, mais para aprender do que para outra coisa. Porque, de agora em diante, contarei de um a dez, toda vez que eu for convidado para uma coisa como essa, por exemplo, de até que ponto eu devo ir ou não vir, porque a impressão que eu tenho é que talvez eu deva não vir. Quer dizer, talvez eu deva não aceitar exatamente pelas limitações da minha competência. Quer dizer, eu vim no momento, eu aprendi um bando de coisas, minha curiosidade se aguçou, mas isso não é suficiente para ser eficiente num encontro como esse. Mas de qualquer maneira eu gostei muito de ter vindo e aprendi um bando de coisas aqui e agradeço.

3

Etnociência e senso comum: "Há episteme no saber dos indígenas?"*

Pedro Paulo: Paulo, tem muita gente fazendo alguma coisa com o seu método, no campo da matemática.

Paulo Freire: Não no método, insisto, na compreensão epistemológica, sim. Nos EUA, tem. Você já conhece uma delas, que é muito famosa por aqui, que é Marilyn Frankenstein.** Ela escreveu sobre matemática da vida, um texto muito bom.

A partir desse momento, pediu-se que ele falasse um pouco das reflexões, críticas que vinha realizando.

Paulo Freire: Críticas que venho desenvolvendo de como o processo se dá entre homens e mulheres. Afinal de contas, os homens e as mulheres, num determinado momento de sua experiência, longa experiência milenar e histórica, depois se tornaram capazes de intervir no mundo, antes de se tornarem capazes de falar, tornaram-se capazes de inteligir no mundo e compreender a sua agonia. Em todo processo

---

* Entrevista a Pedro Paulo Scandiuzzi e Patrick Clark, realizada em 1996 publicada no *BOLEMA* (ano 16, n. 20, 2003, p. 127-37). Pedro Paulo Scandiuzzi é professor-assistente doutor da UNESP, câmpus de São José do Rio Preto — SP. Patrick Clark, padre irlandês, é mestre em Ciências da Religião. A.M.A.F.

** FRANKENSTEIN, M. Educação matemática crítica: uma aplicação da Epistemologia de Paulo Freire. In: BICUDO, M. A. *Educação matemática*. São Paulo: Editora Moraes, 2001.

de compreensão do mundo, há um processo de produção e compreensão do conhecimento. Em todo processo de produção do conhecimento, está implícita a possibilidade de comunicar o que foi compreendido, o que você faz não apenas com a linguagem oral, mas também com desenhos e com várias outras linguagens.

O que você vem fazendo, no campo da matemática, é exatamente perceber como o conhecimento matemático vem sendo conduzido por eles e como é que eles se lançam para comunicar o seu conhecimento, o conhecimento que eles produzem. Eu acho que é isso. A minha convicção é a de que a gente tem que partir mesmo da compreensão de como o humano com quem a gente trabalha compreende. Não posso chegar à área indígena e pretender que os indígenas que estão lá compreendam o mundo como eu o compreendo com a experiência que tenho, não dá. Perguntaram qual é a minha experiência acadêmica, de ajuda, de compreender a compreensão dele. Não vale a minha experiência acadêmica, minha sabedoria "pifa" no momento em que eu não sou capaz de compreender a sabedoria do outro. Acho que o que você está tentando é isso.

Pedro Paulo: Muitas vezes, dentro da etnomatemática, Paulo, surgem problemas, não se conversando lá, a etnomatemática. Ela tem um programa assim, entra na área, na parte de etnografia; depois a gente descobre a parte da história da matemática, no conhecimento desses povos, depois tem a parte educacional. Quando chega a parte educacional, existem duas correntes na academia: uma que acha que eu tenho que pegar o povo com quem estou trabalhando e apresentar o que eles têm e o que a academia tem, mostrar e depois desenvolver a parte acadêmica, se eles acharem isso bom. E existe um outro grupo que acha que não deve ser assim: deve-se ver o que eles têm e tentar ajudar a compreender o que eles têm lá. Quando eles necessitam dialogar com o branco, que não é daquele povo, muitas vezes, na parte pedagógica é que se criam os atritos dentro da etnomatemática.

Paulo Freire: Lógico que a parte pedagógica é meio influência política e ideológica: então é impossível você discutir a parte pedagógica nessa natureza política, sem problema. Aí não dá! Eu sou muito pelo respeito à identidade cultural do outro; segundo, a identidade cultural de ninguém é opção de ninguém, quer dizer, o índio não optou por pescar flechando. O seu estágio cultural e econômico, social etc. é esse, o que não significa que ele não saiba, que não possa saber de coisas que se deram fora desse estágio cultural. Então eu acho que o meu respeito da identidade cultural do outro exige de mim que eu não pretenda impor ao outro uma forma de ser de minha cultura, que tem outros cursos, mas também o meu respeito não me impõe negar ao outro o que a curiosidade do outro e o que ele quer saber mais daquilo que sua cultura propõe. Eu me sinto um pouco livre com isso. Um dia, por exemplo, foi um matemático que eu pensava que tinha sido até um biólogo. Foi meu amigo matemático de lá, que é um italiano, Sebastiani*. Ele me contou que estava num grupo indígena, e um jovem índio disse pra ele: "Eu vou pescar de arpão, e eu vou mostrar pra você como fazer isso". Ele acompanhou o índio e quando, num determinado momento, viu um peixe gran-

* Eduardo Sebastiani Ferreira, professor da Unicamp — SP. A.M.A.F.

de e bonito, pegou o arpão: "É agora que eu vou pescar". Sacudiu o arpão, e o matemático disse: "Ei! Eu não entendi por que você sacudiu o arpão entre o peixe e o barco não propriamente em cima do peixe?" O jovem índio disse pra ele: "Isso é uma ilusão dos seus olhos". Uma explicação linda e maravilhosa, e você veja que, na refração, há um pouco de ilusão mesmo. Então a minha tese é a seguinte: haveria uma necessidade concreta e objetiva de explicar ao índio o que é refração naquele momento? O que a curiosidade dele teria de respaldo material, econômico, social? Eu acho que não. É um direito que ele tem, independentemente da estrutura econômica em que ele vive, se sua infraestrutura mudasse, essa necessidade, esse direito viraria uma necessidade. Então a educação tinha que fazer isso. Eu acho que a minha maior grande preocupação é com a ética: como é que eu respeito a cultura do outro. Mas respeitar a cultura do outro não significa manter o outro na ignorância sem necessidade, mas fazê-lo superar sua ignorância não significa ultrapassar os sistemas de interesses sociais e econômicos da sua cultura. É como se houvesse gente inteligente no outro planeta, noutro lugar, noutro universo, e viesse aqui, agora, e dissesse a mim que eu devo pensar da forma absolutamente contrária àquilo que penso, pois lá já se pensa diferente. Não posso me submeter a uma coisa dessas.

Pedro Paulo: Mesmo assim, estas pessoas não poderiam te chamar de ignorante, pois está em outro contexto.

Paulo Freire: Claro! O conceito de ignorância é um conceito relativo, pois, em primeiro lugar, ninguém é absolutamente ignorante. Ninguém. Você ignora coisas e sabe coisas. O ser humano fundou-se numa coisa que a vida, independentemente do que já tinha dito acima, que é a curiosidade, e aprofundou a curiosidade. A curiosidade é a fonte fundamental do conhecimento: a curiosidade, no fundo, revela interesse e também usa interesses. Descobre, gera, eu acho que é assim. Pra mim é um problema sério você não a defender, você não respeitar eticamente a curiosidade das pessoas. No fundo, como educador, a gente corre riscos fundamentais: ou a gente fica com esses riscos e se funda numa falsa compreensão do respeito ao outro, quer dizer, ou você fica absolutamente adequado, adaptado aos níveis de percepção que a cultura do outro estabelece, ou você impõe níveis diferentes. Eu acho que a saída democrática e crítica não é nem uma nem outra, quer dizer, eu preciso compreender como a compreensão do outro se dá e se na cultura chamada científica, por exemplo, você tem um caminho que dá um resultado possivelmente mais exato que o outro caminho que está sendo usado. No mínimo, você se obriga a mostrar que há. Eu sou pela defesa permanente da revelação ao educando das diferenças, que há diferenças, o que vale dizer que você não pode ficar numa perspectiva estreita e exclusivista: só como eu penso é verdade, mas pelo contrário, discutir as possibilidades das diferenças legítimas.

PATRICK: Ou só como o outro pensa a verdade, ou seja, nenhum dos dois se superpõe.

PAULO FREIRE: É por isso que, nessa questão epistemológica da passagem do saber do senso comum pra um saber científico, eu acho que há uma superação, e não uma ruptura. Quer dizer, a curiosidade do índio que diz pro matemático: "Não, não, é um equívoco, é uma ilusão dos seus olhos", a curiosidade dele é igualzinha à curiosidade de Einstein.

A diferença é que, antes, Einstein rigorizou os caminhos de aproximação da objetividade, quer dizer, ele tinha nos meios científicos a metodização rigorosa que resulta em achados mais ou menos exatos, mas a curiosidade que motiva, que conduz e empurra o conhecimento é a mesma, a do índio, a minha e a tua. Então, não há uma pura curiosidade do índio e da gente; o que há é uma superação no encontro dos achados, quer dizer, pode ser que até, eticamente, a gente fique atrás, mas, do ponto de vista da compreensão da realidade e do mundo, a gente, rigorizando a busca do objeto, pode achá-lo com mais precisão, o que não significa, porém, que você invalide o achado do índio. Eu acho que há muita arrogância nossa, dos intelectuais, dos cientistas.

Patrick: Aí, quando tem essa arrogância, Paulo, será que a gente não pode dizer que, de certa forma, a curiosidade verdadeira morre?

Paulo Freire: Acho que ela se sacrifica. A gente corre o risco de perder-se. Eu acho que a arrogância estraga tudo, o que não significa que o arrogante deixe de conhecer: ele conhece, mas ele, eticamente, sacrifica-se como gente.

Patrick: Aí o processo pedagógico em que ele está envolvido se torna, para quem está submetido a esse processo, também um peso.

Paulo Freire: Pois é! A tendência da arrogância é cair na imposição da verdade do arrogante. Isso é autoritário e não democrático. No meu entender, é isso. Isso viola determinadas qualidades que eu chamo ontológicas do ser humano. E, quando eu me refiro à ontologia, apesar da minha fundamentação cristã, pra mim a ontologia humana não é um *a priori* da história, o que vale dizer que Deus não inventou o homem antes da história do homem. O homem, no fundo, é que se inventou. Eu nunca esqueço de uma afirmação muito bonita do livro de Erich Fromm, *Tu serás Deus*, em que ele diz o "que fez o homem homem foi a desobediência". No momento em que o homem comeu a maçã, aí virou homem pela primeira vez. Antes não era. Não foi exatamente a arrogância, mas a rebeldia.

PATRICK: A curiosidade.

PAULO FREIRE: A curiosidade de saber o que era o risco de se rebelar contra uma determinação, é isso que nos torna gente. No momento em que você desobedece e se rebela, você começa a criar certas qualidades que passam a incorporar-se à natureza do ser. Isso, no caso do homem e da mulher, passará milênios para fazer uma característica dessa virada ontológica. Eu acho que o que eu chamo de vocação do *ser mais* é uma característica hoje do ser humano e que, como a violência, é uma transgressão disto. Por isto é que digo, na *Pedagogia do oprimido*: a vocação é para o *ser mais*, o *ser menos* é distorção da vocação, quer dizer que, no fundo, a negação do ser humano não se institui como vocação. Quer dizer, isto do ponto de vista teológico é um pecado, o pecado é isso.

PATRICK: A negação do ser.

PAULO FREIRE: Do caminho do natural também.

PATRICK: O caminho de *ser mais*. A gente também comete violência não só com revólver, mas pela prepotência de todas as formas.

PAULO FREIRE: Há olhares que fuzilam, que obstruem o outro; palavras que têm a intenção de matar o outro, matam pior do que a bala, porque a bala mata mesmo, o outro fica morto em vida. Mas eu acho que, se certos acadêmicos tivessem uma convivência mínima com o povo, talvez diminuíssem um pouco sua arrogância.

PEDRO PAULO: Então, Paulo, tenho 23 anos de convivência com o povo, sempre estive na periferia do povo brasileiro. Eu lecionava em uma escola do estado e morava em bairro da periferia. Agora, o Sebastiani achou que seria bom eu tentar o mestrado, porque eu não pensava em estudar mais, eu pensava em apenas beber desse conhecimento que o nosso povo tem. Aí, trabalhando na área indígena com essas descobertas do sistema de numeração, da parte geométrica, de medidas, eu voltei muito entusiasmado da área. Aí ele me incentivou muito pra tentar na universidade. Estou lá, entrei esse ano, eles me dão muitos textos pra ler, muitos que não têm nada a ver com a área em que estou trabalhando e com a minha pesquisa. O curso que eu faço é um curso em que eles me obrigam a fazer, e não me dão opção de escolha de disciplinas, e uma das que eu faço é pra estudar o conhecimento humano e, durante a aula, o professor estava dizendo que só esse conhecimento que sofre o rigor do método que é elaborado é que se diz conhecimento. Eu perguntei pra ele: "mas o conhecimento do índio não tem esse rigor que você está dizendo, porque eles não sabem a escrita. Mas como posso dizer que não tem rigor, quando eles conversam todos os dias sobre os acontecimentos e estão se socializando?"

PAULO FREIRE: E sobrevivem.

PEDRO PAULO: Sim, com o mínimo, muito alegres. Na região em que eu estou, eles são muito bonitos e muito alegres, não têm raiva um do outro, não têm atritos, nunca;

se um discorda do outro, entra um terceiro e, em questão de segundos, vira brincadeira e acaba-se a raiva. Que escola ensina isso? Eu perguntei pro meu professor: Quem te falou que nós éramos da educação? Um conhecimento que faz tantos anos que vem sendo elaborado e socializado, porém não escrito, mas vivenciado. Como você pode dizer que não é um conhecimento que tem tanto rigor quanto o seu?

Paulo Freire: O que ele disse?

Pedro Paulo: Ele disse: "Quero ver você provar, na tua dissertação, que esse conhecimento é válido". Essa foi a resposta.

Paulo Freire: Olha, eu tenho um grande amigo agora, que passou um mês e meio por uma enorme humilhação. Ele nos anos 1960, quando era meninote, meteu-se com movimentos populares, com o povo e favelas. Fez uma tese de mestrado dez anos atrás, muito boa, estudando essas implicações, e depois fez um estudo comparativo entre México e Brasil, em que ele analisou a contribuição que os movimentos populares deram ao Brasil e ao México, com relação a um saber na mudança da transformação do mundo. Veio a tese dele, de doutoramento, e, num dia, foi esmagado: um dos professores espumava de raiva e dizia com mais força, da mesma força com que esse seu professor. Disse: "Só há um lugar para a episteme, é a ciência. O senhor desrespeitou a academia, querendo provar que isso é conhecimento".

Pedro Paulo: Eu gostei de saber isso, Paulo!

Paulo Freire: Então, é preciso ter, na sua banca também, gente de cabeça aberta, apesar de que as pessoas da matemática de lá não pensam assim. Veja que coisa: o professor exigiu que ele voltasse pra casa e três meses depois o professor disse: "Por exemplo, isso que o senhor tem aí seria um excepcional livro, mas uma tese acadêmica, não!" Então, como pode ser bom livro, excepcional, mas não ser uma tese? Obrigaram o rapaz a reescrever e a diminuir o texto pra duzentas páginas. E reescrever pra mostrar que só há episteme na ciência. No fundo, quer dizer que, lamentavelmente, isso é uma tese de Bachelard, grande epistemologista francês, filósofo, poeta. Gaston diz claramente que a passagem de um nível pro outro é radicalmente fundada na ontologia, acho que isso é superação. E, precisamente porque o nosso lado é o lado do poder, a superação se dá em favor de nós: se o lado do poder estivesse no dos índios, a superação seria deles: mas, como eles não têm poder de mandar em nós, nós dizemos que superamos em favor de nós. O nosso tem melhor consistência. Eu acho que você precisa conversar essas coisas particularmente com o Sebastiani, pra você não passar pela decepção amarga, no dia de defesa de sua tese.

Pedro Paulo: Eu tenho a impressão de que, na minha qualificação, não vou ter esse problema, porque eu não vou chamar essas pessoas. Não vale a pena porque eles não entendem: talvez fiquem só na academia, nunca vivenciaram a prática de nada. Está difícil fazer as disciplinas e ficar o tempo todo vendo isso. Mas o Sebastiani vai estar lendo comigo os textos que eu vou elaborar e vai me ajudar nesse ponto. O meu orientador é o Joni*, e quem está acompanhando também a leitura é o Ubiratam**.

Paulo Freire: Ah! Sim! O Joni, Ubiratam, Sebastiani, depois os físicos, por exemplo, o Márcio Campos, antropólo-

* João Frederico C. A. Meyer, professor da Unicamp. A.M.A.F.

** Ubiratam D'Ambrósio, professor aposentado pela Unicamp. A.M.A.F.

go. Os próprios físicos o chamavam de sociólogo da física. Hoje, ele está no campo da antropologia. Na semana passada, a gente conversou aqui sobre isso. Ele está discordando sobre a ruptura. Há superação, claro, é muita arrogância nossa. Mas eu agora estou terminando um livro onde eu ligo a curiosidade dos camponeses com quem dialoguei esses anos todos: é igualzinha à do filósofo da academia.

PEDRO PAULO: É? Que bom! Precisa ser publicado logo pra poder citar.

PAULO FREIRE: Sai ainda este ano.

PARTE 2

Sobre africanidade

1

Amílcar Cabral, pedagogo da revolução*

Eu gostaria, no começo desta conversa nossa, de deixar algum ponto, ou dois, mais ou menos claros. Em primeiro lugar a satisfação que eu tenho de estar aqui hoje. Depois da volta do exílio em 1980, essa é a primeira vez, ou melhor, é a segunda, que eu venho à Universidade de Brasília para uma reunião do Conselho, mas para uma conversa como essa é a primeira vez que eu venho legalmente, sem nenhuma camuflagem. O Venício me trouxe aqui em 1981, creio, com outras pessoas, mas eu vim sem ninguém saber, entrava numa sala misteriosa porque simplesmente eu era proibido. Então, eu queria dizer da satisfação de estar aqui com vocês nessa manhã. Agora, a segunda coisa que eu quero sublinhar é que, ao aceitar vir aqui ter uma conversa sobre Amílcar Cabral, de maneira nenhuma eu quero deixar a impressão de que me considero um especialista no trabalho, no pensamento, na prática dele. Evidentemente, porém, eu tenho pensado sobre o pensamento de Cabral, porque se eu também não tivesse, se não soubesse sequer quem foi Amíl-

* Palestra proferida na Faculdade de Educação da Universidade de Brasília, a convite do professor Venício A. de Lima, que gentilmente me ofereceu o texto, em 8 de novembro de 1985. A transcrição e edição da palestra foram feitas pela professora Maria Laura Coutinho. Para esta publicação houve nova edição de Ana Maria Araújo Freire. A.M.A.F.

car Cabral, não se explicava que eu tivesse aceito vir aqui, pois seria um ato profundamente imoral, do ponto de vista intelectual. Mas insisto que não me considero um especialista, e gostaria de ter virado um bom especialista, não com uma certa superficialidade com que às vezes a gente se pensa especialista em alguma coisa. Eu cheguei realmente até a ter um projeto de fazer um estudo, assim uma espécie de biografia da práxis de Amílcar, e era um grande sonho, em certo sentido eu me sinto frustrado até hoje porque não pude fazer isso. Mas eu gostaria de agora fazer alguns comentários, antes das perguntas. Eu não conheci Amílcar Cabral pessoalmente, mas através das referências que se fazem a ele, à luta africana. Parece-me que era impossível, inclusive, comentar, falar dos movimentos de libertação da África, sobretudo da chamada "África de expressão portuguesa", que pra mim é muito mais a expressão de uma postura colonialista portuguesa. Eu sempre dizia que eu não reconhecia as Áfricas, uma de expressão portuguesa, de expressão francesa, de expressão inglesa. Para mim o colonialismo pairou e impôs-se sobre a África, e sem ter conseguido jamais tê-la transformado em Áfricas de expressão disto ou daquilo. Para mim era muito difícil pensar sobre os movimentos de libertação dessa chamada falsamente "África de expressão portuguesa" sem se fazer referência a Amílcar Cabral. Amílcar Cabral esteve na gestação de todos os movimentos de libertação das ex-colônias portuguesas, desde o tempo em que ele, jovem ainda, estudava em Lisboa. Pessoalmente, lamentavelmente, eu nunca pude encontrá-lo. Isso é uma das minhas frustrações, eu gostaria de tê-lo conhecido pessoalmente. Mas conheço seus trabalhos e fiz a leitura de alguns de seus textos, e me dediquei muito a eles quando, após a libertação da Guiné-Bissau, Cabo Verde e dos demais países, recebi um convite do governo da Guiné-Bissau, para, com uma equipe com a qual eu trabalhava na época em Genebra, dar uma contribuição ao povo guineense e também cabo-verdiano. Então naquela época uma das exigências que nós nos fizemos foi exatamente fazer um estudo sério do que a gente encontrou já da obra de Amílcar. Eu me lembro que li dois volumes da obra de Amílcar numa tradução francesa e depois foi que eu consegui o texto original publicado em Lisboa. Mas eu costumava ler o Amílcar assim página por página, palavra por palavra, fazendo minhas notas, e quando fomos juntos, a equipe do Instituto de Ação Cultural (Idac) e eu, à Bissau, nós começamos então a conversar com gente que havia lutado ao lado de Amílcar; com gente cabo-verdiana e com gente guineense. E a gente foi vendo então, comprovando uma enorme coerência, através dos depoimentos, entre o que a gente lia nos textos de Amílcar e o que se dizia a nós nos depoimentos. Gente moça, gente jovem, guerrilheiro que tinha lutado nos campos, nas matas, com Amílcar. A leitura dele, a personalidade dele, de Amílcar como um grande revolucionário, era uma coisa que a mim me fascinava e me fascina completamente hoje. E nasceu daí, desses encontros com a obra dele, com a repercussão dessa obra na prática, inclusive com a distância às vezes enorme entre o que ele escreveu e o que ele fez no processo de libertação, e a posta em prática após a mudança, após a libertação; o que não diminui em nada, pra mim, a validade das propostas de Cabral. Nasceu daí precisamente o sonho de fazer um estudo, uma espécie de biografia da práxis. Eu cheguei até a ter o nome do livro que eu quis escrever, mas não pude, que se chamaria *Amílcar Cabral, pedagogo da revolução.* Eu estabeleci uma diferença já pra esse título entre ser pedagogo da revolução e ser um pedagogo revolucionário; me parece que há uma ligeira diferença que não diminui em nada o que é apenas pedagogo revolucionário. Mas há uma diferença que eu acho fundamental, Amílcar me parece que, na verdade, foi um pedagogo da revolução, quer dizer, ele teve, ele encarnou perfeitamente o sonho de libertação de seu povo, e os procedimentos político-pedagógicos para a realização desse sonho. E eu me lembro também que um dos caminhos que eu pensei para fazer o trabalho sobre Amílcar era exatamente o de ouvir ao máximo a gente que havia lutado ao lado dele, dentro da Guiné, em Cabo Verde, e depois em outros países da África, e depois gente fora da África. E eu cheguei a ter uma conversa com a liderança do PAIGC [Partido Africano para a Independência da Guiné e Cabo Verde], a quem eu coloquei a minha proposta, meu projeto. E me lembro, eu dizia que, como intelectual, eu me sentia um militante, e que a diferença entre mim e um outro intelectual qualquer é que outro intelectual poderia fazer uma pesquisa muito séria, inclusive, e depois escrever o livro, sem pedir permissão nenhuma ao partido, sem se entregar também ao debate do partido. Mas essa não era a minha posição. Caso o partido dissesse sim, eu iria então trabalhar, e, se chegasse um dia ao término do que eu sonhava, eu ofereceria os originais, antes de publicá-los, ao partido PAIGC, para que lesse os originais e depois me convocasse no sentido de debater comigo os pontos com que o partido não concordasse. E eu dizia com muita lealdade: se o PAIGC me convence do meu erro, eu retiro; se não me convence, então eu não retiro. Mas o que eu quero é deixar muito clara a minha posição política, e não apenas a posição de um intelectual interessado na obra de um grande líder, como foi o Amílcar Cabral. O partido aceitou, não fez nenhum obstáculo. Eu dizia mais ainda que, aprovado o texto, eu o daria ao partido e que apenas trabalharia junto às editoras para que publicasse, mas que os direitos autorais pertenceriam ao partido. Comecei então a trabalhar, me lembro, uma coisa lamentável, eu gravei aproximadamente dez entrevistas, em Bissau, e se perderam todos estes cassetes na nossa mudança de Genebra para o Brasil, eu me lembro que tive entrevistas excelentes, uma delas foi com o cabo-verdiano que está hoje em Cabo Verde, ele era o comissário das Forças Armadas em Bissau antes da ruptura, Julinho Carvalho. Eu conversei tanto com esse homem, um homem extraordinário, um grande estrategista militar, e tive com ele uma entrevista assim fantástica, ele gravou perto de duas horas, falando da visão política, da visão militar e da visão que a gente poderia chamar aqui, sem nenhum receio, humanista, de Amílcar Cabral, sem, porém, dar ao objetivo humanista nenhuma conotação piegas: humanista no sentido da radicalidade com que a gente se refere ao que há de humano nele. Então, ele me contou fatos como esse que eu vou relatar aqui: disse ele que um dia uma equipe de comandantes de que ele fazia parte organizou, fez um projeto armado, no sentido de destruir o principal quartel português e seria perda irreparável para as forças colonialistas. Naquela derrota dos portugueses, vislumbrada no projeto que os comandantes militares faziam, dificilmente o Exército colonialista poderia sobreviver. Disse-me o comandante que levaram o projeto ao Amílcar, e ele examinou, discutiu durante duas horas o projeto e, quando terminou, em certo momento ele perguntou aos comandantes:

— E qual é o custo social da posta em prática deste projeto? Militarmente eu não tenho dúvida nenhuma de que realmente funciona. Mas eu quero saber é a posta em prática, o que vai custar?

— Olha, nós liquidaremos as tropas portuguesas, em cem por cento, e perdemos cinquenta por cento das nossas — respondeu um dos comandantes.

— É muito caro pra ser posto em prática.

Mas então o Amílcar disse a eles uma coisa que a mim impressionou:

— Olha, vocês fizeram um plano, um projeto de guerra, de luta, como se estivessem esquecidos de que nós estamos com a história, e a história conosco. Os portugueses é que estão contra a história. Então não há mal nenhum que a gente retarde o momento último da última pá de terra em cima do colonialismo, por um tempinho mais, sem perder tanta gente.

E concluiu:

— O que interessa a nós é expulsar os colonistas, não necessariamente matá-los. Para expulsá-los, precisamos matar alguns e morrer.

Vejam, me parece que a colocação dele é, ao contrário do que todos pensam, profundamente normal, porque eu nunca pude admitir a ideia de que revolucionário é gente truculenta que anda querendo matar. Isso é um absurdo, porque isso não é um revolucionário, isso é uma patologia, não é portanto um atributo de revolucionário estar querendo matar gente. Mas essa preocupação do Amílcar, me dizia esse comandante, essa preocupação estava permanente na luta e nas análises que ele fazia nos seus textos — aliás, os seus textos, na sua maioria, são resultado exatamente de extraordinários seminários, muitos dos quais feitos em plena selva, como avaliação da luta armada etc. Conversando com outro moço que trabalhava na Guiné-Bissau como uma espécie de supervisor distrital no campo da educação, eu lhe perguntei:

— O que foi que mais te impressionou, na tua passagem por Amílcar?

— Camarada Paulo Freire, o que mais me impressionava no camarada Cabral era a capacidade que ele tinha de conhecer o que ainda não estava aqui.

— O que será isso? — perguntei.

— Eu penso, não é, camarada?

— Mas é claro que você pensa.

— Diz agora, eu não sou capaz de pensar seiscentos metros em torno de mim. O camarada Cabral pensava seis anos na frente dele.

— Explica isso — eu disse.

— Uma vez nós estávamos na frente de batalha, numa certa zona da luta, depois de uma semana de castigo forte da aviação "tuga" e o camarada Cabral chegou pra uma visita de inspeção e de estudos... — Isso é o que eu estou chamando aqui de seminários que ele costumava fazer, de avaliação da prática. No fundo, Amílcar foi um extraordinário teórico, por isso foi um excelente prático. Então, ele trouxe a moçada para um desses seminários. Eu fico a imaginar uma daquelas clareiras maravilhosas que a gente acha na África, nos bosques, nas matas. E lá sentados bem africanamente, à sombra das árvores grandes, Amílcar conversava, avaliava o processo da luta, e em certo momento disse: "Eu preciso de retirar duzentos de vocês da frente da luta, para mandar para outra frente de luta. Eu preciso de duzentos de vocês para mandar pra [Guiné] Conacri, para o Instituto de Capacitação, para capacitar os duzentos e depois trazê-los para o interior do país para as zonas libertadas, no sentido de trabalhar como professores".

E aí o jovem então olha pra mim e retoma a palavra. Vejam como é um raciocínio assim muito imediato, muito parecido com milhares de raciocínios nossos no Brasil e na América Latina:

— Como é que eu que estava com um fuzil na mão, vendo o meu companheiro cair morto junto de mim, os "tugas" matando a gente, como é que eu podia naquela hora pensar que pudesse haver a possibilidade de duzentos de nós saírem da frente de luta pra ir estudar. Então a minha resposta foi a seguinte: "Mas, camarada Amílcar, esse negócio de educação fica para quando a gente botar os 'tugas' para fora, aí a gente pensa na educação, e aí a gente se forma, se capacita. Eu pensava que o camarada Cabral ia trazer pra cá mais duzentos guerrilheiros, e não tirar duzentos de cá".

E Cabral respondeu:

— E por que você acha que não está certo isso?

— Porque a gente não pode perder a guerra — disse o moço.

— Mas é exatamente pra não perder a guerra que eu preciso de duzentos de vocês — disse Cabral.

Isso é um diálogo lindo. Isso é um negócio, pra mim, extraordinário! E o moço continuava sem acreditar e sobretudo sem entender.

Aliás, num parêntese, há algo embutido nesse diálogo que me fala muito do pedagogo da revolução. É na verdade isso que eu chamo de *substantividade democrática*, que não significa ser social-democrata. É preciso acabar com essa invencionice de que falar em democracia já significa imediatamente que o sujeito é da social-democracia ou é revisionista espontaneísta, é frouxo ou é um bando de coisa como essas. É preciso acabar com essa mania de que só há rigor sob o autoritarismo. É preciso que quem diga isso assuma o seu autoritarismo, e não o transfira para os outros. Então me parece que esse dado do moço que dialogava com Cabral mostra que ele o tinha na verdade como o grande líder, ninguém pense que não, porque é hoje ainda o grande líder presente, e não presente magicamente, nem miticamente. Olha, obviamente que naquela hora ele sabia que Cabral era o líder. Mas o líder não falava apenas aos liderados, porque falava *com os liderados*, ao lado de falar *aos liderados*. Eu quero fazer outro parêntese pra dizer que pra mim é fundamental que uma liderança radicalmente democrática, revolucionária, que essa liderança fale aos liderados. Mas o que não é possível é que ela deixe de falar *com*, e para mim só há uma maneira de falar *aos liderados* sem falar *contra* eles, é falar *com* eles também. Só falando *com* é que você se legitima em determinados, necessários momentos, em que você correria o risco de cair num espontaneísmo; só falando *com* é que, em certos momentos, você legitima o direito de *falar a*.

Isso Amílcar fazia de uma maneira extraordinária, o autoritário sempre *fala a*, o espontaneísta pensa que jamais pode *falar a*, e que tem sempre de falar *com*, e para mim estas são duas posições falsas, o que eu gostaria de deixar aqui claro. A minha posição é de quem *fala a*, porque *fala com*. Isso fazia o Amílcar.

Em certo momento da sua narrativa, o moço então diz que Amílcar olha a todos, e diz o seguinte: "Meus amigos, meus camaradas, esta guerra não vai ser ganha por alguns da minha geração, que escaparão, não vai ser ganha por alguns da geração de vocês, que escaparão; mas vai ser ganha pela geração que está chegando aí".

Você veja que a visão, isso é o que eu chamo de sensibilidade histórica, que saía pelos poros dele, isso é que é a capacidade de ler o mundo, e não de *ler* os *textos*. Quem se perde apenas na leitura dos textos dicotomizada do mundo, e do contexto dos textos, se esborracha constantemente. Só não se esborracha quando só cuida mesmo da sua academia e quando cuida da Academia. E aí dizia Amílcar: "E o que acontece é que, daqui a cinco anos, por aí, seis, quando essa geração que está aí jovenzinha vai chegar ao momento da luta definitiva, vai precisar de usar instrumentos de guerra, que não são os que vocês estão usando, mas instrumentos de guerra que vão exigir um conhecimento matemático que vocês não tiveram e nem têm, são conhecimentos científicos, de que a geração outra vai precisar. E o que nós precisamos no momento é exatamente levar duzentos de vocês, para serem formados no sentido de voltar e formar cá".

O moço me olha e me diz:

— Camarada Paulo, eu fui então para [Guiné] Conacri. Confesso ao senhor que eu fui sem entender muito, mas fui. Estudei, me capacitei e voltei. Formei quadros aqui que eram realmente os quadros da geração que tinha que ganhar, e vi alunos que estudaram comigo derrubando aviões "tugas", com foguetes, esses foguetes soviéticos. — E continuou: — Camarada Paulo Freire, foi por isso que no começo eu disse ao senhor que eu sou capaz de pensar seiscentos metros em torno de mim, e que o camarada Cabral pensava seis anos na frente dele.

Eu me lembro ainda de que, quando ele me disse isso, eu aproveitei para falar sobre o que eu entendia de profetismo. Pra mim o camarada Cabral era um profeta, não porque fosse um doido barbudo, feito o beato Salu, porque há um equívoco, muita gente quando ouve falar em profeta fica pensando que se trata de gente maluca, de gente doida, suja, que vive fazendo discursos. Não! O profeta ou a profetiza é exatamente quem, por viver intensamente o hoje, adivinha o amanhã. Eu usei o adivinhar propositadamente para valorizar um pouco a tarefa de adivinhar na epistemologia. Eu acho que conhecer não é adivinhar, mas passa também pela adivinhação ou pela intuição, para a gente ser mais cortês. O profeta é exatamente esse cara que não tem nada de doido, que tem é uma profunda raiz no hoje que ele briga para transformar. E é exatamente essa práxis atolada no hoje que o faz, compreendendo o passado, prever, antever o futuro, porque ele sabe que o futuro afinal de contas se faz é no hoje que se transforma.

Não há um futuro como uma coisa marcada, esperada para a gente colocar depois, como se fosse um módulo que a gente fabrica e deixa lá à espera da pessoa que vai chegar para buscá-lo no futuro. Não, o futuro se constrói é na transformação radical do hoje. E era isso que fazia Cabral, esse homem capaz de pensar seis anos na frente dele.

Os depoimentos que eu tive na Guiné-Bissau foram, mais ou menos, de 15 ou 16 horas de gravação, todos eles de diferentes figuras, camaradas que lutaram com o fuzil, com uma responsabilidade de comandante, camaradas que eram comissários ou ministros na época da entrevista. O primeiro-ministro que morreu em acidente, Chico Terra, me deu também uma entrevista muito boa. Todos esses depoimentos enfatizaram primeiro essa capacidade de prever, segundo enfatizaram esse gosto do *falar com*, terceiro enfatizaram uma extraordinária competência, associada a uma sensibilidade histórica, qualidades absolutamente indispensáveis ao saber científico, ao lado da sensibilidade do objetivo, do concreto, da objetividade. Salientavam também um imenso respeito ao senso comum, ao conhecimento, "ao penso que é" que caracteriza a incerteza da sabedoria popular. Ele tinha um profundo respeito a isso.

Eu me lembro por exemplo que, em um dos textos dele que resultou dessas avaliações de luta, ele discute com um grupo de guerrilheiros a crendice no poder do cri-cri, que são exatamente os bentinhos, as coisas que a gente usa, amuletos, a crença no amuleto, os chamados mezinhos. E o camarada brigando, convencido de que o mezinho faria com que a bala do inimigo ricocheteasse, batesse e pulasse para o lado de lá, e não pegasse o sujeito. E ele ouve aquilo com uma sabedoria de antropólogo político e depois diz: "Eu gostaria de dizer aos camaradas que o que nos defende da bala do inimigo é saber ou não saber brigar". É ter, diria eu agora acrescentando um pouco, é ter ou não ter uma competência sobre a luta que a gente ganha na luta, não é o mezinho que faz isso. Aí diz Cabral: "Mas o partido respeita, respeita a crença, a convicção que está no corpo da nossa cultura".

Eram essas dimensões da cultura que ele chamava de *debilidade* da cultura, essas debilidades estavam do ponto de vista da sua análise, exatamente, nas relações entre o ser humano e o mundo natural. E ele defendia, vejam que coisa bacana, que não era sacudir uma pá de terra em cima daquela compreensão mágica do real, não era para as pessoas ficarem no nível daquela debilidade, mas era partir daquela debilidade para poder alcançar a sua superação.

É isso que em nível político-pedagógico também eu venho dizendo desde os anos 1950, no entanto há críticos meus neste país que dizem que o que Freire defende é que o educador deve ficar no nível de educando. Isso é uma coisa incrível. Eu nunca usei o verbo *ficar*, porque seria um absurdo, eu tenho usado sempre o verbo *partir*. Partir da concepção do mundo que tenha o educando ou que tenha a massa popular, e partir, a não ser que me provem com algum dicionário o contrário, significa deslocar-se de um certo ponto em direção a outro. Portanto, há no verbo partir uma conotação de movimento e outra de intencionalidade, de diretividade, é por isso que a educação é diretiva mesmo, ela é um *partir de*.

Pois bem. Em Cabral você percebe isso de uma forma extraordinária, mas aí ele conclui seu discurso naquela que deve ter sido uma bonita tarde numa mata da Guiné-Bissau:

"No entanto, não tenho dúvida nenhuma de que os filhos dos nossos filhos vão elogiar o PAIGC que soube lutar, mas vão dizer sorrindo: os nossos pais acreditavam em coisas bizarras, em coisas estranhas".

Vocês vejam que isso é um negócio maravilhoso! Aí é que cada vez mais esse homem se afirma a mim, como um pedagogo da revolução. Vocês vejam, seria um absurdo, por exemplo, se um dia os filhos dissessem aos pais: vocês são uns idiotas, e eu não sei como é que vocês estão vivos ainda. Mas, por outro lado, seria também um absurdo abrir concessão à debilidade, não era possível conceder. O caminho para, não estigmatizando, não concedendo, era debater, era falar sobre a debilidade. Isso ele fez em tudo…

O depoimento de uma mulher, que tinha um posto muito elevado, muito importante, no Ministério da Educação, também a mim me impressionou muito. Ela me disse que um dia o Cabral reuniu toda uma equipe diretora na Guiné-Conacri que se libertou do colonialismo francês antes da libertação da Guiné-Bissau. E lá o PAIGC tinha esse centro de capacitação, e um dia, me dizia essa depoente, numa reunião grande de avaliação do processo de luta, quando aparentemente estava concluindo a reunião, Cabral parou, fixou os olhos no teto da sala e disse: "Agora deixem-me pensar". E começou a falar só. Descrevendo o que seria a Guiné-Bissau e o que seria Cabo Verde, após a independência. Chegou, inclusive, a pormenores administrativos, falava dos ministérios, dos departamentos, que se chamavam comissariados, descreveu, perfilou o país, saindo da lama colonialista, e constituindo-se na continuidade da luta pela libertação, enquanto luta pela consolidação da libertação.

E, em certo momento, ele para, olha para o grupo todo, e um dos membros da equipe diz: "Camarada Cabral, mas isso é sonho". E ele apontava esse sonho para um período imediato muito próximo. E aí me disse ela que Cabral deu uma resposta, dessas que eu fixei: "Sim, sim, é sonho. Mas ai da revolução que não sonhe. Ai dos revolucionários que não sonham. A questão que se coloca é apenas saber como lutam para viabilizar o sonho".

Vejam vocês, isso tem a ver com essa dimensão profética de Cabral, e com uma consciência muito lúcida, muito clara que ele tinha, da relação inquebrantável da prática e teoria, que ele jamais dicotomizou, só que nunca fez um discurso, verbalmente teórico, que dificultasse a compreensão do seu conteúdo por parte de seus camaradas de guerra, de luta.

Em Cabral eu aprendi uma porção de coisas, digo *em* Cabral significando também *com* Cabral, eu aprendi um bando de coisas, eu confirmei outras coisas de que eu suspeitava, mas eu aprendi, por exemplo, uma coisa que é a necessidade que têm o educador progressista e o educador revolucionário. Eu faço uma distinção entre um e outro: para mim um educador progressista é aquele que trabalha numa sociedade burguesa de classe como a nossa, por exemplo, e tem o sonho que transcende, que vai mais além de fazer a escola melhor, mas que é preciso fazer, porque ele sonha mesmo é com a transformação radical da sociedade burguesa, numa sociedade socialista. Esse para mim é um educador progressista. O educador revolucionário é aquele que já se encontra situado, histórica e socialmente, na sociedade em processo, em um nível mais avançado.

Mas, voltando ao que eu dizia, uma coisa que eu aprendi muito com ele, foi como um educador progressista precisa de fazer-se simples, sem porém jamais virar simplista. Isso me parece fantástico, pegue os textos do Cabral, e eles são realmente simples, mas não simplistas. Para mim o simplismo é uma expressão fantástica, contundente do elitismo, é pior até do que o populismo, mas coincide muito com certas vocações populistas. Quer dizer, no fundo o simplismo é autoritário. O simplista é aquele que diz: como vou eu falar a essa gente, que não é capaz de me entender. Então ele fala meias verdades, quartos de verdade, não são nem meias verdades, são pitadas de verdades. Em Cabral a gente vê o contrário disso; o que ele faz é buscar, com simplicidade, falar do concreto seriamente.

Eu tenho em minha casa uma foto de Cabral, é a única foto em que o vi em pé com um fuzil. Disseram-me, em Bissau, que ele tinha horror àquela foto, porque era uma das únicas coisas possivelmente negativas em Cabral, é que ele tinha raiva do tamanho dele, eu não sei até onde é verdade mas dizem que ele era baixinho, e que tinha uma raiva enorme do seu tamanho, sobretudo quando ele estava com um fuzil a tiracolo, aí a gente vê que ele era pequeno mesmo.

Por causa dessa história da altura de Cabral, eu vou até me admitir o direito de ser medíocre e dizer um desses chavões bestas: Cabral era enorme por dentro. Mas eu fico aqui a me lembrar de um desses depoimentos e, se eu fosse um artista plástico, eu era capaz de reproduzir o que eu tenho na memória do que eu não vi. O encontro de Cabral com Guevara na mata. Disse-me a pessoa que fez esse depoimento que os dois ficaram parados, um diante do outro, profundamente atraídos um pelo outro. Depois se abraçaram. Possivelmente, aquele momento, em que dois homens enormes, sendo um baixo e o outro grandão, se encontraram, tenha sido o único em que Cabral não teve raiva do seu tamanho físico. É como se ele se completasse também fisicamente com o que sobrava de Guevara. Mas é que na verdade os dois eram complementares um para o outro também do ponto de vista da compreensão da luta.

Não é por acaso que Guevara também não teve nenhum receio de falar em amor, com relação à revolução: "Ainda correndo risco de parecer ridículo, eu digo que não há revolução sem amor". E depois tem aquela outra linda frase dele sobre a ternura: "Há que endurecer sem jamais perder a ternura". Não é por acaso que ele dizia isso e que Cabral dizia coisas parecidas. No fundo, pra mim, foram estes dois homens duas das maiores expressões deste século. O Guevara também era um pedagogo da revolução, não era só um pedagogo revolucionário, tinha a mesma sensibilidade popular, sem ser populista. Ele se arrepiava também diante do povo, do povão, e ele sabia o que significava "povo". Por exemplo, o Amílcar não tem também nenhum receio de falar em povo. Ele sabia que é que significava povo.

O processo histórico da Guiné-Bissau e Cabo Verde, com suas diferenças, na busca da unidade

Um dia, logo no começo de minhas visitas a Cabo Verde e à Guiné-Bissau, eu cheguei a perguntar a um dos ministros se não seria possível um tipo de solidariedade política, cultural e econômica, entre, inclusive, os "cinco países irmãos", mantendo cada um deles a sua autonomia administrativa, política etc. Porque me parecia haver certos rasgos históricos e culturais entre as *duas* sociedades, e assim me parecia difícil separar-se isso para ter um só bloco. A própria forma de experiência colonizadora que Portugal teve, os procedimentos colonizadores de Cabo Verde e Guiné-Bissau, foram procedimentos distintos. A impressão que eu tenho é que o colonizador escolheu o arquipélago de Cabo Verde para fabricar lá assimilados na sua grande maioria. Isso era o sonho político dos portugueses, que não deu certo. Era essa a política, para com a população mestiça, mais para clara do que para escura, de Cabo Verde. Lá foi formada a intelectualidade que teve uma chance, que os outros não tiveram.

Portugal pensava em tirar, e tirou, de Cabo Verde quadros seus, necessários e intermediários para a administração colonial nas outras colônias, ou nas chamadas províncias. Isso se deu durante longo tempo, e só esse fato marcava uma diferença com relação às demais colônias. De modo que eu via, por exemplo, uma maior facilidade, não sei se é bem a palavra, uma maior aplicação na época das propostas cabralianas em Cabo Verde do que na Guiné, por exemplo; uma maior coerência entre o que se dizia e entre o que se fazia. Eu achava meio difícil, e havia também uma certa ciumada, que eu não quero discutir se era correta ou não, dos guineenses, e isso era aproveitado do ponto de vista da direita, com relação a cabo-verdianos.

Eu acho que linguisticamente é um absurdo, é uma inviabilidade ensinar português na Guiné-Bissau às massas populares. É uma inviabilidade política mas, às vezes, a inviabilidade não é política. Vocês imaginem que o Brasil fizesse uma revolução, vivesse uma revolução, e nós chegássemos aos camponeses brasileiros, e aos obreiros, aos operários brasileiros, e disséssemos o seguinte: — Olha, pra revolução da gente correr, nós vamos ter que alfabetizar agora em espanhol, é a mesma coisa. Mas eu me lembro que, na minha primeira consulta ao Mário Cabral, na minha primeira carta, nas *Cartas a Guiné-Bissau*, eu faço uma referência a esse problema.

Quando nós chegamos à Guiné, eu coloquei isso para as equipes do ministério, e me disseram que não, que havia um bilinguismo, em grande parte, por exemplo em Cabo Verde. "Lá você pode alfabetizar em língua portuguesa sem violência." Eu não diria que é sem violentar, violenta pouco, mas é possível fazer. Em São Tomé mais ainda. Mas na Guiné-Bissau, em Angola, em Moçambique, seria uma violência.

Moçambique e Angola estão numa situação pior do que Cabo Verde, do que a Guiné. Angola e Moçambique têm uma situação dramática, porque não criaram, não houve condições históricas e sociais para criar uma língua como o crioulo. Não se criou o crioulo, nem em Angola nem em Moçambique, o que temos nesses países são as línguas nacionais etnoculturais, dos diferentes grupos. Existem trinta e tantas línguas... eu compreendia essas dificuldades.

Politicamente não pode o MPLA [Movimento Popular de Libertação de Angola] nem a Frelimo [Frente de Libertação de Moçambique], por exemplo, chegar ao povo de Angola e de Moçambique e decretar que uma daquelas línguas vai ser a nacional. Se fizesse isso, seria um desastre. Então a única saída política que tiveram, decorrente da inviabilidade linguística, foi fazer da língua do colonizador a língua cuja tarefa é tarefa impossível: formar a infância e a mocidade numa língua estrangeira. Eu vou ler aqui e agora uma carta* publicada no livro *Por uma pedagogia da pergunta.*

Mas esse é um problema, esse é um grande desafio que as lideranças revolucionárias tiveram de enfrentar. Vocês vejam o seguinte, sem querer ser simplista e reducionista: no processo da independência, pode-se ter, *grosso modo*, duas possibilidades de linha política a ser implantada, com a chegada ao poder do grupo nacional. A primeira seria, por exemplo, a de, rompendo com o colonialismo, cair, porém, no neocolonialismo, o que é colonialismo adocicado.

E tem mais, o neocolonialismo barateia as despesas do colonizador, ele gasta menos e lucra mais, porque não precisa necessariamente de manter um espaço ocupado pelos seus funcionários, a sua burocracia, ele vai substituindo a sua burocracia pela nacional, pagando menos. Na postura neocolonialista, a língua do colonizador continua sendo absolutamente fundamental. Então, o colonizador faz tudo para a preservação da sua língua, como presença de poder. A outra opção política é a ruptura fundamental com o colonialista, e a partida para um tipo de sociedade independentizada.

Obviamente que, para as nações em construção de sua autonomia, o problema da língua é absolutamente crucial, porque esse negócio de língua em primeiro lugar é uma abstração, porque o que é concreto mesmo é a linguagem. Esse

---

* Optei por não transcrever esta carta de Paulo a Mário Cabral, datada de julho de 1977. O leitor a encontra no livro *Por uma pedagogia da pergunta* (Rio de Janeiro: Paz e Terra, 1985, p. 127-34) [7ª ed. São Paulo: Paz e Terra, 2011, p. 185-97]. A.M.A.F.

negócio de língua portuguesa, linguística, isso é abstração, o concreto é a maneira como a gente fala, o discurso de gente, e esse é de classe. Discurso de classe está submetido às mudanças culturais de classe, às influências etc.

Agora veja, o problema da linguagem é que ela sofre diretamente do erro da cultura ou da classe. Por isso é que uma das primeiras providências que o colonizador faz é tentar impor a sua linguagem sobre o colonizado, e é fantástico como o colonizado se defende manhosamente contra: "vamos usar da língua pra não dificultar muito". Contra a língua estrangeira invasora, o colonizado se defende falando e mantendo a sua língua que o colonizador chama de puro bastardo dialeto, porque ele se convence de que ele tem um momento de liberdade, que é aquele em que se expressa na sua forma de ser e de falar, que é a sua linguagem. Ora, então a questão da linguagem é fundamental.

Eu me lembro de que uma das providências que o presidente Nyerere, que acaba de deixar o governo da Tanzânia, tomou foi escalonar a mudança do inglês para o suaíli. Ele superou num determinado ano o inglês na pré-escola; no outro ano ou dois anos depois, superou o inglês no primeiro grau. Possivelmente já chegou à universidade.

O Nyerere é outro grande africano de quem eu discordo de vez em quando, mas pra mim, um dos grandes pedagogos deste século XX, não apenas na África, mas no mundo. Só que não é conhecido no Brasil, ele é conhecido nos países de língua inglesa. Eu conversei muito com o Nyerere sobre essa questão de identidade cultural, e ele tinha a vantagem de falar brilhantemente, fantasticamente, o suaíli e o inglês. Ele falava o inglês de Oxford e um suaíli da Tanzânia.

Então esse problema de língua deve ser uma preocupação central, fundamental, em qualquer processo de luta, porque o problema da linguagem está dentro do programa da cultura. Há uma frase de Amílcar muito fantástica: "A luta de libertação é um fato cultural, e um fator de cultura". Agora vejam que, dentro desse fato cultural, está a linguagem também. Então isso é, para mim, um ponto de partida, como preocupação.

Agora, evidentemente vocês não pensem que é fácil. Quando conversava com o ministro, dizia: "Olha, é preciso ganhar esta luta, é preciso ganhar esta guerra". Sugerimos a ida para lá de linguistas com um grande conhecimento das línguas africanas. Mas não é fácil você adotar o crioulo, por exemplo, como língua nacional, a língua de mediação da formação cultural e política do seu povo. Onde é que você vai buscar dinheiro e competência técnica e científica para traduzir todas as obras fundamentais que a Guiné não produziu ainda, e que tem de ler, tem que estudar, passar tudo isso da noite para o dia para o crioulo, com que dinheiro, tempo, e com que competência? Revolução não é brinquedo: é uma coisa muito séria, mas tudo isso tem que ser pensado. Quando chegou o momento de nossa assessoria, e que eu vi que não dava, um ano e pouco depois de ter chegado lá, eu escrevi uma longa carta ao ministro, que há pouco li*. Não publiquei em *Cartas a Guiné-Bissau* por uma questão política, uma questão de respeito, uma questão tática. Posteriormente publiquei num livro com Antonio Faundez, *Por uma pedagogia da pergunta*.

---

* Cf. nota de rodapé na página 133.

O que eu chamava a atenção é como, no fundo, usar a língua portuguesa, como língua mediadora da formação política, ideológica, científica e técnica, do ex-colonizado, é usar a superestrutura, como fator determinante da divisão das classes sociais dentro do próprio corpo da revolução, o que é um paradoxo. Eu dizia ao ministro: "Olha, o que é que vai acontecer, bilíngues aqui, bilíngues exatos só uma pequena burguesia, que mora no centro urbano. Por exemplo, você é bacanamente bilíngue, mas possivelmente, e eu conheço um cabo-verdiano que nem sequer fala o crioulo, só fala português". Aí eu dizia pra eles: Olha, se continua isso desse jeito, o que vai acontecer? Pode-se dizer hoje que quem governará esse país dentro de vinte anos serão vocês. E onde é que está a participação das grandes massas camponesas deste país, no processo de reconstrução nacional e de criação de uma democracia popular? Onde? Eles não vão participar, exatamente porque vocês vão continuar, através da escolarização, a fazer a seleção do poder. E obviamente que, entre o teu filho, que é bilíngue, e o filho do camponês, que não é bilíngue, que só fala crioulo, a língua étnica deles, na escola o teu filho vai passar em cursos, sobretudo se os critérios de avaliação continuam sendo critérios intelectualistas.

Se a escola continua a avaliar a capacidade de saber da criança pela decoreba da geografia e da história, e não introduz no processo avaliativo a habilidade de ler o mundo, que a criança que não fala português tem, e a sabedoria que ela ganhou também, isso não vai entrar na avaliação. O que vai acontecer então é que só se aprova nos primeiros lugares é quem é bilíngue. Aí eu posso dizer quem é que vai governar esse país.

Então, eu coloco isso nessa mencionada carta, duas ou três propostas. Eu faço por exemplo a análise de uma experiência brilhante que houve lá, de hortas coletivas, que começou com a alfabetização. Quando se suspendeu a alfabetização, o ganho de aprendizado desse grupo foi a descoberta do valor do trabalho coletivo, e não do ba-be-bi-bo-bu. Aí eu mostro, inclusive analiso, a importância disso numa das cartas, de 1977, dirigida a eles.

O governo começou então a aceitar mudanças, o debate em torno disso, com muito mais abertura do que antes, e eu até compreendia inclusive a dificuldade que eles tinham. Um dia o próprio presidente me disse: "Camarada Paulo Freire, entre nós mesmos há aqueles que não aceitam o crioulo, acham que não é língua, é um dialeto feio, mas obviamente é porque a penetração da ideologia dominante é fortíssima, mesmo lutando, como lutamos, o sujeito ainda termina aceitando o perfil de que sua cultura, e de sua história, e de si mesmo, tinha feito o colonizador, e que portanto sua língua é feia e incompetente para expressar sua ciência, tecnologia e a arte".

Nesse livro mencionado, eu digo que não há razão nenhuma para o português, o alemão e o francês, para falar só nessas três expressões de linguagem, ficarem ressentidos porque têm de usar a palavra *stress*. Não tem como traduzir *stress*; em qualquer delas tem que se dizer *stress**. Porque o problema da evolução da linguagem está ligado diretamente ao desenvolvimento das forças produtivas de qualquer sociedade. Que o processo da tecnologização e da cientifização está ligado ao desenvolvimento das forças produtivas,

* Em português adaptou-se a grafia para estresse. (N.E.)

ou então não se é bom marxista. Agora, o que acontece é que o desenvolvimento tecnológico norte-americano juntou à tradição do poder anterior, que era exatamente o poder econômico-político do mundo da Inglaterra, seu poder econômico, tecnológico e político. A linguagem inglesa virou latim moderno, pelas plenas razões por que o latim antes foi o latim. Então essa história de dizer que o crioulo não tem capacidade é uma balela, é reacionarismo, não é científico, é ideologia pura, porque tem como qualquer outra linguagem a capacidade de crescer e de se desenvolver. Qual é a língua hoje que não tem uma série enorme de introduções do inglês?

Para mim o único deslize de Cabral é exatamente num texto dele que eu tenho aqui quando ele diz: "O maior presente que os 'tugas' deixaram foi a língua". Essa foi uma das raras ingenuidades de Amílcar. Eu conversei sobre isso em Bissau, numa das minhas entrevistas. E dizia para as pessoas: "Eu não entendo como um sujeito que foi tão rigoroso quanto Cabral, e ao mesmo tempo tão manhoso, pode ter dito uma coisa dessas". E a própria viúva dele me disse: "Camarada Paulo Freire, é preciso entender esse texto e o contexto histórico e social em que ele o pronunciou".

Essa questão é fundamental e hoje qualquer analista de Cabral terá que sublinhar isso, não pode passar despercebido. Mas o que me disseram lá é o seguinte, é que na época em que Cabral fez essa afirmação cabia uma análise, e estava havendo um risco, na luta, de uma certa sectarização, que levava os cabo-verdianos e os guineenses a serem contra qualquer português, contra a cultura portuguesa, contra a linguagem portuguesa, contra tudo que fosse português.

E Cabral precisava cortar o risco de engrossamento dessa perspectiva, que para ele, e eu concordo, enfraqueceria a própria luta.

E era no fundo uma ingenuidade, porque a questão do colonizado diante da cultura colonizadora não é de negar, ou melhor, é a de negá-la eticamente, não é dizer que não tem nada nela que sirva, nisso Cabral era muito lúcido.

Nenhuma cultura pode ser avaliada como absolutamente ruim, ou absolutamente boa. Culturas são necessariamente diferentes umas das outras. Então você vai ter o que se pode fazer para aproveitar o positivo dos "tugas". Disseram-me que foi nesse momento aí que Cabral fez essa afirmação. Portanto, essa afirmação era tática. Agora, se eu fosse camarada dele naquele tempo, amigo, eu diria: "Não publica isso; muda, Cabral, mesmo com toda tática que tu tens que ter, tu tens outros caminhos de evitar a sectarização". Ele dizendo isto estava aceitando uma coisa absolutamente inexistente, que era a língua como puro instrumento. Então eu acho que não foi só a tática não, eu acho que, aí, Amílcar errou. Mas é bacana você encontrar um baita de um erro num sujeito extraordinário como ele.

A ciência na experiência africana

Nas *Cartas a Guiné-Bissau*, em certo momento, talvez até por pura intuição, eu menciono que Amílcar lutava por uma compreensão científica, mas nunca cientificista da realidade. Em segundo lugar, a minha impressão, a minha convicção, é a de que Amílcar estava muito longe dos critérios positivistas. Amílcar foi, para mim, um muito bom marxista, que fez uma *leitura africana de Marx*, não uma leitura alemã de Marx, nem uma leitura do século passado [XIX]. Ele fez uma leitura deste século [XX] na África. Não é por outra coisa que no sério discurso que ele fez em Havana ele rejeita aceitar a afirmação de que a luta de classes é o motor na história. Ele negou isso em Cuba e diz no texto que não é propriamente a luta de classes; ele analisa historicamente o surgimento das classes, tecnicamente, marxistamente falando, e afirma que, muito mais do que a classe, é o modo de produção que se constitui em motor da história. Eu tenho a impressão também de que, do ponto de vista marxista, quando se fala na luta de classe, possivelmente não é apenas tomando classe no sentido mais técnico, mais exato. Antes mesmo do surgimento histórico das classes sociais, havia conflitos, já havia lutas de interesses contraditórios, de dominante e dominados. Mas Cabral colocou isso com muita independência em Havana, e ele diz que uma das razões para recusar a luta de classe como motor da história é que ele não poderia aceitar que a África não tivesse história, antes. E depois ele coloca duas questões epistemológicas. Uma é essa: O que é que houve antes da luta, da resistência das classes, e o que é que vai haver depois? Será que se acaba a história? Já esta segunda pergunta me parece mais séria: Será que com a revolução socialista no mundo, com a supressão das classes antagônicas etc., se acaba a história também? A revolução socialista seria o anúncio do fim?

Se é, eu prefiro até que não tenha. Eu gosto muito é da história mesmo. Então Cabral coloca essa questão, com muita independência. Mas o que eu acho é o seguinte, um homem como esse deveria ser estudado ao lado de um outro, para mim extraordinário, que é o Gramsci. E eu não tenho nenhuma notícia de que o Amílcar estudou Gramsci. Ele não faz nenhuma referência a Gramsci, não é por safadeza não. Ele realmente não leu Gramsci. As obras de Gramsci começaram a ser traduzidas quando ele estava brigando, já dentro do mato. Em espanhol, os primeiros livros de Gramsci foram traduzidos quando eu já estava no exílio.

Agora você veja como ambos se sensibilizam diante da cultura, sem contudo nem um nem outro hipertrofiarem cultura. Mas o que ambos fizeram praticamente, um escreve na cadeia, preso atolado, pensando pra burro. O outro escreve no mato — porque a obra de Amílcar, não tenho dúvida, com algumas exceções, por exemplo, dos escritos de juventude, e aí ele foi muito mais poeta —, ele escreveu no mato, ele escreveu brigando.

Havia talvez duas espécies de texto, os que ele escreveu para a briga na mata e os para a briga política dentro das Nações Unidas e nas universidades. Vejam a genialidade desse homem: "A luta da libertação é uma luta política, por um momento armado, e não ao contrário". Ele jamais disse: A luta de libertação é uma guerra com algumas pitadas de política. Porque tem gente que acha que não tem política nunca, só bala, e ele diz o contrário: é uma luta evidentemente política com momento armado.

E ele usou os dois momentos, ele viveu integralmente a substantividade da luta. Por isso teorizou. Porque ele estava um dia numa mata daquelas de Bissau, dois dias depois, recebendo o título de Dr. Honoris Causa de uma universidade norte-americana. E fazendo ao receber o título de Dr.

Honoris Causa um discurso sobre a guerra de Cabo Verde e Guiné-Bissau.

Ia para as Nações Unidas lutar, e a primeira grande vitória dele foi a política; ele conseguiu convencer as Nações Unidas, e as Nações Unidas convenceram o mundo, de que seu país era um país invadido por Portugal. As Nações Unidas foram lá para dentro da mata, para decretar a independência, isso é um negócio extraordinário. Ali houve um negócio formidável: quem conscientizou o exército português foram as perdas deles. Chegou o momento em que não teria havido mudanças em Portugal, a chamada Revolução dos Cravos, se não tivesse havido a guerra na África. Foram os africanos nas suas matas que transformaram e derrubaram a direita de Portugal. Foram eles.

O que eu digo nas *Cartas a Guiné-Bissau* é verdade: o soldado português descia e espetava a mulher grávida. Sacudia o feto para cima e espetava na baioneta. Isso daí foi verdade, verdade. Um dia o povo recebeu os instrumentos soviéticos, obtidos pela politicidade fantástica de Cabral, que trabalhou bem a União Soviética para isso, e quando os portugueses vinham sobrevoando, cantarolando, eles danaram a derrubar os aviões. Aqueles meninos da geração que contei aqui. Cada avião que passava caía, porque eles não erravam um tiro. Os pilotos não subiam mais, não queriam mais ir, então tiveram que fazer a mudança interna em Portugal.

Mas eu acho que um cara como esse deveria ser estudado, ao lado de um Gramsci. Qual é a diferença grande entre os dois? Amílcar morreu possivelmente mais velho do que ele, Gramsci, e teve o que Gramsci não teve, porque Amílcar teve n anos de guerra dentro do campo, dentro do mato.

Gramsci não, Gramsci teve foi cadeia. Mas eu tenho uma convicção de que o estudo, o estudo isolado ou simultâneo de textos deles dois, tem uma importância enorme, deve ser feito por educadores. Eu acho que uma das coisas que está fazendo falta aos educadores é exatamente essa compreensão da politicidade da educação e da pedagogia.

A inexperiência das lideranças africanas

Meus amigos, o que isso significou para uma liderança lúcida, a invasão de grupos europeus, privados e públicos, de estados, chegando diariamente no aeroporto de Bissau e Cabo Verde, para trazer propostas de desenvolvimento, após a sua autonomia, desenvolvimento que não tinham na sua maioria, nada com o desenvolvimento, que interessasse aos povos independentes. Mas que interessavam às agências. Elas apanham as lideranças nacionais desexperimentadas, que tinham apenas uma larga experiência de guerra de luta, na selva, mas a experiência desse outro tipo, a diplomática, a discussão de economia, a compreensão do planejamento interessado ao povo, isso tudo tinha que ser criado, inclusive o que custaria a eles enquanto países, em termo da ajuda internacional.

Um *expert* das Nações Unidas, não ia pra Guiné-Bissau a não ser que lhe pagassem 6 ou 7 mil dólares por mês, porque um *expert* não é necessariamente um militante político, aliás por isso mesmo ele é um *expert*. Eu não estou sabotando ninguém, o cara merece ganhar o seu dinheiro. Mas o que significa isso de vários pontos de vista? Isso mexe com a ecologia, com a política da região, com os hábitos locais. O que isso tudo significa? Então é isso que eu quero discutir aqui: as dificuldades das lideranças inexperientes. A gente já sabe, como não é fácil, esse país daqui da gente, dizem, se independentizou no dia 7 de setembro de 1822. Pois é, continua numa extraordinária dependência. Faz pouco tempo que vinha aqui uma chilena de vez em quando dizer como é que devia fazer o desenvolvimento econômico em Brasília, faz pouco tempo isso. Agora vocês imaginem o que é deste ponto de vista, portanto da construção de uma autonomia, da independência, da identidade cultural dos povos africanos.

2

Carta a Mário Cabral*

Genève, 2-11-78

Prezado amigo e camarada Mário Cabral:

Somente hoje me está sendo possível escrever-lhe em resposta à sua carta de outubro passado. Ao fazê-lo, gostaria de falar-lhe abertamente, como amigo e como camarada, para dizer-lhe, não só no nome de Elza e no meu, mas também no da equipe do Idac [Instituto de Ação Cultural], o quanto sempre nos agradou imenso trabalhar com você, como Comissário de Educação, nestes três anos em que vimos contribuindo com o que podemos para a reinvenção da educação na Guiné-Bissau. Compreendo, também, a saudade que o Comissariado de Educação, que você marcou com a sua passagem criadora, lhe deixa. Estou convencido, porém, da contribuição, igualmente fundamental ao país, que você dará ao Desenvolvimento Rural. Você levará para o novo Comissariado a visão político-pedagógica indispensável ao desenvolvimento.

Se em algo podemos ser úteis ao país através de você, no novo Comissariado, conte com os amigos e camaradas de sempre.

Fraternalmente,
Paulo Freire

---

* Carta inédita enviada ao engenheiro Mário Cabral, em 2 de novembro de 1978. A.M.A.F.

PARTE 3

Sobre a ação cultural e cidadania

1

Ação cultural — Conscientização*

Obstáculos:

I — Ideológicos

1. Do ponto de vista das elites do poder.
2. Do ponto de vista dos que procuram os seminários de capacitação.
3. Do ponto de vista das Equipes Centrais, corresponsáveis pelos seminários.
4. Do ponto de vista do povo [trecho não escrito].

Análise sumária

1. Na medida em que a Ação Cultural para a libertação é um ato de conhecimento e um método de ação transformadora da realidade através do qual as massas populares são desafiadas a exercer uma reflexão crítica sobre sua própria forma de estarem sendo, as classes dominantes, obviamente, não podem aceitá-la.

---

* Texto inédito, escrito em Genebra (1971 — inacabado). As notas são de Paulo Freire. A.M.A.F.

É que, sobretudo, uma tal forma de práxis ajuda as massas populares a superar o nível da mera sensibilidade de sua situação de classe pelo de consciência de classe, fundamental à transformação revolucionária da sociedade.

Naturalmente, porém, a forma como esses obstáculos se expressam varia de espaço-tempo a espaço-tempo. Encontram-se na dependência das contradições que envolvem as classes dominantes e em função de seus interesses econômicos.

Uma coisa é o comportamento destas classes numa sociedade preponderantemente "fechada", tradicional, com suas massas populares "imersas"; outra é o seu comportamento numa sociedade modernizando-se e experimentando-se na primeira etapa do jogo populista que, como novo estilo político, coincide com a "emersão" das massas populares. Outro ainda é o comportamento destas classes quando a sociedade, em certo sentido, esgota a etapa populista e se põe em face do dilema golpe ou revolução.

Por outro lado, a qualidade dos obstáculos varia em função da agressividade mais ou menos viável das classes dominadas, tanto quanto a ação cultural conscientizadora depende da possibilidade de organização político-revolucionária desta agressividade. Daí que não possamos compreender tais obstáculos a não ser na dialética das classes sociais.

Assim, no primeiro caso, se a "imersão" das massas populares na cultura do silêncio é a regra ou a conotação básica da sociedade como um todo, de um lado, as classes dominantes "repousam" naquela "imersão", de outro, a conscientização é mais difícil.

Na segunda hipótese, quando a sociedade entra na transição e as massas populares "emergem" ou começam a "emergir" aos primeiros impactos da industrialização, as classes dominantes mudam de comportamento. Em tal momento, necessitam de mão de obra cada vez mais qualificada para atender ao trabalho industrial mais complexo. Neste período, os interesses imperialistas, que em si condicionam a própria transição, da sociedade, se fazem mais e mais agressivos, expressando-se por variadas formas de penetração e de controle da sociedade dependente. De qualquer forma, porém, o processo em si mesmo engendra fatos novos de caráter político e social. A transição implica a presença contraditória de um proletariado modernizando-se ao lado de um proletariado tradicional; de uma pequena burguesia técnico-profissional, ao lado de uma classe média tradicional*.

As classes dominantes falam então em reformas — o que não significa que sempre as façam pelas próprias contradições em seu seio — e intensificam os esforços no setor da alfabetização das massas populares que, agora, inclusive, exigem alfabetizar-se nos centros em vias de modernização. Desta forma, aceitam experiências no setor educativo desde que concorram para a maior eficiência da mão de obra com vistas à maior produtividade. Daí que, em certos momentos, permitam ensaios de ação cultural conscientizadora e até falem em conscientização das massas populares, ou porque ainda não perceberam até onde pode vir tal esforço, ou porque, com o poder em suas mãos, podem detê-lo quando necessário, ou porque, finalmente, tentam "recuperar" a conscientização para seus objetivos.

* Ver CARDOSO, Fernando Henrique. *Politique et dévelopment dans les sociétés dépendantes*. Paris: Éditions Anthropos, 1971.

A ação cultural para a libertação, por isto mesmo, tem de ser uma práxis subterrânea.

Isto não significa, porém, que não devamos aproveitar todas as oportunidades possíveis para, desenvolvendo uma atividade conscientizadora, levar as classes dominantes a desvelar-se frente ao povo. O importante é que não sejamos jamais ingênuos, pensando que podemos conscientizar os opressores enquanto classe social opressora.

A conscientização dos opressores enquanto classe social que domina os ajuda a oprimir melhor.

2. Dois obstáculos fundamentais, de modo geral, se colocam à prática da ação cultural para a libertação, do ponto de vista dos que procuram os cursos ou seminários de capacitação para uma tal modalidade de ação política.

I — O idealismo ou o subjetivismo

II — O objetivismo mecanicista*

Estas duas formas de entender a realidade pecam por sua antidialeticidade. A primeira, ao hipertrofiar a consciência, emprestando-lhe o poder de criar a realidade objetiva, engendra uma ilusão funesta — a de que o mundo pode ser transformado pela consciência ou "dentro" dela; a segunda, ao admitir a consciência como puro reflexo, como pura cópia da realidade, termina por lhe negar qualquer papel no

* Para Sartre são ambos subjetivismo.

processo revolucionário, caindo assim num mecanicismo tão funesto quanto a ilusão idealista.

Subjetivistas e objetivistas mecanicistas, cada um a seu modo, procuram os seminários sobre conscientização como se esta fosse algo mágico. Os primeiros querem encontrar na conscientização, sobretudo, uma espécie de terceiro "caminho" pelo qual se evite a luta de classes e se alcance a conciliação dos inconciliáveis. A conscientização, como um poder milagroso, uniria fraternalmente gregos e troianos, opressores e oprimidos, que assim, em fraternal convívio, deixariam de ser classes sociais antagônicas.

Os segundos, de modo geral ativistas, pretendem ter na conscientização um instrumento, igualmente mágico, que os ajude a fazer a revolução quase por decreto. Uns e outros, todos geralmente de extração pequeno-burguesa, se condicionam entre si e, fixados em suas posições, irredutíveis, caem no sectarismo que os enrijece. Uns e outros se incapacitam para o diálogo e têm na polêmica o seu clima ideal. Aqueles porque, sobretudo, pretendem o diálogo em torno de abstrações, de criações arbitrárias de sua consciência desgarrada do mundo, na medida em que atribuem a ela o poder de criá-lo. Os segundos porque negam a reflexão crítica, negam a capacidade que tem a consciência de, constituindo-se embora na práxis dos seres humanos sobre o mundo, voltar-se sobre si e sobre o mundo mesmo, bem como sobre os resultados da própria práxis, pelo poder de tomar distância de si no mundo e com ele. Muitas vezes observamos, nos seminários de capacitação, a mudança de tais posições que, porém, só na práxis realizada no contexto concreto com o povo pode concretizar-se ou não.

No fundo, a Ação Cultural para a libertação, como práxis revolucionária, ao exigir dos que deflagram o seu processo, que vão ao povo, somente com quem é possível fazê-la, impõe, necessariamente, uma "travessia" que mediatiza a subjetividade e a objetividade, que jamais, por sua vez, podem ser dicotomizadas*. Nesta travessia, até os que se pensam dialéticos se arriscam a ser "tocados" ora pelo subjetivismo, ora pelo objetivismo. Desta forma, não é de estranhar que os subjetivistas, de um lado, e os objetivistas, de outro, reforcem suas posições no exercício de sua práxis.

Tudo isto aumenta a responsabilidade dos que se encarregam de iniciar o processo nos seminários de capacitação. A clarificação destas antagônicas posições, tão antagônicas quanto erradas, é de suma importância na capacitação de quadros. Um dos erros básicos que todos eles praticam, não só durante os seminários de capacitação, mas na sua práxis com o povo, é dicotomizar aprender e ensinar, métodos educativos e ideologia. Daí a preocupação que sempre revelam em aprender os métodos, as técnicas, como se fossem algo neutro.

3. As equipes centrais, encarregadas dos seminários de capacitação, não escapam, igualmente, a fazerem-se obstáculos à Ação Cultural para a libertação. Não escapam aos mesmos riscos antes apontados — o do idealismo como o

---

* Não há, na verdade, objetividade sem subjetividade, ou, como disse o camponês chileno, "Não há mundo sem homem e homem sem mundo". Quando falamos em subjetividade e objetividade fazemos uma abstração necessária ao espírito para que alcance a totalidade do fenômeno. Por esta razão é que Sartre considera subjetivista a este e ao objetivista mecanicista.

do objetivismo mecanicista. Sobretudo quando estas equipes se capacitam sem terem tido, contudo, a possibilidade de experimentar-se por largo tempo com o povo, vale dizer, sem que tenham *feito* e refeito a referida "travessia" na qual se teriam feito. Neste caso, seus membros precisam ser intensamente críticos para evitarem a burocratização da Ação Cultural como a sua idealização. É bem verdade que, armados de uma forma dialética de pensar, podem evitar, em grande medida, aqueles perigos. Isto não é, porém, suficiente, se bem que indispensável. É necessário testar a sua forma dialética de pensar na práxis com o povo. Somente assim podem teorizar a sua experiência como a experiência dos demais.

Do ponto de vista teórico, por exemplo, não há dúvida nenhuma de que a percepção focalista da realidade é alienante; somente a consciência da totalidade através da práxis que a constitui é desalienadora.

Entre ter este saber como uma categoria correta de pensar e encontrar, com o povo, os caminhos para que ele também o tenha, há uma distância que só a práxis encurta.

Outro ponto, ligado ao anterior, em que estas equipes podem estrangular a Ação Cultural é o espontaneísmo em que alguns de seus membros podem cair. Neste caso, encaram a capacitação como uma espécie de jogo sem regras, uma espécie de ação ao deus-dará, esquecidos de que a capacitação é já ação cultural. Assim, fundados em que a capacitação deve ser obviamente dialógica, encaram o diálogo como uma aventura no mau sentido da palavra, quando ela é realmente uma aventura enquanto é um momento de criatividade. Mas, por isto mesmo, o diálogo demanda de quem o exercita, em termos sistemáticos, uma preparação científica em torno dos temas que, através dele, se dão aos sujeitos cognoscentes como objetos cognoscíveis.

Os sujeitos do diálogo são sujeitos cognoscentes e não conversadores informais ou puramente cordiais.

No sentido aqui tomado, que é o da Ação Cultural para a libertação, o diálogo é a indispensável relação que sela o ato de conhecimento.

Genève — 1971

2

"Cidadania é criação política"*

Ação: A educação e os educadores podem despertar no educando a noção de cidadania e de como exercê-la?

Paulo Freire: Às vezes, penso que se fala em cidadania como se fosse um conceito, muito abstrato, com certa força mágica, como se, quando a palavra cidadania fosse pronunciada, automaticamente, todos a ganhassem. Ou como se fosse um presente que políticos e educadores dessem ao povo. Não é isso. É preciso deixar claro que a cidadania é uma produção, uma criação política. Ela não resulta do simples fato de você ter nascido em determinado país, isso pode acontecer do ponto de vista legal. Mas do ponto de vista político, a cidadania é criada ou não. Quantos milhões de brasileiros existem no país e quantos não exercem a cidadania? O alfabetizador tem muita possibilidade de trabalhar em favor da produção da cidadania, que tem sido negada às grandes massas populares. Para isso, é preciso que o alfabetizador esteja consciente de que esta também deveria ser uma tarefa dele, além da própria alfabetização. Ao ensinar a leitura e a escrita da palavra, o alfabetizador tem o dever

---

* Entrevista concedida ao jornal *Ação* – Orgão informativo da Associação dos Funcionários do Banco do Brasil – ANABB, em 13 de maio de 1994, quando Paulo Freire esteve em Brasília a convite do Programa BB Educar. Entrevista publicada no jornal *Ação*, n. 62, em 19 de maio de 1994. A.M.A.F.

político de trabalhar no sentido de produção da cidadania com os que estão faltosos dos direitos e deveres do cidadão. Antes de tudo, o alfabetizador deve capacitar-se cientificamente para poder alfabetizar. Ele também precisa saber lidar com os problemas da linguagem.

Ação: Quais as características fundamentais que um alfabetizador precisa apresentar, a seu ver?

Paulo Freire: Em primeiro lugar, o alfabetizador tem de estar lúcido politicamente, saber em favor de quem e de que ele alfabetiza. Em segundo, ele precisa saber alfabetizar, precisa conhecer um mínimo de princípios de natureza científica da linguagem. O alfabetizador precisa então de competência científica e de clareza política.

Ação: Como o senhor vê o comprometimento voluntário do funcionalismo do Banco do Brasil, no sentido de alfabetizar adultos por todo o país?

Paulo Freire: Como educador, há muito tempo assumido e assumindo essa responsabilidade, eu vejo esse compromisso como um ótimo testemunho para a sociedade. Essa é uma demonstração de senso de responsabilidade política, pedagógica e social. Eu felicito o desenvolvimento do trabalho feito pelo BB.

Ação: O senhor poderia contar qual o sentimento vivido pelo educador ao perceber em seu educando a sensação de vitória por ter conseguido aprender, alcançar um patamar do conhecimento?

Paulo Freire: Isso pode acontecer no primeiro dia. Não é preciso que o alfabetizando domine as técnicas da leitura, mas ele revela um brilho no olho, na cara que ri, na mão que se move. O educando sugere, ele faz um discurso através do olhar. Nesse discurso ele diz: "Eu sei isso, aprendi isso". Esses momentos enchem a vida, a experiência do educador.

Ação: A experiência de vida do educador tem um peso muito grande em sua tarefa de formar o cidadão?

Paulo Freire: Uma coisa só nunca é bastante para nada. Ao mesmo tempo que a experiência é fundamental à tarefa do educador, ela sozinha não basta. A experiência tem que ver com o modo como você está sendo na vida, a forma como você come, ri, brinca, acredita ou não nas pessoas, e isso tem que ver também com a experiência que temos na classe social a que pertencemos. O educador tem de partir da compreensão crítica de sua própria experiência e a do educando. Sem o conhecimento da experiência do educando, o educador falha.

Ação: Qual a sua visão das dificuldades enfrentadas pelas pessoas que não sabem ler nem escrever?

Paulo Freire: Elas são inúmeras, e em momentos e aspectos diferentes. Uma delas é a de superar o próprio sentimento de vergonha de sua condição. Na medida em que os analfabetos, e em seguida os alfabetizandos, sentem-se inibidos, limitados pela própria consciência de que não sabem, eles obstaculizam o seu saber. Uma das tarefas do educador é a de ajuda ao alfabetizando, assumindo-se como analfabeto, sabendo, porém, que a culpa social não é dele. O fracasso não é dele e sim de uma sociedade perversa, que é a nossa. É possível que a partir daí — ao descobrir que a perversidade da sociedade é a culpada por ele não saber ler — ele se prepare, amadurecendo, para superar o que haja de inibidor no processo de alfabetização.

Ação: Com sua experiência, o senhor poderia apontar um caminho para quebrar as barreiras do preconceito na relação alfabetizador-alfabetizando, estabelecendo dignidade e respeito nesse relacionamento?

Paulo Freire: As barreiras existem, mas elas não são pedagógicas e sim ideológicas. Isso é uma das expressões da ideologia dominante, na qual as classes populares são inferiores de nascimento, incompetentes de nascença. Isso é um absurdo, é ideologia mesmo. Não tem nada de científico, é profundamente ideológico. Por causa disso, uma das tarefas nos cursos de formação dos alfabetizadores é discutir os aspectos da ideologia dominante, na qual os preconceitos corroem a atividade prática do educador. A ideologia é tão forte que no custo-informação você tenta esclarecer que não há essa inferioridade intrínseca natural do analfabeto. O educador acredita, mas acaba, como dizem os chilenos, admitindo que pode ser que acredite, que pode ser que exista essa inferioridade. Você tem de ajudar o alfabetizador a romper com essa força inibidora da ideologia e convencê-lo de que, cientificamente, não há diferença entre ele e o alfabetizando. A diferença é apenas de experiência intelectual.

Ação: Que palavras de estímulo o senhor daria às pessoas que não sentem, sobre seus ombros, a responsabilidade de construir uma sociedade melhor?

Paulo Freire: Há uma responsabilidade ética, social, de nós todos, no sentido de tornar a nossa sociedade menos má. Eu costumo dizer que tornar o mundo menos feio é um dever de cada um de nós. Nem sempre esse dever é percebido, e sobretudo assumido. Se você me perguntar se essa é uma questão pedagógica ou política, eu diria que é política. É preciso não só estar convencido do dever social de transformar, mas assumir isso. Assumir a percepção de que temos o dever de transformar significa partir para uma prática coerente com esse pensamento.

Ação: O senhor tem elogiado bastante a iniciativa do Banco do Brasil em alfabetizar adultos. Que mensagem o senhor enviaria ao funcionário do banco que ainda não se engajou no programa BB Educar?

Paulo Freire: Eu acho que a única mensagem é a seguinte: do gosto, do prazer que o cumprimento de um dever deve dar a cada um de nós. Venha gozar isso. Não há nada melhor do que chamar a pessoa para gozar o mundo, a vida, o bem-querer. Tenha coragem e venha gozar fazendo isso.

PARTE 4

Sobre ensino / aprendizagem

1

Diálogo com universitários uruguaios: a importância da psicologia na prática educativa*

Algumas vezes na minha vida, na minha experiência, sinto o que estou sentindo agora: estar diante de uma quantidade tão grande de gente, o que por um lado me deixa alegre e por outro às vezes me inibe.

É interessante que um homem como eu, experiente, com uma idade não tão avançada quanto parece, com certa repercussão... É interessante, sobretudo para os jovens, dizer que um homem assim às vezes fica tímido diante de um grupo grande de pessoas e... não sabe o que dizer. Às vezes os jovens pensam que só eles ficam assustados quando têm de falar em público, mas isso não é verdade... O que acontece é que os mais velhos não o confessam; preferem tomar pílulas estimulantes em vez de dizer a verdade como eu estou dizendo agora: que estou tímido, mas espero supe-

* Diálogo de Paulo Freire com estudantes e docentes universitários, no Instituto de Psicologia da Universidad de la República Ipur, em 24 de junho de 1989. Paulo Freire foi recebido pelo reitor em exercício, engenheiro Jorge Brovetto, o diretor do Ipur, psicólogo Juan Carlos Carrasco, e a A.S. Teresa Porzekansky, representante da Escuela Universitaria de Servicio Social. Publicado originalmente no Centro de Investigaciones y Desarrollo Cultural, que nos convidou e patrocinou a ida a Montevidéu. *Paulo Freire conversando com educadores* (Montevidéu: Editorial Roca Viva, 1990). A.M.A.F.

rar isso. Esta é uma vantagem que eu tenho sobre alguns de vocês. Se vocês vão falar e ficam tímidos como estou agora, é difícil deslanchar; para mim, não, porque já comecei a deslanchar. Não vai me ser difícil falar.

O difícil é escolher sobre o que falar. Se estivéssemos em um espaço mais conveniente, eu lhes proporia que me fizessem perguntas e, estimulado pelas perguntas, eu falaria.

Quando eu vinha para cá, um jovem psicólogo ou estudante de psicologia aproximou-se de mim e disse: "Paulo, como não vou poder lhe perguntar depois, pergunto-lhe agora. Gostaria que você dissesse algo sobre a importância dos estudos de psicologia para a prática educativa". Agora me recordo dessa pergunta.

A importância da psicologia na prática educativa, assim como a da sociologia, da antropologia, da filosofia, depende de como manejamos a própria compreensão do que é a psicologia, a tarefa da psicologia — quando não a compreendemos de forma mecanicista, nem a entendemos psicologisticamente, ou seja, quando não tentamos reduzir toda a realidade humana à psicologia. Na medida em que a psicologia tenta compreender os seres humanos em suas relações dialéticas, contraditórias com o mundo concreto; na medida em que, como psicólogo, eu me preocupo não somente com o ser humano em si, mas pela relação que esse ser humano estabelece com os outros em um determinado contexto que é ao mesmo tempo histórico, social e econômico; na medida em que procuro compreender as relações que se dão no concreto, eu tento descobrir o que está escondido que pode explicar as coisas aparentemente claras. Porque é muito interessante observar que nem sempre as coisas que estão claras explicam o meu comportamento: o que mais explica o meu comportamento é o que está escondido no âmbito do inconsciente ou no âmbito da ideologia.

Eu diria que um psicólogo tem uma contribuição enorme a dar à prática docente, seja essa prática formal dentro do sistema de educação, ou informal no que chamamos genericamente de "educação popular". Esse aporte é a tentativa de compreender algumas formas de ser da maneira como as pessoas compreendem o mundo. É isto que, de certo modo, faz com que eu compreenda as coisas de uma certa forma. Creio que o psicólogo, por sua própria natureza, não pode estar alijado da compreensão do processo de conhecer.

Minha obra tem muito a ver com a de Enrique Pichon Rivière. Para mim, o processo de aprender, o processo de ensinar são, antes de tudo, processos de produção de saber, de produção de conhecimento, e não de transferência de conhecimento. Para mim, isto é fundamental do ponto de vista do aporte que o psicólogo ou a psicóloga possam dar ao educador. É por isso que às vezes alguns analistas da minha obra — sobretudo os europeus — ficam um tanto confusos, mostram uma preocupação enorme em saber o que sou: se um psicólogo, um antropólogo, um sociólogo, um filósofo... o que eu sou?

Certo dia, um amigo brasileiro que se encontrava na Alemanha disse, diante de um grupo de professores que discutiam qual seria o meu rótulo: "Eu acho que seria melhor vocês desistirem de classificar o Paulo Freire e em vez disso tentarem compreendê-lo... Estudem-no e talvez assim percebam que ele é um pouco de tudo isso..."

Para mim, é muito difícil pensar teoricamente a prática educativa sem o auxílio de outras ciências. No fundo, estou convencido de que a pedagogia não é uma ciência: não tem autonomia epistemológica, mas se serve das ciências. O educador deve ter uma postura científica do ponto de vista do rigor necessário com que aborda o objeto do seu pensamento e da sua ação. Para isso, deve se servir do aporte das diferentes ciências.

Eu diria que, se posso dar uma sugestão aos jovens que estudam psicologia, seria exatamente esta: primeiro, abandonar a ilusão de que seja possível explicar o mundo com a psicologia; e a segunda sugestão seria descobrir as coisas que podem ser explicadas pela psicologia.

Agora, talvez algum de vocês possa fazer outra pergunta.

Participante: Eu estive nas conversas anteriores das quais o senhor participou. Nelas se falou muito do intelectual e da sua relação com a educação popular. Agora, em um âmbito universitário, seria importante rediscutir o tema.

Acredito ser possível estabelecer dois níveis do problema. Um é o da realidade atual do intelectual: somos formados para isso, é o que sabemos fazer e temos de aproveitá-lo. Mas até que ponto esta dissociação entre o trabalho intelectual e o trabalho manual é favorecida pela ideologia dominante e apoiada por um sistema educativo? Como se pode transformar isso a partir do sistema educativo e como a universidade pode adotar isso aceitando que os estudantes não são apenas cabeças?

Paulo Freire: Eu diria que há uma inquietação concentrada na questão da formação do universitário, da falta de uma relação entre a teoria e a prática, da dicotomia existente.

Acho que essa questão só pode ser respondida pensando-se dialeticamente; de uma posição mecanicista, é impossível. Hoje eu tenho a responsabilidade de comandar um sistema público de ensino em uma cidade de milhões de habitantes. A responsabilidade é tão grande que não sei como estou aqui de pé... Dá para assustar...

Tenho a certeza de que, se pensarmos teoricamente os sistemas educacionais da América Latina e nos perguntarmos quais são seus defeitos, eu começaria enfatizando esta dicotomia entre prática e teoria, dicotomia esta que tem a ver de imediato com uma compreensão mecanicista do que é ensinar e do que é aprender.

Aqui me associo a Pichon Rivière — ele como psicólogo e eu como pedagogo — e a outros latino-americanos para fazer a crítica do que na *Pedagogia do oprimido* chamei de "Educação Bancária". Nesta concepção, ensinar se reduz a transferir o perfil do conceito esgotado do conteúdo, e não a transmitir a compreensão precisa desse conteúdo. Esta dicotomia entre teoria e prática tem a ver com a concepção mecanicista do ato de ensinar e do ato de aprender, como se não devessem ser entendidos como produção de saber, como produção de conhecimento.

Uma segunda dicotomia, que parece muito importante em nossos sistemas educativos, é esta: a de ensinar e aprender. Há uma dicotomia entre ambos porque nos falta, por razões ideológicas, a compreensão processual da produção social do conhecimento. É como se ao ensinar eu não tivesse nada a ver com o aprender, e é como se ao aprender os educadores não tivessem nada a ver com o ensinar; como se ao ensinar o educador não aprendesse, pelo menos, a ensinar. É dialético porque eu não aprendo sem ensinar; para aprender a ensinar tenho de ensinar, mas tenho de ensinar aberto para aprender a ensinar.

Quando eu vinha para cá, uma jovem curiosa — no sentido que eu gosto — perguntou-me: "Paulo, às vezes é como se você fosse um cantor famoso..." E no fundo sou um pouco isso. Um educador é um pouco um artista do palco; um educador se afirma enquanto aprende a se mover no palco como artista. Não quero dizer com isso que fiquemos diante de um espelho ensaiando a forma de mover as mãos... isto surge a cada momento. Mas o educador deve atender esta dimensão de se mover com seu próprio corpo, de quase cantar quando fala. Quanto mais compreendermos isso, melhor poderemos nos comunicar.

Os homens e as mulheres que se dedicam à comunicação no rádio ou na televisão desenvolvem este aspecto.

Mas, voltando à dicotomia entre ensinar e aprender. Ao separá-los em momentos distintos, pensamos em capacitar aqueles que ensinam sem que eles percebam jamais que, para ensinar, ao mesmo tempo há que aprender, porque também há que aprender o conteúdo do que se ensina. Separar estes dois momentos de um único processo é um erro.

Há uma terceira dicotomia em nossos sistemas educativos: a que se dá entre ensinar o conhecimento já existente e produzir novos conhecimentos. Esta dicotomia faz "o diabo" dentro das universidades. Por exemplo, a separação entre investigação e docência...

Há universidades onde se prestigiam os homens de laboratório e se desprestigiam os docentes, que não são vistos como "produtores de conhecimento". O que quero ressaltar é que esta é uma concepção, não digo que infantil para não ofender as crianças, mas é uma concepção profundamente ingênua do que seja ensinar; não é possível ensinar sem investigar.

Uma verdadeira docência é investigação; o que nada tem a ver com a investigação é a docência que é feita apenas por meio de discursos verbais. A dicotomia teórica entre ensinar e investigar é cientificamente inviável; entretanto, nas universidades, continuamos fazendo isso. Alguém ensina psicologia, dá aulas sobre n temas de um programa. Estes temas são estruturados de acordo com o conhecimento atual (daí a necessidade de se estar atualizado), porém se fala de objetos conhecidos. Mas a ciência é um fenômeno humano: não caiu do céu como um presente. É obra dos homens e das mulheres e por isso é histórica e tem historicidade. Isto significa que não há conhecimento absoluto; todo conhecimento não é outra coisa senão a superação de um conhecimento que antes foi novo e se tornou velho. Este caráter não concluído do saber científico me encanta... a outros cientistas incomoda. Esta certeza que tenho de que os conhecimentos atuais não serão necessariamente os mesmos nos próximos anos me estimula e me desafia.

Mas o que fazemos mal nas escolas é ensinar aos alunos os conhecimentos existentes, sem nenhuma preocupação com os conhecimentos que ainda não existem. Não penso em ter os estudantes pendentes todo o tempo do que ainda não existe. Esta é uma obra social que tem de começar a ser realizada...

Uma das coisas terríveis derivadas destas dicotomias é ensinar o conhecimento existente com uma metodologia de pura transferência de conceitos sem a preocupação pichoniana com a produção do conhecimento. Com isso, estamos "castrando" no aluno uma das qualidades indispensáveis para a produção do conhecimento e uma das qualidades fundamentais do homem e da mulher como animais: a capacidade aprendida historicamente de desenvolver a curiosidade e de usufruir essa curiosidade...

As árvores talvez sejam "curiosas" e o movimento do "corpo" da árvore em busca da luz implica um saber. Nós homens somos muito arrogantes quando dizemos que as árvores não sabem, mas elas sabem diferente de nós... Talvez a árvore não saiba que sabe e não saiba que não sabe... Esta é uma grande diferença.

A curiosidade associada à ação está forjada pela necessidade. A necessidade é forjadora da curiosidade e do fenômeno do conhecimento. O conhecimento tem uma dimensão biológica; a necessidade de comer fez com que os homens desenvolvessem seu conhecimento para encontrar caminhos mais eficientes... A história da ciência tem a ver com isto, como compreendemos melhor o mundo em que estamos para nos servirmos melhor dele e, de vez em quando, perdemos o mundo em vez de nos servirmos dele.

Estas dicotomias sobre as quais vínhamos falando matam a curiosidade e a criatividade. É interessante observar como um dos grandes problemas que temos com relação ao final do século XX, com o alto desenvolvimento tecnológico, é que cada vez fica mais reduzido o espaço para a curiosidade e a criatividade. A isto se soma que algumas minorias que produzem conhecimentos a serviço dos que dominam o mundo são os únicos que se dão ao luxo de pensar criativamente, de indagar e desenvolver sua curiosidade. Eles pensam de maneira criativa, precisamente para que as maiorias não pensem... E é preciso lutar contra isso... Creio que a nossa grande luta é esta; no fundo é um aspecto da luta pela liberdade.

Há outras dicotomias; eu destaco estas três, mas outra é a dicotomia entre autoridade e liberdade no processo educativo. Como a autoridade em determinadas circunstâncias torna-se autoritária e já não é autoridade, quando as liberdades deixam de ser liberdades para se tornarem licenciosas e assim a autoridade desaparece...

No Brasil, este é um problema sério: a compreensão crítico-dialética, não da autoridade em si, não da liberdade em si, mas percebendo (para usar uma linguagem "pichoniana") um vínculo entre as duas entidades. É um problema de natureza política, com grandes repercussões partidárias.

Veja o que provocou sua pergunta! Já não estou mais tímido e falei demasiado. Mas ainda quero dizer algo mais...

Para uma mentalidade mecânica, não dialética, provavelmente a resposta seria a seguinte: "Enquanto não fizermos a transformação radical da sociedade, esqueça-se disto e siga a sua vida. Quando a sociedade estiver radicalmente modificada, volte a se fazer a pergunta e então veremos..." Isto é a completa a-historicidade. Não tem nada a ver com as coisas que vivemos.

No processo de mudança, não há novidade que não se assuma na velhice... e a velhice não é velhice apenas pela idade cronológica. Algum dia eu já tive a idade de vocês e o bom é que ainda me lembro disso. A velhice é a inadequação com a realidade concreta: aí se fica velho, já não se dá resposta, não responde... Aí necessariamente surge o novo, e esse novo algum dia vai ficar velho. Inclusive para nós como pessoas. Vocês não imaginam como é formidável não ficar velho?... Inclusive fisicamente... Meu corpo sabe que tem 67 anos de presença no mundo e se subo quatro lances de escada ele protesta, mas meu corpo sente-se muito bem quando eu penso, quando escrevo, quando analiso os fatos, quando compreendo a juventude, quando converso com meus netos. Continuo tendo alguma coisa a dizer às crianças, aos jovens, e não como pai, já que como pai não tenho mais filhos pequenos... esta luta que travamos para continuar vivos, abertos, criando, aceitando os desafios... Algum dia morreremos, mas nunca seremos velhos...

Creio que uma das possibilidades de se conseguir isto é, pelo menos três vezes por semana, termos contato com jovens, escutá-los, aprender com eles e entender como estão entendendo a vida. Para mim é uma loucura enquanto geração essa questão do rock, essa desarmonia, esse barulho. Mas isto tem a ver com o tempo histórico da juventude. Não posso esperar que esta juventude inquieta, que ficou decepcionada com os velhos, que esta juventude em conflito consigo mesma e com o seu tempo, goste apenas de doces canções de amor. Sua forma de expressar a vida e a comunicação é também a anticomunicação. Não há quem converse, quem se relacione com um conjunto de rock, mas esta incomunicação é sua forma de comunicação.

Então, um homem adulto tem o direito de não gostar, mas tem a obrigação de compreender, de entender as razões disto. Que direito temos de dizer "isto não serve"? Podemos dizer que esta geração tem um critério diferente de beleza, e que devemos respeitar.

A compreensão deste fenômeno passa também por uma compreensão dialética processual da cotidianidade. Como nossa mente opera na cotidianidade e como ela opera fora — ou melhor dito, dentro — de outro tipo de cotidianidade? Sem estabelecer isso, é difícil compreender a pergunta que ela fez e a maneira de trabalharmos, como educadores, este problema do saber.

Tenho um grande amigo no Brasil, que trabalhou durante anos em educação popular e que agora, em certo sentido, aparentemente se despediu da educação popular e se dedica exclusivamente à investigação antropológica: é Carlos Rodríguez Brandão. Sua grande preocupação nos últimos anos é investigar como o povo sabe em seu sentido comum, como ele percorre os caminhos de produção de um saber.

Vou pensar um pouco em voz alta para responder esta pergunta. Perdoem uma coisa que talvez pareça pouco humilde, mas o que quero ressaltar é como me comporto intensamente como um teórico. Em mim, a teoria é prática, absolutamente prática. Não há nada do que eu disse que eu não tenha feito, não há nada disso que não tenha sido resultado da minha reflexão sobre o que fiz. No meu caso, e perdoem-me a falta de humildade, há uma identidade muito forte entre teoria e prática. Aqui, desde o começo da nossa conversa estou fazendo teoria... Pode ser que não seja uma boa teoria, mas é teoria...

Para terminar, eu diria que uma das coisas que devemos fazer é não esperar que a sociedade se transforme. Se esperarmos, ela não se transforma; temos de fazer, e é nos metendo dentro do processo, na própria intimidade do processo em movimento, que descobrimos os caminhos e vamos desmontando coisas que se opõem à mudança.

Por exemplo, seria formidável se as universidades fossem planejando experiências em que a compreensão do ato de aprender e de ensinar deixasse de ser a coisa mecanicista que hoje é, para ser um processo de produção de conhecimento.

Participante: Como passar da teoria para a prática nas comunidades populares? É verdade que elas, em sua prática diária, não estão nos proporcionando conhecimentos valiosos com os quais vamos nos enriquecendo para depois continuar vivendo, criando...?

Paulo Freire: Estou totalmente de acordo. Creio que esta questão da prática e da teoria, o trabalho dos psicólogos, educadores, assistentes sociais nas áreas populares, todas estas questões têm a ver com aspectos teóricos, com alguns conceitos científicos que seria bom pôr sobre a mesa. Têm a ver com a compreensão do que é "senso comum", do que significa a produção de um certo saber popular no âmbito do que chamamos de "senso comum" e que guarda uma relação dialética com o que podemos considerar "rigorosidade científica". Qual é a relação que há, deveria ou não haver, entre a sabedoria popular e a organização reflexiva do saber, na criatividade rigorosa do saber? De acordo com a nossa cultura de classe (porque a cultura é de classe), quando cada um de nós se levanta de manhã faz um determinado conjunto de coisas: acorda, toma banho (se tem água quente), toma o café da manhã, se veste, sai, pega seu carro ou seu ônibus etc., e no fim passa o dia fazendo coisas que constituem um conjunto de elementos internalizados. Em nenhum momento a nossa mente se detém para se perguntar: por que me vesti?, por que tomei banho desta maneira?... Quem se formula essas perguntas?

Do ponto de vista da teoria do conhecimento, há uma expressão teórica que dá nome a esta forma de proceder. Dizemos que nestas coisas a mente não funciona epistemologicamente: ela funciona do ponto de vista do "senso comum".

Vocês imaginam que tremendo castigo seria pegar uma pessoa muito arrogante, um intelectual destes que acham que sabem tudo, e dizer de agora em diante durante dois anos: "em todos os momentos do dia, sua mente vai funcionar epistemologicamente..."? Seria inviável. Ninguém suporta isso...

Mas se saímos desta cotidianidade e entramos na cotidianidade intelectualizada, em que a mente opera epistemologicamente, onde aparece a curiosidade programada... É isto que nos diferencia dos setores populares que carecem de experiência epistemológica, não porque não sejam competentes para isso, mas porque as classes dominantes, por interesses próprios, jamais lhes permitiram isso. Não é inferioridade ontológica, mas proibição social, política e ideológica. Por esta razão é que se continua dizendo que os operários e os camponeses não são capazes de conhecer, que são naturalmente incompetentes... Quanto mais se diz isto, mais eles se convencem de que não são competentes. Este é um dos efeitos da ideologia: escondendo verdades, esparramam mentiras e convencem destas mentiras as mesmas pessoas que são traídas por estas mentiras.

Evidentemente, os grupos populares têm uma longa experiência de uma série de coisas e ninguém se expõe a uma experiência sem ser ensinado. Se você passa por uma experiência, a experiência passa por você, e aí, nesta mútua "passagem", fica um conhecimento que a experiência deixou. O que acontece é que, quando a experiência se dá no âmbito da cotidianidade de um certo que fazer, a pessoa que está sendo "atravessada" por essa experiência não tem condições de operar epistemologicamente. Para isso é necessário que eu me separe da experiência, que me afaste, que faça o que na teoria do conhecimento se chama de "tomar distância", e, ao tomar distância epistemológica, ponho em minhas mãos o próprio fato que me desafia a conhecê-lo.

É simplesmente isso que faz falta aos grupos populares para superar a ingenuidade do seu conhecimento. Eles têm um acúmulo de conhecimento, mas não alcançam a razão de ser desse conhecimento. É isto que permite superar o "senso comum", atravessar o "bom-senso" e se aproximar da rigorosidade que pretendemos no conhecimento acadêmico.

É por isso que eu, como homem que se considera progressista, não luto contra a academia. Eu não penso metafisicamente; portanto, a academia não existe para mim como entidade abstrata: é uma entidade social e histórica, engastada em um determinado lugar e em determinado tempo, jamais neutra, mas cheia de ideologia e de política. O que eu quero é uma academia diferente, não a anulação da academia. Minha luta é para melhorá-la, é para democratizá-la, não para anulá-la, porque, ainda que esteja ruim, a academia está nos possibilitando podermos falar destas coisas...

Os grupos populares têm uma prática, mas lhes falta a compreensão teórica dessa prática. Uma das nossas tarefas é desafiar aqueles que têm prática, mas aos quais falta compreender a razão de ser dessa prática com o aporte que pode ajudar o grupo a elucidar o que faz e por que o faz...

Bem, amigas e amigos de Montevidéu, minha esposa e eu estamos muito contentes. Espero que logo possamos voltar, mas agora vamos terminar. Quero deixar um grande abraço para todos vocês, e que continuem lutando para melhorar, por um lado, a cotidianidade de vocês e, por outro, para desenvolver a outra cotidianidade, a da rigorosidade com a qual compreendemos a cotidianidade... Um grande abraço.

2

A formação permanente*

É UMA GRANDE SATISFAÇÃO ESTAR HOJE, pela primeira vez, nesta universidade e ter sido recebido por essa mocidade contente e feliz. Eu quero agradecer as felicitações ao meu aniversário. Quero dizer, também, que, mesmo tendo feito 75 anos, sinto-me como se fosse um de vocês. Os 75 anos modificaram um pouco a resistência do meu corpo: por exemplo, subir dois andares sem elevador já começa a ser um problema. Mas os 75 anos não diminuíram em nada a vontade de viver, a capacidade de amar o mundo, o gosto pela briga em favor da transformação do mundo, a esperança, o otimismo na luta do dia a dia, a curiosidade. Tudo isso se intensificou e se aprofundou em lugar de desaparecer.

O meu compromisso com a vida, com os explorados, o meu compromisso com a possibilidade de fazer a sociedade brasileira menos feia, menos injusta, continua cada vez mais forte em mim e foi com essa mesma força que eu vim aqui hoje.

A formação docente é um tema que sempre me tocou e sobre o qual eu acabei de escrever um livro. A prática docente e a prática discente — porque, no fundo, você não pode

---

* Transcrição de palestra proferida na Universidade Unicsul, São Paulo, em 21 de setembro de 1996. A.M.A.F.

separar o ensinar do aprender; é impossível compreender a prática do ensinante sem compreender a prática do aprendiz — são momentos de um único processo: o processo de produção de conhecimento em nível sistemático. De maneira que, quando a gente fala na tarefa da professora, do professor, a gente tem, necessariamente, que falar da tarefa do aluno, do educando ou da educanda, e eu entendo que há certos saberes que terminam por se constituir como saberes fundamentais à prática docente. Por isso o título desse livro que acabei de escrever é *Pedagogia da autonomia: saberes necessários à prática educativa.*

Evidentemente, eu não falo sobre a prática educativa reacionária, porque isso cabe a um educador reacionário fazer. Eu escrevo o que deve ser feito para ser progressista. Eu entendo que a prática educativa, a prática docente implica certa sabedoria que vai se constituindo na gente, à medida que a gente vai constituindo a experiência de ensinar e de aprender. O bom para mim é que, na experiência formadora do futuro professor, da futura professora, estes saberes sejam postos à reflexão crítica e teórica dos que vão amanhã ensinar e dos que estão hoje ensinando e aprendendo.

Um destes saberes, que eu considero primordial, é: *mudar é difícil, mas é possível.* Isso é um saber que eu produzi ao longo da minha experiência no mundo. Este é um saber que já virou sabedoria. Eu sei que é difícil mudar, mas eu sei que é possível mudar. Eu vejo a luta que alguns de nós, por exemplo, travam para perder cinco quilos. Eu vejo o quanto custa perder cinco quilos do corpo, o que vale dizer, mudar meu corpo em menos cinco quilos. Mas eu vejo que é possível fazer isto.

Eu vivi, por exemplo, grande parte de minha vida com a experiência trágica de fumante, precisando parar de fumar, mas continuando a fumar. Eu vi quão difícil foi mudar, mas vi que, em determinado momento, parar de fumar foi uma questão de pura decisão do meu ser. O cigarro me estragou porque eu fumei, durante anos, três maços por dia. Hoje sofro consequências que estão me atrapalhando um pouco na saúde, aos 75 anos. Eu estou tendo determinadas dificuldades hoje que não teria se não tivesse fumado.

Mas eu me lembro o quanto custou e o quanto foi difícil dizer não. Bastou, entretanto, que eu assumisse a decisão que significa a ruptura. Não há decisão sem ruptura. Mas, se eu não soubesse e se eu não estivesse, sobretudo, convencido de que mudar é difícil, mas é possível, eu não estaria aqui hoje. Por que é que eu aceitei vir aqui? Certamente, não foi porque eu pensei que minha palavra é salvadora, de jeito nenhum. Acho que nos salvamos a despeito da palavra de alguns e por causa da palavra de outros, mas é preciso que nós assumamos a tarefa da mudança, da transformação.

Eu vim aqui hoje porque eu brigo pela boniteza e pela verdade que acho que tenho a dizer. Vim aqui hoje porque me acho no dever, na obrigação, de dizer coisas em que eu acredito e que, se postas em prática, podem contribuir, somadas a outras contribuições, para mudar um pouco a feiura da sociedade brasileira injusta. Se eu não estivesse convicto disso, o que me traria aqui? Nada!

Se eu fosse um cantor, viria porque haveria o prazer lúdico e, também, artístico da voz da canção. Eu vim aqui não para cantar — ou até, em certo sentido, também para cantar —, mas para falar, para dizer coisas no campo da educação e da política que podem interferir ou ajudar, se não agora, daqui a dez anos.

Eu tenho recebido cartas — e digo isso não com vaidade, mas com uma alegria enorme — do mundo todo em que se diz a mim: "Professor Freire, li a *Pedagogia do oprimido* faz vinte anos e há vinte anos eu mudei fundamentalmente minha compreensão do mundo". Isto é uma coisa que dá força. É por isso que ando com 75 anos e continuo com 25. No fundo, são os outros que estão me dando este gosto da vida, e não eu mesmo.

Vim aqui para dizer isso: é possível mudar. O que vale dizer, então, que, para mim, é impossível ser professor sem o sonho da mudança permanente das pessoas, das coisas e do mundo. Mas, como a gente não muda as pessoas primeiro, para depois mudar o mundo, este é um sonho em linguagem técnica e filosófica, eu diria, um sonho idealista. Quer dizer, você primeiro transforma o coração das pessoas e faz um coração bonito e, quando as pessoas ficam angelicalmente bonitas, então elas mudam o mundo e fazem um mundo bonito.

Não, a história da gente mostra que não é bem assim, mostra que essa coisa é sempre um pouco pra lá, um pouco pra cá. É contraditório, ou seja, você muda o mundo e, porque muda o mundo, você se muda, você se transforma. Contudo, para você transformar o mundo, tem que iniciar um pouco a transformação de você mesmo. Trata-se de um compromisso de mútua transformação — a da gente, a do mundo, a do mundo e a da gente.

Este saber que é preciso mudar, apesar da dificuldade de mudar, implica um saber para mim fundante, isto é, que funda e fundamenta a prática educativa. Sem ele, confesso a vocês, não vejo sentido e, de modo geral, lamentavelmente, nas universidades, a gente nunca fala deste saber. É como se ele não estivesse descrito nos livros clássicos de Pedagogia, sendo, então, considerado um saber de senso comum.

Eu vi uma frase numa placa com a qual concordo inteiramente: "Queremos a unidade do senso comum com rigorosidade." Aliás, diz-se no Brasil, com uma enorme ignorância em relação a mim, que eu sou defensor apenas do senso comum e não tenho rigorosidade científica nenhuma. Embora isso não me ofenda muito, mais ofende para mim o despreparo de quem diz isso, a ignorância em torno de meu trabalho, de meus livros, a ignorância de quem diz isso, porque, na verdade, eu nunca disse isso.

Um outro saber que considero fundamental para quem vai ensinar, ou para quem está ensinando, é *ensinar não é transferir conhecimento ao educando.*

Em outras palavras, ensinar não é fazer um pacote de conhecimento, trazê-lo na maleta da gente, descer para a sala com um cuidado danado, agarrando a mala, chegar à sala de aula, encontrar os alunos sentadinhos, abrir a maleta e ir despejando de cima para baixo os pacotes de conhecimento, esperando que a tarefa dos alunos seja apenas comer, engolir os conhecimentos e, depois, que a digestão seja exatamente a de, mecanicamente, memorizar ou decorar o conteúdo transferido para o aluno em postura passiva. Ensinar não é isso.

Eu vou ver se consigo, no discurso, dizer o que eu acho que é ensinar. Mas, antes de fazer uma tentativa de definição — eu acho que definir é sempre uma coisa muito difícil e perigosa —, eu gostaria de dizer a vocês que uma das marcas ou características do fenômeno da vida, fenômeno vital, é a curiosidade. Onde quer que haja vida, há curiosidade. Não importa se a vida é animal como a nossa, não importa se a vida é humana como a nossa, não importa se a vida é vegetal. Onde quer que haja vida, há curiosidade.

Obviamente, a gente já está podendo perceber que há diferentes expressões da curiosidade e que há uma precisão, uma necessidade por parte do curioso de, no exercício da curiosidade, aperfeiçoá-la. O fato é que, sem ela, nós não estaríamos hoje aqui, nesta sala. Ela é exatamente a possibilidade que o ser vivo tem de reconhecer, em diferentes níveis, o não-eu dele, isto é, de reconhecer o outro, e é exatamente a possibilidade de reconhecer o outro que me faz reconhecer a mim.

É uma coisa interessante isso. Não é a partir de mim que eu conheço você. Em termos de pensamentos filosóficos, é o contrário. É a partir da descoberta de *você* como não eu *meu* que *eu* me volto sobre *mim* e me percebo como *eu* e, ao mesmo tempo, enquanto *eu de mim*, eu vivo o *tu de você*. É exatamente quando o *meu eu* vira um *tu dele*, que ele descobre o *eu dele*. É uma coisa formidável.

Pois bem, a curiosidade está aí. A curiosidade está no centro disso, é a base, é ela que nos faz ficar espantados, por exemplo, diante de uma coisa que a gente não chegou sequer a perceber, de forma delineada. A curiosidade é que nos faz admirar o mundo, é ela que nos faz perceber, vagamente, um objeto, insistir na própria curiosidade incidente sobre o objeto e ir aprofundando na claridade da percepção do objeto, até conhecê-lo. A curiosidade é, portanto, um motor, ou um dos fundamentais motores da produção do conhecimento. Ela está inserida na prática transformadora da realidade, que é um dos caminhos fundamentais da produção do conhecimento.

É impossível, pra mim, pensar em conhecer sem pensar no papel da curiosidade. Na verdade, também, por outro lado, nós somos fazedores da própria curiosidade, quer dizer, ela é exercitada, produzida. Vocês vejam, por exemplo, a injustiça social que nega às crianças populares n caminhos em instrumentos provocadores e estimuladores da curiosidade, por limitações de classe social.

Essa, por exemplo, foi uma das minhas preocupações quando eu fui secretário de Educação de São Paulo; portanto, só podia ser mesmo no governo do PT. Eu fui secretário de Erundina. Um dos esforços que nós fizemos foi exatamente esse — o senhor Paulo Maluf disse que foi ele quem introduziu computação nas escolas, não foi não, isso é mais uma "cingapurada" dele — nós introduzimos a computação e eu fiz precisamente por causa disso também. Eu acho que, se uma administração progressista não levar em consideração este fato, nós vamos, com uma rapidez enorme, acelerar os níveis de aprofundamento das contradições e das injustiças de classe.

Meus netos, por exemplo, já usam computador para fazerem de tudo; portanto, têm a possibilidade fantástica de multiplicar a capacidade de curiosidade deles, sem o que fenece a possibilidade de produção de conhecimento, pelo menos acadêmico. Enquanto isso, os meninos e as meninas de favela ficam proibidos de ter a experiência que a tecnologia oferece. O fato, porém, é que é preciso que nós, professores, alunos e alunas, estejamos absolutamente cientes disso: a curiosidade é motor da produção do conhecimento. Contudo, existem formas diferentes de você exercer a curiosidade, das quais decorrem formas diferentes de percepção e de apreensão dos objetos de curiosidade.

Por exemplo, há uma forma mais ingênua de operar a curiosidade, o que ocorre quando ela fica num processo de apreensão do objeto, que se restringe à aparência do fato ou das coisas que sobre ele incidem. Este tipo é chamado de curiosidade ingênua; ela não se centra, por exemplo, na busca da razão de ser ou das diferentes razões de ser do objeto que ela apreende, que procura captar. Essa é a chamada curiosidade do senso comum, que nos dá, indiscutivelmente, um certo tipo de saber, que eu costumo chamar de "feito de experiência". É um saber que, pra mim, tem sua validade, mas não tem rigorosidade do ponto de vista da experiência científica, elaborada, rigorosa. Eu repito a quem diga, no Brasil, que meu trabalho se centra apenas no nível deste tipo de saber, que isso não é verdade. A diferença entre mim e um professor que se diz rigoroso está em que eu respeito o saber ingênuo.

Eu respeito o saber do chamado "senso comum". Eu estou absolutamente convencido de que os homens e as mulheres não começaram, na história da sua presença no mundo, fazendo saber científico. Eles começaram exatamente a fazer o saber ingênuo. Esse é o ponto de partida histórico.

O que é preciso, então — e esta é outra afirmação que nem sempre tem sido entendida —, é partir do ponto em que se acha o saber ingênuo do estudante: essa é a preocupação fundamental da prática educativa democrática. Eu tenho que respeitar o estudante na sua própria maneira de saber o mundo e, a partir daí, ter também total respeito por ele, por seu saber. Eu tenho que mostrar ao aluno e aluna que há necessidade de alcançar um outro nível, que dá a nós um saber mais exato, do que o saber do senso comum nos dá.

O que significa isso do ponto de vista da curiosidade? Significa que a curiosidade ingênua vai ter que experimentar-se em uma das tarefas da escola, e esta universidade deve estar tendo uma experiência riquíssima nisso, através de suas professoras e seus professores, no sentido de apanhar os jovens estudantes aqui — não só aqui, aqui ou em Harvard, aqui ou em Berlim é a mesma coisa — e trabalhar o processo de promoção da consciência ingênua com que chegam, ou não chegam, e provocar a promoção desta ingenuidade em um nível que eu chamo de criticidade.

Isso significa que a curiosidade vai "rigorizando-se", isto é, vai ficando mais rigorosa, mais exigente, mais metódica. Eu até diria mais rigorosamente metódica, porque metódica ela já é, mesmo quando ingênua. Todavia, ela vai "rigorizando" no seu método de aproximar-se do objeto, quer dizer, uma coisa, por exemplo, é exercer minha curiosidade diante deste microfone de uma forma ingênua, e outra coisa é exercer essa curiosidade diante do mesmo microfone de uma forma mais rigorosa, criticamente. Um professor de eletrônica vai falar deste microfone de forma muito mais rigorosa do que eu e, aqui, eu funciono como senso comum, só que eu sei que é senso comum, portanto eu posso superá-lo.

É isso que eu chamo de buscar a razão de ser do fenômeno ou a razão de ser do objeto, quer dizer, quanto mais metodicamente rigorosa fica a curiosidade, tanto mais a curiosidade fica crítica e é exatamente a curiosidade crítica que caracteriza a produção científica. Mas o fato é que existe muita gente no mundo que estuda a questão da ciência e da produção científica e que não leva qualquer realidade do senso comum para as suas reflexões, mas há também quem não o negue, e eu também estou entre os que não o negam, mas eu nunca disse que nós devemos ficar ao nível do senso comum.

Uma coisa é respeitar o conhecimento feito na base do senso comum, mas reconhecer que ele precisa ser superado, e outra coisa é negar o senso comum e desrespeitá-lo. Eu sou pela defesa dos homens e das mulheres na produção de seus saberes e pela promoção da melhoria da rigorosidade destes saberes.

Ensinar significa provocar a curiosidade do educando, a tal ponto que ele se transforme em sujeito da produção do conhecimento que lhe é ensinado. O que me interessa aqui e agora não é que vocês decorem ou memorizem mecanicamente que ensinar não é transmitir conhecimento. Não é isso que é aprender, o que me interessa aqui é que o discurso "ensinar não é transferir conhecimentos" seja apreendido, seja assumido por cada uma e cada um de vocês, de tal maneira que vocês se transformem em sujeitos da compreensão de estudos. Quando isto ocorre, é porque a curiosidade se tornou de tal maneira crítica e, portanto, produtora de conhecimento, fazedora de conhecimento, que a memorização vem como consequência. Rapaz e moça que fazem prova na universidade porque memorizaram as apostilas só sabem após dois dias depois da prova. Essa é a grande diferença.

O que é preciso na nossa produção de conhecimento na universidade é, na verdade, conhecer, produzir, construir o conhecimento e não memorizar um certo discurso do conhecimento. Por isso eu tenho dito muito que aprender só se faz quando se apreende; em outras palavras, eu só aprendo que ensinar não é transferir conhecimentos quando eu apreendo a significação substantiva desta afirmação, no momento em que eu faço a apreensão do significado profundo desse discurso.

Não há, pois, aprender sem *apreender.* Vale dizer: não há aprendizagem sem a apreensão do objeto aprendido, e a apreensão do objeto aprendido implica que o sujeito que apreende é produtor do conhecimento que fez. Dessa forma, a minha proposta é absolutamente diferente de certas explicações puramente mecanicistas, que a gente tem em pedagogia.

Por outro lado, a minha proposta no campo pedagógico não é só minha, é de um mundo de gente; ela não é só de hoje, não é um *a priori* da história, não foi feita antes da chegada nossa na história; quer dizer, a natureza humana se constitui, se produz social e historicamente. É aí que a gente vira e continua virando esse ser que está sendo chamado de homem e mulher, com determinadas características.

Quando a gente entende que ensinar não é transferir conhecimento, a gente tem todo um campo pela frente para inventar maneiras de tratar, melhorar o objeto, o chamado conteúdo que a gente vai ensinar e certas abordagens dos conteúdos e certas maneiras de experimentar e possibilitar que o aluno se experimente na relação com o conteúdo, desde que entendamos os alunos e as alunas como sujeitos criadores e nós também — como é, por exemplo, que eu posso pensar em alunos e alunas criadores, se eu, como professor, estou amarrado a um pacote de orientações que me chegam do ministério?

Eu acho uma coisa formidável este Brasil da gente, é uma maravilha porque está cheio destas contradições de enorme riqueza. Por exemplo, as secretarias de Educação do Brasil todo, com algumas exceções, contratam profissionais que fizeram Ph.D. em Harvard, especializados em formação curricular ou, então, em Tecnologia da Educação. Só que eles se especializam em organizar grades curriculares, mas não têm experiência na favela — e eles fazem as grades dos meninos favelados, que já estão em grades. Depois, escrevem os guias de como devem a professora e o professor se comportar para ensinar aquele conteúdo. Em seguida, vem o texto da secretaria, um texto teórico, filosófico, dizendo que o objetivo central daquela orientação e daquela grade curricular é criar, provocar educandos críticos, criadores.

Assim a minha pergunta fundamental é a seguinte: Como pode uma professora teleguiada criar gente independente? Não é possível. Acredito que precisamos, professores, professoras, alunos e alunas, tomar o trem do risco. Não há criatividade humana, não há produção humana, não há mudança de mundo, sem se correr risco. Não há curiosidade que não seja um permanente estado de risco, como não há criação humana que seja um permanente correr riscos, uma aventura.

Cada vez que eu me sento na minha bibliotequinha para escrever um novo livro é um risco, ou são vários riscos que eu assumo, inclusive o de errar. O risco, então, é a responsabilidade que eu tenho quando estou escrevendo, que eu assumo, porque eu não posso sugerir a você, amanhã, na leitura de um livro, uma maluquice.

Eu me sinto responsável diante da leitura de milhares de pessoas, de milhões, hoje, no mundo, que me leem. Eu não posso estar dizendo que basta querer para mudar, pois não é verdade. Sem querer, não há mudança, mas só o querer também não muda. O que eu tenho que fazer é mostrar no que eu escrevo, tão claro quanto eu possa, que é preciso arriscar. Mas até para arriscar é preciso pensar, é preciso ter medo. Contudo, para ter medo é preciso ter coragem, e a coragem não existe distante do medo. A coragem é o medo educado.

A minha coragem resulta do medo meu, que eu eduquei, que eu arrumei. Eu não tenho um departamento de coragem no lado direito da minha cabeça. É o meu corpo inteiro que oscila entre a coragem, o medo, a responsabilidade e a seriedade. É preciso assumir essas coisas todas e lidar com elas, tratá-las.

Chega-nos, agora, um outro tipo de saber fundamental para nós, professores, professoras e alunos. Para continuar sendo um ser social e histórico, político e cultural, no mundo, um ser que atua, pensa, fala, cria, eu preciso exercitar ao máximo a diminuição da distância entre o que eu digo e o que eu faço. Esse exercício para diminuir a distância entre o meu discurso e minha prática se chama *qualidade* ou *virtude da coerência*, sem a qual o trabalho pedagógico se acaba. Eu diria até sem a qual a gente se perde.

Vocês observem, por exemplo, que agora a gente está vivendo um momento exemplar no Brasil com as eleições de prefeitos e vereadores. Observem os discursos dos candidatos e esperem 3 de outubro; depois, esperem 1º de janeiro do outro ano e abril do ano que vem e comecem a comparar a prática de quem se elegeu com o discurso de quando era candidato.

Eu tenho um profundo respeito pelas diferenças e pelos pensamentos dos outros. Eu não vim aqui, hoje, para converter ninguém à minha opção partidária, mas não vim também escondê-la, de jeito nenhum. Se a universidade convida pra vir aqui e me diz: "Olha, não pode dizer em quem vai votar", eu não venho, por isso que eu estou aqui.

Eu não vim fazer comício partidário. Mas eu não posso, porque vim aqui na universidade, dizer: "Não digo em quem vou votar, é segredo". Nada de segredo! Eu vou votar em Luiza Erundina. Eu queria dizer a vocês que eu tenho n razões para dizer como educador e, portanto, como político, que voto em Luiza Erundina é porque ela é uma das pessoas que eu conheço, neste país, que melhor luta no sentido de diminuir a distância entre o que diz e o que faz, quer dizer, o exercício pessoal, ético que Erundina faz de ser coerente é uma obra de arte. Só o exercício de ser coerente com seu discurso é uma boniteza e eu posso dizer isto a vocês, pois eu fui secretário dela durante dois anos e meio.

Eu sou uma pessoa que fala com presidente da República, com rei, com qualquer um, dizendo quem eu sou. Eu não peço licença a autoridade nenhuma para dizer que sou democrata. Eu sou o que eu estou sendo, porque eu sou rebelde e ela é isso, a coragem de ser leal. É o que eu disse no começo: mudar é difícil mas é preciso.

A gente precisa sonhar, precisa alimentar a utopia de que, dentro de alguns anos — não sei quantos, não vou chegar a ver neste país algumas das coisas que eu gostaria de estar vendo já hoje —, nenhum homem público ou mulher pública neste país irá dizer "as professoras estão cobertas de razão, ganham muito pouco, mas nós não temos dinheiro". Isto tem de deixar de ser dito neste país.

É preciso reorientação dos gastos públicos neste país. É por isso que vai demorar que se façam as coisas de maneira sólida, ética, porque este é outro ponto. Nós estamos vivendo num mundo — não ocorre só no Brasil — em que a questão da ética é absolutamente fundamental. Mas acredito que nós chegaremos um dia a reformular as coisas de tal maneira que, mesmo quando não haja dinheiro, o corpo docente aceite que não há dinheiro, porque hoje as professoras se rebelam, mesmo quando o governador chama e mostra qual é a situação.

Eu estive há 15 dias no Espírito Santo, com o governador, e ele disse: "Olha, professor, não há mesmo dinheiro, não há, concretamente, objetivamente, dinheiro, não há". Mas as professoras entram em greve. No fundo, elas estão brigando contra a história deformada deste país, contra a história de exploração deste país. Quando eu digo que meu sonho, ou um dos meus sonhos, é que nunca mais, a partir de um certo momento da história brasileira, se possa dizer isso, é porque histórica e objetivamente não vai ser possível dizer mais. A reformulação, difícil mas possível, a mudança, difícil mas possível, vai ela mesma proibir discursos como estes: "Realmente é preciso ganhar mais, mas eu não posso dar o aumento".

Eu me lembro das conversas que eu tive, das brigas minha e de Erundina para o aumento das professoras, e me lembro que foi, indiscutivelmente, um tempo onde os professores da rede ganharam mais do que os do estado. Eu me lembro da luta. No período de dois anos e meio, tive um dia de uma espécie de pré-aviso de greve, de paralisação que foi anunciada. Eu via o empenho, a procura, a coerência, a luta diária de Erundina em juntar o seu discurso com a prática. É claro que você nunca tem uma coerência absoluta, mesmo porque a coerência absoluta não existe e, se existisse, a vida seria chata, antipática. Já imaginou um sujeito que não faz nenhuma "incoerenciazinha" o dia inteiro?

Essa questão da coerência é absolutamente indispensável ao professor, à professora. Você já imaginou uma professora que se diz democrática e que pergunta ao aluno que deu uma demonstração de rebeldia, com razão ou sem razão: "o senhor sabe com quem está falando?" Qual é o sonho de democracia dela, se ela pergunta ao aluno se ele sabe com quem está falando?

Esse esforço de diminuir a distância entre o que a gente faz e o que a gente diz, ou seja, a aproximação entre o que você faz e o que você diz, chega a um limite tão grande que o que você diz já é o que você faz e o que você faz é a expressão do que você diz. Nesse momento, o aluno acredita e você tem a chance de provocar a sua curiosidade, porque ele se reconhece inserido num processo ético, num processo de seriedade. Há, portanto, ensinamento e aprendizagem.

Um outro saber que o professor deve ter é *saber que precisa aprender a escutar.* É interessante isso! Como é que você pode falar se você não escuta? Quer dizer, no fundo, não é falando que eu aprendo a falar, mas escutando que eu aprendo a falar. Em seguida, é falando que eu reforço a minha capacidade de falar. Se sou um professor aberto, com sonho democrático, devo, em certo momento, falar *ao* educando, mas toda vez que eu falo *ao* educando, eu devo estar preocupado em transformar o meu falar *ao* educando em falar *com* o educando.

O professor que nunca sabe mudar do "ao" ao "com" se perde profundamente na contradição, portanto, na falta de coerência. Um professor formador, progressista e não reacionário é aquele que sabe exatamente quando tem que *dizer a palavra*, quando tem que *perguntar a palavra* e quando tem que *trocar* a *palavra*. Esse exercício de *falar a* a *falar com* implica necessariamente aprender a escutar. Há um momento em que o educando precisa escutar o educador, mas há um momento em que o educador precisa escutar o educando e há momentos em que os dois se escutam entre si.

Isto é, de um lado, um saber que eu preciso saber. O que a formação minha na universidade devia fazer era me dar instrumentação científica para eu realizar a passagem de *falar a* a *falar com* e isso é, sobretudo, uma formação político-ideológica de que eu preciso, de que nós precisamos: viver essa harmonia contraditória entre *falar a* e *falar com*, para achar mais fácil *falar somos.*

O professor que se diz democrático e que faz seus discursos verticalmente é contraditório: ele fala de democracia desde que não haja participação dos alunos. A gente conhece neste país — a formação brasileira é muito autoritária — democratas que consideram que a democracia começa a ficar prejudicada à medida que começa a haver povo na rua.

É contraditório dizer, por exemplo, "sou um professor democrata, mas há uma coisa de que não gosto: o aluno fazer perguntas e eu ter de corrigir provas. Eu gosto muito de dar aulas, mas não gosto de corrigir e de ouvir o aluno, não". O professor reacionário tem raiva e medo de pergunta. E, como professor autoritário, dificilmente tem a humildade de descobrir que ignorância não é pecado, não é defeito — a ignorância é, apenas, um momento do processo do conhecer, já que não há quem conheça tudo, nem há quem erre procurando conhecer. O erro por equívoco, que é um erro diferente, faz parte da busca e do processo da produção.

O professor autoritário não aceita pergunta porque ele não tem a coragem de dizer ao aluno: "eu não sei isso". E a melhor maneira que você tem de saber é reconhecer a ignorância; esse é o ponto de partida. Sócrates andou dizendo isso há alguns anos...

Eu falei sobre duas partes do meu livro sem nenhuma preocupação com propaganda. Quando este livro sair, eu espero que vocês leiam, mas leiam, realmente, porque, depois que eu deixei a Secretaria de Educação, esse é o sétimo livro que eu publiquei e até que são bem vendidos — há um deles que já está com sete edições —, mas, às vezes, eu fico pensando que as pessoas não leem. Em todo caso, eu gostaria que lessem esse livro para discutir, não para concordar, mas para superá-lo, para ir mais além ou para ficar com ele, mas ler, estudar esse danado.

3

"A PAIXÃO DE MUDAR, DE REFAZER, DE CRIAR..."*

Andes — SN: A UNIVERSIDADE NÃO TEM SIDO um tema tratado por você com frequência, pelo menos de modo explícito. Entretanto a educação como prática da liberdade tem relação com a universidade democrática. Como você vê esta relação?

PAULO FREIRE: De fato, explicitamente, não tenho falado muito da universidade, mas, implicitamente, sim. Isto não quer dizer que não me preocupe *ou* não goste da universidade, aliás eu sou um professor universitário. O problema da universidade brasileira é que ela tem sido, em todos estes anos, elitista, autoritária e distanciada da realidade. Veja o problema do analfabetismo. Ela simplesmente o ignora, passa ao largo. É verdade que existem exceções. A Universidade Federal da Paraíba vem se preocupando com o problema, mas é preciso que outras, também, se voltem para estudar, pesquisar o problema da alfabetização de adultos e crianças. Embora o analfabetismo não seja um problema apenas pedagógico, a formação de nossos professores, por exemplo, precisa ser mais cuidada. É preciso que leiam au-

---

* Entrevista concedida a Maria Clóris Magalhães Almeida, em abril de 1990, publicada na revista *Andes — SN*. A.M.A.F.

tores como Emília Ferreiro, Vigotsky, Snyders e outros. Mas é importante que os textos sejam contextualizados. É preciso ler o mundo, ler a realidade de modo crítico. É preciso que a leitura da palavra seja precedida da leitura do mundo, e este não é um problema apenas da alfabetização, como possa parecer a alguns. Na universidade, às vezes, os professores esquecem totalmente esta questão. Veja, quando o aluno trabalha com um texto, ele às vezes sequer contextualiza esse texto. É necessário que ele situe o autor no tempo, que compreenda o momento em que o autor escreveu e relacione com o momento atual do leitor. Educador e educando precisam superar a postura ingênua e vivenciar uma prática concreta de construção da história.

Em relação à questão da democracia, é preciso muito mais, é preciso democratizar a universidade por dentro e por fora. É preciso que um maior número de trabalhadores tenha acesso à universidade, mas também as relações internas da universidade precisam ser democratizadas. Não basta eleger os dirigentes. Às vezes, nos apegamos a um certo ritualismo mecânico e não avançamos na democratização das relações entre os diferentes segmentos da universidade. As relações entre professores e alunos precisam ser, de fato, relações educativas, dialógicas.

Andes — SN: No seu livro *Medo e ousadia* você diz que os professores deveriam ter nas mãos, através de suas organizações, não só a defesa dos salários, mas o processo de sua formação permanente. Pode falar sobre esta questão?

Paulo Freire: Estou convencido, em primeiro lugar e nisto não estou só, de que a luta dos professores e professoras, jamais deixando de lado a reivindicação salarial, deve ir mais além dela. Ir mais além da reivindicação salarial significa lutar por melhores condições de trabalho que, proporcionando maior conforto às educadoras e educadores, lhes ofereçam caminhos à criatividade. O descaso a que vem sendo relegada a educação entre nós é tal que se torna fácil reconhecer quão difícil é deixarmo-nos tocar pela paixão de mudar, de refazer, de criar, o que nos empurraria a ir mais além da reivindicação salarial. É neste sentido que a clareza política em torno do que fazemos como educadores ou educadoras, em torno de nosso sonho que é político, se impõe a nós como necessidade de nosso *que fazer*. Quanto mais criticamente claros nos tornamos em face de, a favor de que e de quem, contra que e contra quem somos educadoras e educadores, tanto melhor percebemos que a eficácia de nossa prática exige de nós competência científica, técnica e política. Jamais uma sem a outra. Jamais clareza política sem saber científico. Jamais este com ares de descomprometido. Na linha destas reflexões é que me parece fundamental o papel político-pedagógico das entidades da categoria. Tudo o que puder ser feito como contribuição à formação permanente de seus quadros numa prática e numa visão que não dicotomize o político do científico deve ser feito.

Andes — SN: Há cerca de dois anos, falando das perspectivas da educação, você apontava como tarefa fundamental deste final de século a tarefa da libertação e apontava a prática educativa como processo de resgate da liberdade. Como se dá esse resgate?

Paulo Freire: Penso que a liberdade, como gosto necessário, como impulso fundamental, como expressão de vida, como anseio quando castrada, como ode quando explosão de busca, nos vem acompanhando ao longo da história. Sem ela, ou melhor, sem luta por ela, não é possível criação, invenção, risco, existência humana.

O que ameaça a liberdade não é, porém, o limite de que precisa para ser e sem o qual, deixando de ser, vira *licença*. O que ameaça a liberdade é o arbítrio que, despótico, se faz autoritarismo. Há sempre ameaças rondando a liberdade que, por isso mesmo, precisa estar desperta.

A libertação é o processo permanente de busca da liberdade que não é ponto de chegada mas sempre de partida. Se hoje, faminto e negado, preciso de pão e repouso, amanhã, alimentado e dormido, descubro que preciso de som, de imagem, de palavra escrita. Ontem, precisado do fundamental para viver, não percebia o significado do ato arbitrário que fez mudar uma estação de rádio ou silenciou um jornal ou proibiu a venda de um livro ou interditou um espetáculo. A luta pela liberdade implica um mínimo de sentimento e de percepção da falta da liberdade. Esta luta vem dando sentido à minha prática de educador.

Lutar pela libertação, como busca permanente, é a forma que encontro neste final de século para ser autenticamente gente.

Andes — SN: Você é um dos educadores brasileiros mais premiados no exterior. Recentemente esteve na Europa, onde recebeu um prêmio. Em que consistiu esse prêmio?

Paulo Freire: Na verdade, nestes 16 meses em que sou secretário de Educação da cidade de São Paulo, estive algumas vezes no exterior. Gostaria de dizer que, em nenhuma destas viagens, a administração pública teve de gastar sequer um cruzeiro. Têm sido todas estas viagens financiadas pelos organismos que me convidam e que são ora universidades, ora administrações municipais, ora órgãos internacionais.

No próximo mês de maio, por exemplo, estarei me ausentando de São Paulo para receber o doutoramento *honoris causa* da Universidade de Massachusetts, nos Estados Unidos.

Depois que assumi como secretário, este é o terceiro doutoramento que recebo e, nestas ocasiões, de modo geral, falo do que fazemos e do que não podemos fazer à frente da Secretaria Municipal de Educação de São Paulo.

Tenho uma compreensão diferente, não provinciana, das relações que o administrador de um setor de trabalho da municipalidade, sobretudo de uma cidade como São Paulo, deve ter com outras partes do mundo. Não me considero turista. Sou um educador engajado, mesmo que nada tenha contra turistas.

Andes—SN: Enquanto secretário de Educação de um município tão complexo como é São Paulo, você deve estar vivendo uma experiência muito rica. Quer falar sobre ela?

Paulo Freire: Eu teria muita coisa para contar. Prefiro, porém, dizer uma coisa rápida e sinceramente: não me arrependo de ter aceito o convite de Erundina para fazer com ela e um bando de gente boa esta caminhada. Não me arrependo. Mas não é fácil mudar. É perigoso tão somente anunciar.

Andes—SN: O que está mudando na Secretaria Municipal de Educação de São Paulo e em que consiste esta mudança?

Paulo Freire: A Secretaria Municipal de Educação de São Paulo compreende uma rede de 653 escolas onde funcionam 18.305 classes regidas por 26.966 professores atendendo a 676.239 alunos. Ao assumir a secretaria, nos comprometemos a construir uma educação pública, popular e que tenha como marca principal a educação como prática da liberdade. Entende-se a escola como um espaço de educação popular voltado para a formação social crítica e para a sociedade democrática. A escola aberta para que o povo participe coletivamente da construção de um novo saber que leve em conta suas necessidades e se torne instrumento de luta, possibilitando-lhe transformar-se em sujeito de sua própria escola.

Nesta perspectiva, a escola é também centro irradiador de cultura popular em permanente recriação e também espaço de organização política das classes populares. O trabalhador deve encontrar nesta escola um lugar de debates de ideias, soluções, reflexões onde, sistematizando sua própria experiência, encontrará menos de autoemancipação intelectual independentemente dos valores da classe dominante.

Temos quatro grandes prioridades que não são hierárquicas, mas concomitantes. As mudanças estão se dando, ao mesmo tempo, nos currículos, entendidos de modo amplo, nas próprias condições físicas da escola, no professor que está realizando um amplo programa de formação permanente e na questão da alfabetização de jovens e adultos que já estavam fora da escola. Está mudando além disso a forma de se processar a mudança, que está sendo compartilhada, participativa. Estamos construindo progressivamente uma escola pública, popular, autônoma, criativa, competente, séria e alegre ao mesmo tempo, animada por um novo espírito.

4

“Por uma escola séria e alegre”*

Nova Escola: A vitória do Partido dos Trabalhadores (PT) em importantes cidades do país, inclusive São Paulo, nas últimas eleições, foi um fato político significativo que cria muitas expectativas na sociedade. No campo específico da Educação, qual a proposta que o PT traz? No que ela difere das políticas educacionais executadas até agora?

Paulo Freire: Apesar de ser educador petista — aderi ao PT quando ainda estava na Europa —, não gostaria de falar em nome de meus companheiros. Prefiro falar um pouco de como penso, convencido de que me coloco no horizonte de aspirações do PT. Falarei de alguns pontos que me parecem fundamentais à política educativa de um partido que, sendo *popular*, não é *populista*; que, sendo *revolucionário*, não é *autoritário*; que, sendo *democrata*, não é *democratista*; que, sendo *educador*, se reconhece *educando* dos movimentos sociais populares. A educação que um partido assim precisa pôr em prática e aperfeiçoar é tão política e ideológica quanto a que qualquer partido conservador planeja e executa. A questão que se coloca é saber que política é esta, a favor de que e de quem, contra que e contra quem

---

* Entrevista a José Luiz Frare e Hamilton de Souza publicada na revista *Nova Escola* (n. 30, 30 de maio de 1989). A.M.A.F.

se realiza. É por isso que podemos afirmar que, se a política educacional de um partido progressista e sua prática pedagógica forem iguais às de um partido conservador, um dos dois está radicalmente errado. Daí a necessidade imperiosa que temos, educadores progressistas, de ser coerentes, de diminuir a distância entre o que dizemos e o que fazemos. O que não é possível, para mim, é falar no respeito pelas bases populares, mas, ao mesmo tempo, considerar que elas não têm suficiente maioridade para dirigir-se; é falar de uma escola democrática e manietar as professoras, em nome de sua pouca competência, com pacotes "emprenhados" por nossa sabedoria. O que não é possível é negar a *prática* em nome de uma teoria que, assim, deixa de ser teoria para ser *verbatismo* ou *intelectuatismo*, ou negar a *teoria* em nome de uma *prática* que, assim, se arrisca a perder-se em torno de si mesma. Nem *elitismo teoricista* nem *basismo praticista*, mas a unidade *teoria* e *prática*. Outro ponto importante é que, se há algo em que o educador progressista sério se identifica com um educador conservador, igualmente sério, é que ambos têm que ensinar e saber o que ensinam. Mas, ao nos determos sobre o ato de ensinar um certo conteúdo, percebemos que, a partir do que os identifica, começam a distinguir-se. A própria compreensão do que é ensinar, do que é aprender e do que é conhecer tem conotações, métodos e fins diferentes para um e para outro. Como também o tratamento a ser dado aos conteúdos programáticos.

Nova Escola: E como deve fazer o educador progressista?

Paulo Freire: Para o educador progressista coerente, o necessário ensino dos conteúdos estará sempre associado a uma *leitura crítica* da realidade. Ensina-se a *pensar certo* através do ensino dos conteúdos. Não queremos nem o ensino dos conteúdos em si, ou quase em si, como se o contexto escolar em que são tratados pudesse ser reduzido a um espaço neutro em que os conflitos sociais não se manifestassem, nem queremos o exercício do *pensar certo* desligado do ensino dos conteúdos.

É esta relação dinâmica, processual, que pretendo estimular nas escolas municipais. Mais ainda, para um educador progressista coerente não é possível minimizar, desprezar o "saber de experiência feito" que os educandos trazem para a escola. A sabedoria desta está em fazer compreensível que a ruptura que o saber mais exato, de natureza científica, estabelece, em face daquele saber, não significa que ele seja desprezível. Pelo contrário, é a partir dele que se alcança o mais exato. Enquanto numa prática educativa conservadora competente se busca, ao ensinar os conteúdos, ocultar a razão de problemas sociais, numa prática educativa progressista se procura, ao ensinar os conteúdos, desocultar a razão de ser daqueles problemas. A primeira procura *acomodar*, *adaptar* os educandos ao *mundo dado*; a segunda, *inquietar* os educandos, desafiando-os a perceberem que o *mundo dado* é um *mundo dando-se* e que, por isso mesmo, pode ser *mudado*, *transformado*, *reinventado*.

Os educadores progressistas sabem muito bem que a educação não é a alavanca da transformação da sociedade, mas sabem também o papel que ela tem neste processo. A eficácia da educação está em seus limites. Se ela tudo pudesse, ou nada pudesse, não haveria por que falar de seus limites. Falamos deles precisamente porque, não podendo tudo, podem alguma coisa.

NOVA ESCOLA: A nova Constituição prevê a erradicação do analfabetismo no Brasil até o ano 2000. É possível? O que o PT pretende fazer em suas administrações para alcançar esse objetivo?

PAULO FREIRE: Parece-me que não deveríamos trabalhar em termos de campanhas, cujo significado mais profundo sugere algo emergencial, mas atacar o problema sem dar a ele esse caráter. Por outro lado, na medida em que enfrentamos o problema, aqui e ali, é necessário desde o princípio que procuremos ir mais além da alfabetização, construindo com os próprios educandos das classes populares alternativas no campo da educação popular.

Com a assessoria de dois competentes educadores — Pedro Pontual e Nereide Saviani —, iniciamos em março uma série de encontros com grupos populares envolvidos em projetos de alfabetização de adultos. Nossa intenção é estender os encontros também aos alfabetizandos, com quem pretendemos dialogar em torno da possibilidade de realização, no Ano Internacional da Alfabetização (em 1990) que a Unesco patrocina, de um primeiro congresso de alfabetizandos. É preciso que eles digam sua palavra aos educadores.

No momento, uma equipe intersecretarial — secretarias [municipais da cidade de São Paulo] da Cultura, Educação, Saúde, Habitação, Bem-Estar Social e Esportes — trabalha em relação direta com movimentos sociais na elaboração de projetos de educação popular. O ponto de partida de um desses projetos é uma *pesquisa participante* que nos dará uma espécie de repertório dos anseios, dos sonhos, dos desejos da população da área pesquisada. Uma das vantagens de um trabalho assim está em que a própria metodologia da pesquisa a faz pedagógica e conscientizante. Talvez tão importante ou até mais do que esse caráter da pesquisa é o esforço, é a decisão política de as secretarias trabalharem juntas. Apostamos nisso.

Nova Escola: Por que não trabalhar em termos de campanhas?

Paulo Freire: Porque uma coisa é fazer uma campanha de alfabetização numa sociedade em que as classes sociais populares começam a tomar sua história nas mãos, com entusiasmo, com esperança, e outra é fazer campanhas de alfabetização em sociedades em que as classes populares se acham distantes da possibilidade de exercer uma participação maior na refeitura de sua sociedade.

Em 1964 o Brasil não havia feito revolução nenhuma, é verdade. Vivíamos a experiência populista do governo Goulart. Mas vivíamos um momento de profunda inquietação, de presença popular nas ruas. O modelo populista vivia sua ambiguidade fundamental: de um lado, estimulando a presença das classes populares, sem as quais não existiria; de outro, correndo o risco de desaparecer ou porque a esquerda, através delas, se viabilizasse, ou porque a direita, por causa delas, acabasse a festa. Foi o que aconteceu.

Nova Escola: Quais as suas metas na Secretaria da Educação do município de São Paulo?

Paulo Freire: Tenho falado muito, desde antes mesmo de assumir a secretaria, no nosso sério empenho de "mudar a cara da nossa escola", incluindo as de educação infantil. Pretendemos, na verdade — e para isso já começamos a trabalhar desde o início da gestão —, ir transformando as escolas em centros de criatividade, em que se ensine e se aprenda com alegria. Não quero dizer que não haja hoje escolas da rede municipal onde as crianças não se sintam bem. O que é preciso, porém, é generalizar este clima que, para ser criado e mantido, demanda a confluência de um sem-número de fatores. Condições materiais condignas, salários decentes, as escolas conservadas, reparadas em tempo, agilização das medidas burocráticas indispensáveis ao bom funcionamento das escolas. Respeito aos educadores, aos educandos, aos pais, à comunidade, a todos.

Como revelar esse respeito se as escolas vão se deteriorando dia a dia, ameaçando a saúde, a paz de todos, apesar da insistência com que as diretoras solicitam durante meses o indispensável reparo da escola? Como ensinar e aprender com alegria numa escola cheia de poças d'água, com a fiação ameaçadoramente desnuda, com a fossa entupida? Os mecanismos burocráticos que aí estão, o sem-número de papéis, tomando conta um do outro, a morosidade com que andam de um setor a outro, tudo contribui para obstaculizar o trabalho sério que fazemos. A uma administração como a do PT se impõe uma transformação radical da máquina burocrática. A que está aí pode até prejudicar também uma administração conservadora. A uma administração progressista, como nos incumbe fazer, essa burocracia perversa aniquila e emudece.

Nova Escola: E como fazer essa transformação de que o senhor fala?

Paulo Freire: Uma das formas talvez de começar é a criação do que uma de minhas assessoras chama de "frente de trabalho" para executar uma determinada tarefa de forma rápida e correta. Estamos fazendo isso com relação a n projetos. Precisamos deixar claro que acreditamos e respeitamos quem se acha nas bases. Reparar, com rapidez, as escolas é um ato político que precisa de ser vivido com consciência e eficácia. *Mudar a cara* da escola implica também ouvir meninos e meninas, sociedades de bairro, pais, diretores, delegados de ensino, professores, supervisores, comunidade científica, zeladores, merendeiras etc. Não se muda a cara da escola por um ato de vontade do secretário. Para concluir, diria que nos engajamos na luta por uma escola competente, democrática, séria e alegre.

Nova Escola: O que o PT pretende fazer para combater a evasão e a repetência?

Paulo Freire: Em primeiro lugar, gostaria de recusar o conceito de *evasão*. As crianças populares brasileiras não se evadem da escola, não a deixam porque querem. As crianças populares brasileiras são *expulsas* da escola. A estrutura da sociedade cria uma série de impasses e de dificuldades, uns em solidariedade com os outros, que resultam em obstáculos enormes às crianças populares não só para chegar à escola, mas também, quando chegam, para nela ficar e nela fazer o percurso a que têm direito. Há razões, portanto, internas e externas à escola, que explicam a *expulsão* e a reprovação dos meninos populares. Atacaremos, ao nível da secretaria, sobretudo as razões internas, perseguindo: o uso bem-feito do tempo escolar (tempo para a aquisição de conhecimento); a formação permanente dos educadores; o estímulo a uma prática educativa crítica, provocadora da curiosidade, da pergunta, do risco intelectual. Como em tudo o que tem a ver com a prática escolar, também neste aspecto espero ouvir de diretoras, professoras, supervisoras, de coordenadoras pedagógicas suas sugestões no sentido de minimizarmos as negatividades da escola que contribuem para a *expulsão* dos alunos. Desde março estou visitando escolas em duas manhãs por semana, não como quem quer, com certo gosto *inspecionista*, flagrar professores ou servidores faltosos, mas como quem se sente no dever, enquanto secretário, de colaborar com os que lutam nas bases. Pretendo ainda me encontrar em caráter sistemático, tão assiduamente quanto possível, com "delegados de ensino", professoras, diretoras, supervisoras, merendeiras, zeladoras. Os temas da expulsão e reprovação serão tratados sempre em busca de soluções ou encaminhamentos realistas e eficazes. Mais uma vez, não acreditamos que, sozinhos, no gabinete, por mais competentes que sejamos, possamos fazer tudo.

NOVA ESCOLA: O senhor pretende introduzir mudanças nos currículos?

PAULO FREIRE: Nosso empenho em *mudar a cara da escola*, que, no nosso caso, é nos darmos ao esforço de fazer uma escola popular, necessariamente passa pela mudança curricular. Ninguém, contudo, numa perspectiva democrática, muda o currículo das escolas de uma segunda para terça-feira. Feita autoritariamente, de cima para baixo, a partir da vontade de especialistas iluminados, a transformação curricular, além de constituir uma contradição inaceitável do ponto de vista de uma administração petista, não tem eficácia.

Duas coisas fundamentais, acho que posso dizer agora. A primeira é que, em linhas gerais, sonhamos com uma escola que, sendo séria, jamais vire sisuda. A seriedade não precisa ser *pesada*. Quanto mais leve é a seriedade, mais eficaz e convincente é ela. Sonhamos com uma escola que, porque séria, se dedique ao ensino de forma competente, mas dedicada, séria e competentemente ao ensino, seja uma escola geradora de alegria. O que há de sério, até de penoso, de trabalhoso, nos processos de ensinar, de aprender, de conhecer não transforma este *que fazer* em algo triste. Pelo contrário, a alegria de ensinar-aprender deve acompanhar professores e alunos em suas buscas constantes. Precisamos é remover os obstáculos que dificultam que a alegria tome conta de nós e não aceitar que ensinar e aprender são práticas necessariamente enfadonhas e tristes.

A segunda coisa que posso dizer agora é que, durante janeiro e fevereiro, trabalhamos na secretaria com equipes de especialistas — físicos, matemáticos, biólogos, psicólogos, sociólogos e cientistas políticos, linguistas e literatos, filósofos, arte-educadores, juristas e sexólogos. Analisamos diferentes momentos da prática educativa — a questão gnosiológica, a política, a cultural, a linguística, a estética, a ética, a filosófica, a ideológica em n reuniões com esses especialistas, que vêm dando sua contribuição sem ônus para a secretaria.

A etapa seguinte é o diálogo no centro das escolas e nas áreas populares em que elas se situam. Nossa intenção é possibilitar um diálogo entre grupos populares e educadores, entre grupos populares, educadores da rede e os cientistas que nos assessoram.

Nova Escola: O senhor concorda que a má formação do professor é um dos elos da cadeia que torna o ensino público de baixo nível? O que fazer para melhorar essa formação?

Paulo Freire: Todos sabemos como a formação do educador vem sendo descuidada. Uma das preocupações centrais de nossa administração não poderia deixar de ser a formação permanente do educador. Isso para nós se fará, tanto quanto possamos, através da reflexão sobre a prática. Espero que em breve possamos, por exemplo, juntar professoras que trabalham com alfabetização com especialistas competentes. O diálogo se dará em torno da prática das professoras. Falarão de seus problemas, de suas dificuldades e, na reflexão sobre a prática, surgirá a teoria que ilumina a prática. Esse será o ponto central, mas não esgota o esforço formador. Outras atividades estão sendo programadas.

Nova Escola: O senhor tem dificuldade de conciliar a experiência de educador com a de secretário, em uma máquina tão complexa?

Paulo Freire: Tenho. Obviamente minha quotidianidade mudou. Antes vivia mansamente. Agora o ritmo é outro. Os desafios são outros. As dificuldades são muitas. Nada, porém, me desanima, me faz arrepender-me de ter aceito o convite da prefeita (Luiza Erundina). É um prazer para mim assumir o dever de fazer o mínimo que possa, ao lado de uma equipe excelente, competente e incansável. Aprendi muito neste primeiro pedaço de experiência, lidando com uma burocracia malvada e ameaçadora. Vale a pena!

Nova Escola: Qual a sua maior preocupação?

Paulo Freire: Não decepcionar um bom número de gente daqui e de fora que confia em mim.

5

Audiovisual na educação*

Entrevistador: E o que seria ensinar?

Paulo Freire: Ensinar não é encher os educandos de conteúdo, isso é a concepção mágica do poder dos conteúdos, como se bastasse você ensinar matemática, geografia, isso e aquilo, e os meninos populares no dia seguinte ganhassem a sua independência. A questão para mim é saber o que é ensinar e como ensinar. Uma pedagogia como essa, quando se pergunta como ensinar, está muito mais se indagando do ponto de vista da teoria do conhecimento e não da aprendizagem. Ela está preocupada em como é que o sujeito que conhece se aproxima do objeto a ser conhecido para dissecá-lo. Há, assim, sempre uma relação de curiosidade do bicho-homem em relação ao mundo. Uma ação transformadora do mundo, o outro bicho-homem ficando em pé, soltando a mão, usando a mão, mexendo nas coisas, prolongando a mão com um espeto. E, na medida em que interferia no mundo que ele não fez, ele começou a ficar extasiado diante de um mundo, outro, que ele estava fazendo. Quer dizer, ele não fez um certo mundo, mas, operando sobre ele, começou a fazer um outro mundo de que

* Depoimento durante o I Seminário Nacional do Vídeo Escola, Rio de Janeiro, outubro de 1989. A.M.A.F.

ele era mesmo o criador. E a feitura desse outro mundo se refez constantemente. Até hoje, a gente continua isso. Uma das tragédias é que a gente está se afastando demasiado do mundo mesmo. No fundo o que se coloca é que o engajamento do educador e do educando seja qualquer coisa substantivamente crítica, curiosa. Uma educação que vá dentro da razão de ser dos fatos, mesmo sujeita às marcas da ideologia, se aproxima tanto quanto possível cientificamente da explicação do mundo, portanto implica criticidade, crítica, indagação, medo, dúvida, aventura, risco. Como é possível criar sem liberdade?

ENTREVISTADOR: É possível criar com liberdade dentro da escola brasileira?

PAULO FREIRE: A escola brasileira é eminentemente autoritária e discriminadora, elitista. Então essa *pedagogia da raiva* tem que necessariamente brigar contra essas duas ideologias que se entrecruzam em toda a história da educação brasileira, que são o autoritarismo e a discriminação. Uma pedagogia como essa defende uma necessária radicalidade substantiva democrática, não uma democracia como adjetivo, mas como substantivo, que fere uma longa tradição autoritária entre nós. Neste país um centímetro de autoridade vira um metro. Isso é um país do: "sabe com quem está falando?" É um país das imposições verticais, das aparências, por isso é que se inaugura tanto nesse país e não se conserva o que se inaugura. Uma pedagogia tem que estimular, defender a luta diária por uma democratização da educação, não de forma apenas geral, para atender os 8 milhões que estão lá fora, porque não interessa atender só por atender: é preciso saber como se vai atender e a favor de quem se vai atender. Qual é o sonho da sociedade que a gente tem para propor numa pedagogia assim desveladora e não ocultadora do mundo?

Entrevistador: E como o senhor vê a questão do audiovisual na pedagogia?

Paulo Freire: Em primeiro lugar, nós, enquanto seres históricos, não podemos negar o nosso tempo. Acho que uma das coisas mais tristes que pode ocorrer a um homem é perder-se no tempo. Não é possível negar a tecnologia. Não é possível uma educadora deste fim de século pensar ingenuamente sobre televisão, é preciso pensar na televisão sabendo também que ela não tem nada de neutro, é um instrumento do poder. O telespectador é manobrado, ideologizado. Estou me batendo por uma pedagogia que inclusive ponha a televisão em pergunta. Uma das coisas bacanas que a gente poderia fazer era criar nas áreas populares milhares de clubes para ver a televisão e discutir os programas desse país. Ver criticamente, discutir inclusive a propaganda, discutir a discriminação racial, sexual, religiosa dentro dessa sociedade autoritária com pinta de democrática. O vídeo, além do papel de falar de certa coisa através da imagem, deve virar um objeto de curiosidade do educador e do educando enquanto objeto de conhecimento a ser apreendido ou cuja compreensão deva ser apreendida pelos dois. Quanto mais bem-feito, melhor. Mais do que entreter, o vídeo deve ser um objeto desafiador. A prática educativa como processo de conhecimento e não como processo de transmissão de conhecimento é uma coisa linda, porque, enquanto o educando começa a conhecer o objeto proposto, o educador reconhece o objeto no processo de conhecimento que o educando faz; quer dizer, no fundo é um ciclo de conhecer, que inclusive confirma o conhecimento. Esse processo é de uma indiscutível boniteza.

Entrevistador: Qual seria sua proposta para uma educação para os anos 1990?

Paulo Freire: Qualquer coisa que eu venha a dizer em torno do meu sonho sobre a prática educativa em 1990 (que no fundo é de 1950) tem que ser vista necessariamente com meus sonhos, embora não sendo exclusivamente meus porque não existo só, existo socialmente, e portanto sou histórica e socialmente condicionado no próprio sonho que eu tenho. Mas o fato é que, ao falar do sonho, devo perceber que as minhas opções são políticas. O educador que se preza fala de um sonho que é substantivamente político e adjetivamente pedagógico.

Entrevistador: O seu sonho serve a quem, então?

Paulo Freire: No fundo acho que a minha proposta serve a todos, mas desserve a muita gente, que é a minoria desse país, por causa da qual as grandes minorias estão desservidas. Não é possível falar: "o meu sonho é pôr a prática educativa a serviço da humanidade".

Entrevistador: Por que não se pode dizer que se está a serviço da humanidade?

Paulo Freire: Porque humanidade como abstração é coisíssima nenhuma. A humanidade é Pedro, Maria, José, Antônio no mundo. Metidos numa engrenagem social, buscando libertar-se ou pretendendo preservar o domínio. Então, esse negócio de o meu sonho pedagógico é o de servir a humanidade é uma tapeação ou uma imensa ingenuidade, e no fundo não é isso.

ENTREVISTADOR: O que seria?

PAULO FREIRE: Nos meus anos de exílio, me lembro das caras zangadas quando eu dizia: "mas a educação não é essa neutralidade que vocês acreditam". Ficavam irritados, me considerando um subversivo. Essa coisa de assumir a politicidade da educação deixa às vezes a gente profundamente inquieto, demanda decisão política, demanda optar e não há opção que não seja ruptura. Ao decidir, rompe, porque fica com alguém contra alguém. É por isso que tem muita gente que, mesmo já tendo decidido, continua onde está. É essa coisa que o brasileiro chama com tanto gosto "em cima do muro". Quer dizer: ele sabe que vai pular para o lado que ganha. Como essa decisão é pouco ética, o cara fica em cima do muro. Quer dizer, ficar em cima do muro é tentar esconder que decide pelo pior.

ENTREVISTADOR: O que o senhor quer dizer exatamente com "ficar em cima do muro"?

PAULO FREIRE: Não estou querendo que ninguém se decida, o que estou dizendo é que não se pode ser educador sem se decidir. Pode ser um bocado de coisa, mas educador, não. Não se pode pensar na educação dos anos 1990 sem decidir hoje: eu fico com quem nos anos 1990? A favor de quem sou educador? E ninguém é a favor de alguém a não ser sendo contra alguém. Essas são as marcas cristãs percebidas e vividas ingenuamente: dizer que um cristão não tem raiva de ninguém. Sou cristão e tenho raiva de um bando de gente. E estou convencido de que minhas decisões fundamentais foram resultado de justas raivas. E é por isso que hoje sou o defensor da pedagogia da indignação neste país. Essa então já é a primeira proposta para 1990: *uma pedagogia da indignação.*

Entrevistador: Quais as razões da sua indignação?

Paulo Freire: Não posso deixar de estar indignado quando sei que há 8 milhões de meninos e meninas brasileiros que estão proibidos de estar na escola. Faço questão de dizer proibidos porque não me agrada essa expressão amaciada "fora da escola". E se diz fora da escola de propósito, é a ideologia. A ideologia tem o poder de ocultar as razões de ser dos fatos de que ela fala. O discurso ideológico é sempre assim. Então, quando se diz "meninos fora da escola", se sugere que eles estão fora da escola porque querem. O "fora" amacia a dureza do fato que o discurso retrata. E eu não estou no mundo para ocultar nada. Também não há *evasão escolar.* Neste país há *expulsão escolar.* Apenas 10% das crianças de uma geração brasileira que se matriculam num ano chegam ao término do primário. Isso é uma calamidade. Pornografia, o número de meninos expulsos diante de nós, diante da nossa complacência, de nosso silêncio. Então o primeiro sonho é que os educadores deste país se indignem, quer dizer, a gente tem que usar o direito e o dever de ter raiva. Raiva dessas profundas injustiças.

Entrevistador: Mas como essa raiva daria resultados?

Paulo Freire: Essa prática partiria indignada e iria transformando a indignação numa espécie de permanente e crescente alegria. Inclusive para ficar alegre nesse país você tem que estar indignado primeiro. Alegria, no caso da sociedade brasileira, no momento nasce da certeza de que a minha raiva tem sentido. E já fico alegre só porque tomei raiva e porque me movi e porque não me aposentei — no sentido metafórico, de largar o mundo, de virar parênteses. E nessa experiência da raiva, da alegria, da raiva que me empurra para mudar um pouco a razão de ser da raiva — acho bacana essa dialética — é que a raiva me leva a superar a raiva. Não há outro caminho para superar a raiva, se não superar a razão de ser da raiva. Quer dizer, eu não supero a minha raiva porque me convenço de que devo amar o meu inimigo. Supero a minha raiva na medida em que frustro meu inimigo na dominação que ele estabelece sobre mim. Quanto mais mudo o contexto que gera a minha raiva, tanto mais posso livremente amar. Fora disso, sou masoquista. Como não sou, quero ir à briga. Essa briga é justa, necessária, fundamental.

Entrevistador: Como se desenvolve essa pedagogia da briga?

Paulo Freire: É uma pedagogia que não pode se satisfazer com a simples transmissão ao educando de conteúdo a ser memorizado. A questão que se coloca para essa pedagogia enquanto teoria crítica do conhecimento não é a de dizer o cinzeiro e descrever agora o conceito, mas é a de propor que o educando apreenda a significação mais profunda do objeto de que se fala. E é na medida em que ele apreende que ele aprende. Sem apreender, o que é possível é fixar mecanicamente na memória a descrição do conceito do objeto.

PARTE 5

Diálogos e discursos

1

O PROFETA DA ESPERANÇA*

Dois Pontos: QUANDO SE FALA EM ALFABETIZAÇÃO de adultos, no Brasil, necessariamente se fala em Paulo Freire e em seu trabalho como professor-educador, ligado à educação popular. Como foi que tudo começou?

PAULO FREIRE: Essa questão me traz de volta uma pergunta que eu mesmo já me fiz algumas vezes: como é que cheguei até aqui? Como é que comecei a girar a minha vida em torno de um certo núcleo de preocupações — no fundo preocupações pedagógicas e políticas — ligadas obviamente ao problema da produção do conhecimento, à questão do ensino, do aprender propriamente dito? Começaria dizendo a você que eu não acredito que ninguém nasce sendo isto ou aquilo, não acredito que ninguém nasce mais ou menos predeterminado. O que eu acho é que todos nós, homens e mulheres, somos "seres programados para aprender". Repetindo a afirmação do grande cientista François Jacob, numa entrevista que ele deu ao *Correio da Unesco*, eu acrescentaria: *somos seres programados para aprender, mas também para ensinar.* Eu não separo jamais uma coisa da outra, e não tenho dúvida de que, milenarmente, no campo da História, foi exatamente essa percepção que nos levou a descobrir

* Entrevista a Nye Ribeiro Silva, revista *Dois Pontos*, jan./fev. 1996. A.M.A.F.

que era possível ensinar. Isto é, o ensino não foi o começo, o começo foi o conhecer, foi a aprendizagem. Foi aprendendo que a gente descobriu que era possível ensinar e aprender. Eu parto daí. Agora, enquanto ser programado para aprender e para ensinar, e portanto para conhecer, eu posso me fazer na minha prática social um profissional especializado exatamente em ensinar e aprender.

É interessante observar certos gostos que as crianças revelam em seus brinquedos. Dizemos, por exemplo: este menino é um médico nato, veja como ele gosta de brincar de medicina, veja como ele, na sua "prática de médico", gosta de fazer o tratamento de uma ferida que não houve. Tudo indica que esse menino será um médico, ele já nasceu um médico. Não. Eu acho que o que acontece é que nós, na infância — de um lado programados para saber e condicionados pelo nosso aparelho genético; e de outro condicionados pela cultura de que fazemos parte —, expressamos certos gostos e certas coisas que chamamos *tendências*.

E é exatamente vivendo essa herança com que chegamos ao mundo, e juntando a essa herança genética a herança cultural, e vivendo a unidade diversa dessas heranças, a contradição delas na prática de que fazemos parte com os outros, que nós vamos nos inclinando cada vez mais para isto ou para aquilo. Ninguém nasce feito, a gente se faz, a gente se constrói social e historicamente. E eu não poderia escapar a isso. Tornei-me professor enquanto aluno. E foi gostando de ser aluno, gostando de exercer a minha curiosidade, de procurar a razão de ser dos fatos e dos objetos, é que fui gostando de aprender e, dessa forma, descobrindo também o gosto de ensinar. Então, eu não cheguei por acaso à docência. Cheguei vivenciando um certo tipo de experiência que me constitui professor, e é isso que eu sei fazer até hoje.

Dois Pontos: Educação e política — como é que o senhor transpôs o campo da educação para o campo da política — um caminho natural?

Paulo Freire: Aí eu discordaria totalmente do verbo que tu usaste. Eu não transpus coisa nenhuma, eu simplesmente vivi plenamente o que já é. O que eu quero dizer é que a prática educativa é também uma prática política. Fazendo-se educação, necessariamente, se faz política. Faz parte da natureza do ser, da prática educativa e docente, a natureza política da educação. É isso que eu chamo de "politicidade" da educação, a qualidade de ser política que a educação tem. De tal maneira que não é por uma pura teimosia do educador que se faz política fazendo-se educação. A prática educativa é tão necessariamente política quanto é gnosiológica. A prática educativa não pode escapar à produção do conhecimento. É tão necessariamente gnosiológica quanto ética e estética. A prática educativa tem uma boniteza nela mesma, como também uma moralidade indispensável. E é por isso que a prática educativa vai mais além dela mesma, o que vale dizer que não há prática educativa que não gire em torno de sonhos e de utopias.

Imagine um educador que me diga: quando ensino sintaxe não tenho outra preocupação senão a de que o aluno aprenda a sintaxe do verbo haver, por exemplo. Eu, enquanto professor, quando ensinava o aluno a conjugar o verbo haver, me preocupava intensamente em que o aluno fosse ético. E não apenas que ele falasse gramatical e sintaticamente certo.

Dois Pontos: E como exercer essa prática educativa gnosiológica? Como transportar tudo isso para a prática?

Paulo Freire: Na prática, o que vale é o próprio testemunho que o educador dá de sua coerência. Por exemplo, a professora que jamais faz um pacto com o aluno para não dar aula. Por outro lado que testemunho de moralidade pode um educador dar a seus alunos se, aproveitando-se de um feriado, ela já sugere, marotamente, que os alunos não venham à aula no dia anterior ou subsequente? Ou, que testemunho ético pode dar uma professora que dá aula sem conhecer o conteúdo daquilo que vai transmitir? Um professor que desrespeita o sonho, o apetite de vida do aluno? Ou, ainda, que tenta impor ao aluno sua opção política? Este é um testemunho autoritário, desrespeitoso, que é feio e, portanto, não é estético.

Dois Pontos: E nem ético, não é?

Paulo Freire: E nem ético, porque a estética anda muito perto da ética. Dificilmente você tem uma coisa feia, decente.

Dois Pontos: Autoridade e cumplicidade — um binômio desejável? Como estabelecer um clima de cumplicidade em sala de aula, que venha favorecer a aprendizagem sem anular a autoridade do professor?

Paulo Freire: Cumplicidade enquanto companheirismo, que não deve resvalar para a complacência. Cumplicidade que é sinônimo de participação — uma presença afetiva e sobretudo ética. Que se manifesta através de uma curiosidade que vai se tornando cada vez mais crítica na *busca em comunhão* que devem fazer educador e aluno. Eu acho que nesse sentido ela será eficaz, estética, ética, politicamente e gnosiologicamente. É o professor que não tem a pretensão de ser igual ao aluno, porque isso é uma coisa falsa, mas que consegue ser cúmplice dele.

É importante perceber que a cumplicidade não nivela. Ela significa lidar com a diferença de forma respeitosa e democrática. Quer dizer: eu sou diferente do aluno, mas não permito que a minha diferença se transforme em antagonismo. Sou diferente, mas sou tão *sujeito* quanto ele no processo de aprender e de ensinar.

Tenho uma autoridade diferente da autoridade do aluno, uma autoridade que se funda num princípio ético e democrático. Eu até diria, em certo sentido, que a minha autoridade é uma invenção da liberdade do aluno, pois a liberdade do aluno precisa da autoridade do professor. Ela é indispensável ao seu crescimento, mas também pode atrofiá-lo ao exacerbar-se enquanto autoridade. O grande empenho ético e democrático da autoridade é limitar-se para poder limitar a autoridade do educando.

E é exatamente esse corpo de relações diferenciadas e contraditórias — entre a liberdade e a autoridade, entre o que já sabe o saber sabido e o que ainda não sabe o saber sabido —, é isso que constitui a cumplicidade entre o educador e educando, fazendo com que os dois continuem crescendo.

Dois Pontos: Quais seriam as bases para o diálogo, para uma relação afetiva entre educador e educando?

Paulo Freire: Tem gente que pensa que o diálogo é pura técnica, ou, então, uma espécie de favor que o educador faz ao educando. Para mim, o diálogo é uma exigência da minha finitude consciente. Quer dizer, no fundo, mulheres e homens somos seres históricos e, como tais, seres inacabados. Acontece que a árvore do meu quintal, sendo um ser vivo, é também um ser inacabado, assim também como o casal de pastores-alemães que tenho ali. Mas há uma diferença fundamental entre o meu inacabamento histórico e o deles: é a consciência que dele tenho. Quer dizer: eu sou uma inconclusão que se percebe como tal. E é exatamente a percepção de nossa inconclusão que nos transforma em seres necessariamente educáveis. Eu não sou educável porque a professora, o papa ou o filósofo disse que devo ser. Sou educável porque sendo inacabado sei que sou. Seria uma contradição enorme que, sendo e me reconhecendo como um ser inacabado, eu não me inserisse num processo de busca.

Dois Pontos: Há alguns anos o senhor vem sendo considerado por muitos brasileiros, especialmente os educadores, o profeta da pedagogia da esperança. O que tem a dizer sobre isso?

Paulo Freire: Na questão anterior eu explicava que a educação é exatamente esse processo de busca. E é por isso que, necessariamente, ela é esperançosa. Eu diria até que, mais do que ela, a existência humana é naturalmente esperançada. E, apesar de todas as razões diárias que todos nós temos para perdermos a esperança, a desesperança na existência humana é acidente e não necessidade.

Sei que um brasileiro esperançado aos 74 anos, como é o meu caso, é algo espantoso. Com a sem-vergonhice que se generalizou neste país, com a falta de pudor, a falta de respeito à coisa pública... Não se pode assistir a um programa de notícias no Brasil, por mais desvirtuados que sejam todos eles; não se pode ler um jornal sem que você se depare com um permanente jogo de desrespeito à coisa pública, com falcatruas, acusações falsas. É a polícia matando mais do que os bandidos... enfim, são contradições terríveis!

Sei que é muito difícil manter a esperança num país como este. Não só num país, mas num mundo como este! É difícil, mas é absolutamente fundamental que se mantenha a esperança. Aos 74 anos eu posso afirmar que tenho um segundo de desesperança para, logo sem seguida, lutar contra a minha própria desesperança e me impor a mim mesmo o clima fundamental da esperança.

Claro! Pois, se eu sou um ser inacabado e inserido num permanente processo de busca, eu não posso buscar sem esperança. O processo de busca é em si mesmo esperançoso e se define como a esperança que se vive. Não importa que você busque algo que não encontre, mas que busque sempre com a esperança de encontrar. A esperança deve fazer parte, inclusive, do processo de buscar.

Dois Pontos: Em seu livro *Educação e mudança* o senhor combate o pessimismo sociológico — que afirma que "a educação acaba reproduzindo mecanicamente a sociedade" — e enfatiza a relação educador-educando, apontando o educador como o grande agente de transformação social. Como é que o senhor vê essa questão no contexto atual da educação no Brasil?

Paulo Freire: Eu falava há pouco sobre a esperança. Pois educação é isso. A prática educativa é uma prática política por natureza, mas, por natureza, é também uma prática esperançada. A prática docente exige de nós testemunhos permanentes. Acredito que o grande caminho da educação está muito mais no *discurso do corpo* do que no *discurso da voz*. O que não significa que não se fale para se conformar, para informar e para formar. Mas o que eu quero dizer é que a fala que contradiz o gesto não tem força... É preciso haver uma indispensável coerência entre o que se diz e o que se faz — o meu discurso não pode diferenciar-se do meu gesto. Meu discurso tem que ser coerente com o meu corpo. A maneira como o meu corpo se move no mundo tem que ser coerente com o discurso que fala do movimento do mundo.

Agora, ao mesmo tempo, eu acho que nós, educadores e educadoras deste país, precisamos nos mobilizar, precisamos nos organizar e precisamos brigar. Eu também acredito muito na briga!

Dois Pontos: Então, o senhor é a favor do diálogo e, ao mesmo tempo, da "briga"?

Paulo Freire: Sim. Houve quem pensasse que, por defender o diálogo, eu negasse o conflito. O conflito está aí e é fundamental no processo de desenvolvimento, no processo histórico.

A briga me faz, a briga me constitui, a briga me forma; ela é pedagógica. O que eu acho é que, como a briga é histórica, a forma de brigar muda. Por exemplo, no momento atual, com a globalização da economia, é preciso que a classe trabalhadora invente novas maneiras de brigar. O que ela não pode é parar de brigar. A forma como ela brigou vinte anos atrás não faz mais sentido.

A classe docente precisa também reinventar suas brigas. Precisamos, todos nós, brigar para que sejamos mais decentemente tratados. Há um desrespeito vergonhoso e aviltante do poder público neste país, desde que inventaram a sociedade brasileira até hoje, com relação à educação de modo geral e com relação à prática docente. A história da educação brasileira é muito clara nisso.

Quem quiser se enfronhar com relação ao desrespeito do poder público com a tarefa pedagógica é só ler um pouco sobre a história do Brasil. A briga da gente tem que ser tal que, um dia, nenhum homem do governo tenha mais a coragem e o direito de fazer o seguinte discurso: "os professores têm razão: ganham pouco, mas nós não temos dinheiro". Esse discurso precisa ser proibido. E quando eu digo proibido não é com a ação da polícia; é não haver mais condição ética nenhuma, nem política, para que um chefe de Estado possa fazer esse discurso. E eu não tenho dúvida nenhuma de que é possível chegar a esse dia se nós brigarmos, mas se brigarmos coerentemente e ganharmos a compreensão da sociedade civil.

Dois Pontos: Uma briga para que a educação se torne prioridade neste país? Este é um sonho possível?

Paulo Freire: Sim. Eu defendo a tese de que um bom governo é aquele que é "insanamente são". Ou seja, um governo "loucamente sadio". Eu acho que a sanidade não existe só nela, existe na loucura também. Seria preciso que tivéssemos governos que no seu discurso de candidatura dissessem, por exemplo: "se eu for eleito vou pagar mil reais a uma professora que inicia sua carreira docente". E naturalmente o seu secretário de Finanças vai dizer: "você está louco?". E a resposta será: "não; eu estou louco é para poder ser são".

(Com essas palavras, sei que os financistas estarão rindo de mim amanhã, mas eu também estarei rindo deles!) Mas eu não tenho dúvida nenhuma de que esse é um problema de decisão política. Não é possível que alguns profissionais ganhem tão distantemente do que ganha uma professora. A prática docente é ou não é prioritária neste país? E quando é que ela vai ser prioritária?

Eu acho que se nós orientássemos a política de gastos do Brasil, se fechássemos alguns projetos — que me perdoem agora os cientistas e os técnicos, mas, quem sabe, se fechássemos por exemplo este projeto da Amazônia, que custa bilhões, jogássemos esses bilhões durante quatro anos na educação deste país. Veja o exemplo do Japão, ele passou um século investindo em educação. E não estou querendo que se faça aqui a educação do Japão, a compreensão da disciplina do japonês não é a nossa. Mas a questão é prioridade. Educação e saúde têm que ser prioridade, e a prioridade se expressa através da verba. Prioridade apenas no discurso, prioridade apenas na regulamentação não tem valor algum. Eu quero ver é prioridade no orçamento. Eu quero saber é se temos dinheiro para investir na formação permanente deste corpo docente, para reorientarmos o trabalho das universidades deste país — num país de analfabetos, a universidade não pode deixar de se preocupar com a educação de base, com a alfabetização. A alfabetização é uma coisa seriíssima. É um dos capítulos fundamentais da filosofia geral de educação no Brasil.

E para concluir esse meu discurso raivoso — eu acho que nós, educadores brasileiros, precisamos proclamar a nossa indignação. Eu não morreria em paz sem proclamar que sou um pedagogo indignado.

Dois Pontos: Qual a sua posição com relação aos avanços tecnológicos do país e aos investimentos que vêm sendo feitos nesse sentido?

Paulo Freire: Uma das preocupações, enquanto pedagogo e enquanto homem, que me acompanha desde o início de minhas atividades, é exatamente esta que eu chamo de humanizante, de humanista. Quero, porém, fazer um parêntese para dizer que a minha postura humanizante não é uma postura adocicada, açucarada; a minha postura humanista não tem nada beligerantemente contra a tecnologia e contra a ciência. Eu não nego a tecnologia e nem me oponho a ela. A minha posição é sempre a de quem suspeita, de quem se pergunta, porque é de quem sabe que aos avanços das revoluções tecnológicas pode também corresponder algo negativo do ponto de vista da presença humana no mundo.

Isso não significa que será sempre negativo, de jeito nenhum, pois a tecnologia também é obra dos homens e das mulheres. A tecnologia é invenção nossa, mas é preciso estar alerta para os avanços tecnológicos e seus efeitos. A modernização, às vezes, nos escraviza em vez de contribuir para a nossa libertação. Daí a necessidade da clareza da posição política do educador e da sua coerência. Se eu sou a favor da liberdade, da desocultação, eu preciso saber usar as invenções tecnológicas a meu favor, como instrumento de crescimento de minha curiosidade em torno da própria liberdade, e não como instrumento domesticador de meus anseios e meus desejos.

Dois Pontos: Voltando à sua obra *Educação e mudança* — ali, o senhor analisa as possibilidades e as limitações da educação, na tentativa de se engajar social e politicamente na luta pela transformação das estruturas opressivas da sociedade classista. Afirma que a educação é, essencialmente, um ato de conhecimento e de conscientização e que, por si só, não leva uma sociedade a se libertar da opressão. Que outros caminhos teria então a sociedade nessa busca?

Paulo Freire: É. Mas há uma outra coisa importante que eu afirmo quando digo que a educação não é a chave única da abertura da porta da transformação sociopolítica. Ela não é a única, mas sem ela nada se faz. Essa complementação do meu discurso é fundamental para mostrar exatamente a relação dialética entre educação e sociedade, entre educação e transformação. Se ela sozinha não faz, é porque ela precisa contar com outras dimensões da organização política do Estado e da sociedade. Ela precisa de partidos políticos sérios, fortes, democráticos, respeitosos. Ela precisa, de um lado, de estimular, e, de outro, ver crescer a eticidade da política e na política. Ela precisa do desenvolvimento econômico. Sozinha ela não produz esse desenvolvimento, mas, sem ela, ela não se faz.

Fala-se muito, hoje, numa modernização do Brasil, e grandes áreas deste país não saíram sequer do tradicionalismo. E a gente já está na pós-modernidade. O trágico é que há uma contemporaneidade dos não contemporâneos. Um professor brasileiro, hoje, fala na universidade sobre pós-modernidade em educação e, no entanto, convive com uma realidade em que 33 milhões de brasileiros vivem na miséria. Essa possibilidade de conviver com contrastes tão absurdos é o que caracteriza inclusive grande parte do Terceiro Mundo. Eu tenho a possibilidade de discutir com o meu colega de Berlim, de Washington, de Paris sobre pedagogia crítica. (Acabo de receber uma carta da Alemanha, onde me pedem para escrever um texto para um número especial de uma revista alemã sobre educação crítica.) Eu convivo com eles, troco grandes ideias, mas, ao mesmo tempo, convivo na minha sociedade com milhares de brasileiros que não podem ler. Há pouco tempo estive em Porto Alegre, onde fui homenageado pela Secretaria de Educação que está fazendo uma das boas revoluções pedagógico-políticas deste país, nos dias de hoje, e numa perspectiva séria, ética, estética, bonita. Fazendo um enorme trabalho de mudança pedagógica e um extraordinário trabalho de alfabetização de adultos de acordo com as minhas sugestões. Lá, mais uma vez, eu vi o que significa, aos 70 anos, viver o direito de ler, demandar a exigência de escrever. Eu não posso aceitar que homens e mulheres, aos 70 anos, que tenham sido proibidos de ler pela sua sociedade, morram sem ler. Eu acho que isso é um desrespeito enorme à vida humana.

Mas, voltando ao cerne de sua pergunta, eu penso que a educação de que nós precisamos é aquela que, ao mesmo tempo que se preocupa com a formação técnica e científica do educando, se preocupa também com o que chamo de "desocultação das verdades". Essa proposta de uma pedagogia desocultadora não tem nada a ver com o que está embutido no discurso neoliberal da educação, que é um discurso ocultador, que é um discurso que se diz pragmático e que, por isso mesmo, não ultrapassa o puro treino técnico, que não discute a razão de ser do próprio treino. E essa onda neoliberal é um dos riscos trágicos que a gente sofre hoje, no Brasil, neste final de milênio.

Dois Pontos: Somando suas experiências com educação e política, seu trabalho como escritor, conferencista, suas viagens por todo o Brasil, a América Latina, África e Europa, quem é o Paulo Freire, hoje? Qual é o seu grande sonho, neste momento?

Paulo Freire: Eu tenho sido um educador à disposição do sonho, da utopia da libertação. Esse tem sido o meu grande sonho. Aos 74 anos, eu me recuso a não sonhar. O sonho faz parte da minha natureza inconclusa e da consciência de minha inconclusão. Sonho não é coisa de maluco. Sonho é coisa de quem vive e de quem existe — existir é mais do que viver —, e sonhar é uma necessidade da existência humana. Sonhar com um projeto de vida, com um projeto de sociedade. Você já imaginou renunciar a esse sonho, deixar de sonhar com um projeto de uma nova sociedade — que é justamente o local onde você pode ou não se fazer?

Então, o sonho faz parte natural da minha presença no mundo. E, como educador, o meu grande sonho tem sido o exercício de uma liberdade que se limita, que não se reconhece a si mesma como a proprietária do mundo. O meu sonho é a invenção de uma sociedade menos feia, uma sociedade em que seja possível amar e ser amado. Uma sociedade ética, estética, livre e decente.

Dois Pontos: Seria possível inventar condições para que esse sonho se concretize um dia? E que condições seriam essas?

Paulo Freire: Veja como a sociedade brasileira é estruturadamente malvada. As classes dominantes deste país são feias, perversas. Milhões e milhões de brasileiros estão simplesmente proibidos de sonhar. Uma das condições necessárias para sonhar é que você tenha o amanhã. Não se sonha a partir do outro, a não ser quando você apanha um momento do outro para transformá-lo no objeto do seu sonho do amanhã.

O amanhã não é uma categoria, um espaço mais além de mim mesmo, à espera de que eu chegue lá. O meu amanhã é o hoje que eu transformo. Mas é impossível sonhar se você não tiver hipóteses de amanhã, se você não tiver sonhos de amanhã. A grande maioria da população brasileira está proibida de sonhar porque nem sequer comeu hoje, e espera desesperadamente pela morte.

Eu não sei como é possível dormir tendo a coragem cínica de dizer que a *realidade é assim mesmo, que não há o que fazer.* Quando tu me perguntas: "Paulo, tu ainda sonhas?" Eu te respondo: "Sim sonho. Eu sonho, no mínimo, com que não seja possível dizer que não é possível sonhar, com que não seja possível admitir que a vida tem que ser o que está sendo. Não! Eu protesto! A vida não é, necessariamente, o que está sendo. Ela pode e deve ser mudada."

Eu não dormiria bem se não tivesse dito isso a você, pois é falando a você hoje e a outros jornalistas amanhã, é denunciando, é escrevendo livros — nos quais critico duramente esse fatalismo imoral —, é dessa forma que eu continuo sonhando. E que eu, concretamente, lanço o meu protesto. Que eu, concretamente, não aceito que 33 milhões de brasileiros morram *porque têm que morrer*, e que não aceito que eles continuem morrendo para que minorias vivam o gozo ilegítimo que deram a si mesmas.

2

"SEM ESPERANÇA A RADICALIDADE SE NEGARIA"*

ENTREVISTADOR: TODO O SEU TRABALHO sobre educação é conhecido pelo alto nível de compromisso político com os carentes, com os oprimidos da terra. Este trabalho lhe proporciona alguma satisfação pessoal?

PAULO FREIRE: Quanto mais faço coisas de que gosto, com dedicação, rigorosidade, esperançoso, tanto mais me sinto satisfeito com a tarefa cumprida e mais me revigoro para continuar a luta sem desânimo mas também sem otimismos ingênuos. A satisfação com o que fazemos é indispensável à sua continuidade.

ENTREVISTADOR: Se não houver uma significativa mudança após sua gestão educativa na cidade de São Paulo, qual sua esperança para seguir sendo radical?

PAULO FREIRE: Não sou ou deixo de ser radical em função de se o mundo muda de quarta para quinta-feira. Minha radicalidade em face das questões humanas — a da libertação, a da dominação, a da tristeza, a da alegria, a do convívio, a da produção do conhecimento, a da fé — faz parte da natureza de meu ser histórica e socialmente constituindo-se.

---

* Estas questões, propostas por uma revista da Espanha, foram respondidas em 15 de fevereiro de 1996; entretanto, não foram publicadas. A.M.A.F.

Na verdade, o mundo jamais se imobilizará em seguida a não importa que mudança profunda tenha sofrido. A "sina" da história é ser processo e não destino certo ou fado. O futuro não é um pré-dado ou um dado, mas um dado dando-se, como tenho insistido tanto em dizer. Minha radicalidade por isso não está na dependência de se consigo ou não, como secretário da Educação, *mudar a cara da escola*. Toda radicalidade, que jamais se confunde com sectarismo, é necessariamente esperançosa. Sem esperança, a radicalidade se negaria.

ENTREVISTADOR: A sua esperança é algum tipo de fé ou quase uma crença religiosa?

PAULO FREIRE: Apesar de toda fé verdadeira engendrar sempre esperança e de até não ser possível sem ela, a esperança que, no meu caso, convive com minha fé, poderia, como a entendo e a vivo, prescindir de minha fé. Da mesma forma como homens e mulheres descrentes em Deus, mas profundamente amorosos da vida, se entregam à luta em favor da justiça, da paz e da boniteza do mundo, cheios de esperança.

A razão de ser de minha esperança radica na natureza inacabada de meu ser histórico. Inconcluso, mas consciente de minha inconclusão, me acho inserido num movimento permanente de busca. Minha esperança se funda na impossibilidade de buscar desesperançadamente. É neste sentido que tenho afirmado que não sou esperançoso por pura teimosia, mas por uma questão de radicalidade ontológica. A nossa esperança tem que ver com a nossa capacidade de decidir, de romper, de escolher, de ajuizar. Tornamo-nos seres éticos, conscientes, sonhadores, utópicos. Por isso, seres a quem a esperança faz falta.

Os gatos sempre correram atrás dos ratos, mas não se pode, falando-se de sua perseguição aos ratos, dizer que o fazem esperançadamente ou desesperançadamente. Os gatos simplesmente correm atrás dos ratos...

ENTREVISTADOR: Por que no primeiro número da revista *Presença pedagógica* você disse que está mais radical com os anos? É verdade?

PAULO FREIRE: É verdade. Mas é preciso deixar claro o que é ser radical para mim. A radicalidade, em posição diametralmente oposta à sectarização, é forma de estar sendo diante do mundo e das gentes, diante da política e dos fatos, que me interessa profundamente. A radicalidade sempre democrática, dialógica, portanto, nos motiva a ir cada vez mais profundamente à procura da ou das razões de ser das coisas, a não nos satisfazer com a pura aparência das coisas, a recusar a falsidade dos preconceitos. A radicalidade exige de nós uma "convivência" maior com a raiz dos problemas.

Quanto mais radicalmente defendi minhas posições político-pedagógicas, tentando diminuir a distância entre o que digo e o que faço, quanto mais me entreguei à tarefa político-pedagógica de desocultar verdades, tanto mais radical me tornei e venho me tornando. Seria uma lástima se, depois de tantos anos de fazer coisas, de pensar não só sobre elas, mas sobre o processo de fazê-las, de participar desta ou daquela forma de luta, de movimentos, em favor da libertação de mulheres e de homens, de experimentar vitórias, de sofrer derrotas, pouco tivesse aprendido ou nada tivesse aprendido. Se sectariamente me achasse fechado, agressivo, ferindo quem quer que de mim se aproximasse como diferente. Fechado, trancado no ciclo de minha verdade. Felizmente minha luta me preserva hoje radicalmente aberto à convivência com o diferente. Mais hoje do que ontem.

ENTREVISTADOR: Você diz que é diretivo em educação, não espontâneo, porque tem um sonho, uma utopia a alcançar. Qual é?

PAULO FREIRE: Falemos um pouco da *diretividade* da prática educativa, uma de suas conotações fundamentais. Que queremos dizer quando afirmamos que a prática educativa é *diretiva*? Em primeiro lugar, a diretividade da prática educativa não significa o *autoritarismo* do educador ou da educadora nem tampouco sua licenciosidade. O autoritarismo ou licenciosidade em educação são expressões ideológicas do educador ou da educadora. Estes são ou não autoritários ou licenciosos não porque faça parte da natureza da prática educativa o autoritarismo ou a licenciosidade. A *diretividade* da prática educativa é a *qualidade* que tem ela de transcender a si mesma, de *direcionar-se* até um *sonho* por que o educador se bate e a cuja realização se entrega. Quando me reconheço *diretivo*, afirmo a não neutralidade da prática educativa e não meu autoritarismo. *Diretivo*, sou profundamente democrático, nem autoritário, nem licencioso. O meu sonho, por que tenho brigado a vida toda, é o de, juntando o meu ao esforço de tantos, contribuir para a *invenção* de um mundo menos feio e em que amar seja menos difícil.

ENTREVISTADOR: Sua forma de entender a educação desmascara as armadilhas que constantemente nos apresenta o liberalismo econômico e político. Você acredita que o liberalismo tem mais capacidade crítica do que posturas radicais como as suas?

Paulo Freire: Entre uma prática educativa que falseia a verdade, que distorce, que mente, e uma prática educativa que desoculta verdades, que denuncia mentiras, sempre estive obviamente com a segunda.

Nunca talvez tenhamos necessitado ou estejamos precisando tanto de uma educação criticizante, não no sentido falso com que às vezes se procura caracterizar o pensamento crítico. De um lado, como exigência dos avanços ou das revoluções tecnológicas que nos colocam a necessidade de respostas urgentes e diferenciadas a problemas inesperados; de outro, como crescente demanda que nos coloca a atividade não importa em qual ciclo da produção de conhecimento estejamos atuando. Se no conhecimento já existente, se no da produção do conhecimento ainda não existente. Com a mesma importância se faz fundamental a criticidade hoje em face da falsificação ideológica do discurso neoliberal que, às vezes explicitamente, quase sempre não, vem sugerindo ou afirmando: que a História "morreu", que as classes sociais desapareceram, daí também o desaparecimento dos conflitos sociais. Os conflitos de hoje vêm sendo cada vez mais de natureza pessoal — conflitos entre Maria e Josefa, Maria e Pedro, Pedro e João. Conflitos entre marido e mulher, pais e filhos, sem a marca antagônica dos conflitos de classe. Sem classes sociais, sem luta de classes, as coisas se tornam muito iguais. Não temos por que continuar falando em sonho, em utopias. Liberada de devaneios utópicos, a grande tarefa da educação de cuja neutralidade não se pode duvidar é o treinamento técnico e científico do educando. O bom torneiro é o operário que domina os mistérios do torno sem ter nada a ver com as injustiças sociais a que estejam submetidos os operários. O bom biólogo discute o fenômeno vital mas tem uma compreensão da fome puramente *dicionária*. Insurjo-me obviamente contra uma tal ideologia.

Recentemente publiquei um livro — *À sombra desta mangueira** —, em que me posiciono em face destas questões. Não creio que o neoliberalismo ou que o seu discurso pragmático e fatalista resistam por muito tempo...

ENTREVISTADOR: Quando se fala de pensamento crítico desde as aulas nas universidades, esconde-se certa imobilidade real sob uma capa de um criticismo teórico?

PAULO FREIRE: Sempre me bati por uma criticidade que, não isenta da possibilidade de equívocos ou de erros, na compreensão da realidade, tratasse de desvelá-la com rigor e com rigor sobre ela interviesse. Uma tal forma de intervir na realidade e de compreendê-la é teórica e não blá-blá-blante; é prática e não puramente ativista. A boa prática não recusa a teoria nem esta rejeita a prática. Não há prática autêntica nem verdadeira teoria fora da unidade dialética entre teoria e prática.

ENTREVISTADOR: Você segue radicalizando-se precisamente porque não quer cair no "pensamento crítico de vitrine"?

PAULO FREIRE: Sou radical não porque tema cair no "pensamento crítico de vitrine". Sou radical porque procuro ir às raízes das coisas, das ideias, dos fatos, porque não me é possível sonhar sem enraizar-me, porque não me é possível simplesmente estar sendo no mundo sem ter amanhã e não é viável lidar com ele, o amanhã, sem sonhar. Por isso, tam-

* Rio de Janeiro: Civilização Brasileira, 2012.

bém sou esperançoso e não por pura teimosia como antes afirmei e poderia parecer.

Não posso deixar de surpreender-me quando falam ou escrevem dizendo que sou um educador ou um pensador da educação do Terceiro Mundo, apenas.

Não creio que só mulheres e homens do Terceiro Mundo sejam ou estejam sendo seres para quem o *amanhã*, a ser feito por sua ação transformadora e histórica, é condição de sua presença no mundo e que mulheres e homens do chamado Primeiro Mundo sejam seres a-históricos, seres de pura adaptação ao mundo.

Entrevistador: De que maneira podem e devem ser críticos os professores e professoras em seu trabalho diário? É uma tarefa só para filósofos e professores de Ciências Sociais?

Paulo Freire: Ainda que a criticidade aguçada diante do mundo seja um componente indispensável do *que fazer* do filósofo, não é exclusivo dele, como não é do cientista que investiga no laboratório ou do professor que desafia os alunos a serem críticos.

A criticidade faz parte da natureza mesma da vida. É condição necessária a que a vida se plenifique, a que a vida se alongue em existência. A *curiosidade*, implicada em toda experiência vital e que ganha, ao nível da existência, cores especiais, se nutre da criticidade como a nutre.

Não tenho dúvida de que uma das radicais diferenças entre *formar* e *treinar*, *educar* e *adestrar*, se acha na ênfase que se dê ou não, nestes *que fazeres*, ao exercício da curiosidade crítica. O puro *treino* é preponderantemente mecânico, a criticidade pouco é exercitada nele.

É neste sentido que coloco a Pedagogia da Pergunta, crítica e criticizante, como oposto necessário à Pedagogia da Resposta, apassivante, anticrítica.

ENTREVISTADOR: Que avaliação você faz de professores e professoras que começam suas aulas "aqui todos somos iguais", "todos nos chamaremos de você" etc. É um bom profissional que não aceita seu papel, sua responsabilidade e seu saber distinto?

PAULO FREIRE: Professores e alunos são diferentes. Como tais, não são iguais. Mas, se do ponto de vista da ideologia autoritária, de esquerda ou de direita, a diferença se faz antagônica, de tal forma que cabe ao professor guiar, dirigir, dizer sua palavra sem ouvir a do aluno, ensinar, sem saber-se aprendendo ao ensinar, do ponto de vista de uma opção democrática, a diferença persiste mas se torna conciliável. A opção democrática nem nega a autoridade singular do professor sem a qual a liberdade do educando pode perder-se nem tampouco recusa a liberdade substantiva do aluno que, para crescer, precisa tanto de limites quanto de espaço para, experimentando os próprios limites, internalizá-los como princípios éticos.

A questão fundamental nas relações entre professores e alunos não está no respeito gerado no medo, mas no respeito constituindo-se no exercício do direito de ser diferente.

3

Considerações em torno da Reforma Agrária*

Uma de minhas preocupações enquanto educador, portanto, enquanto político, tem sido o problema da Reforma Agrária no Brasil. Eu poderia dizer a você algumas das considerações que eu venho fazendo, silenciosamente, porque na verdade, até hoje, eu não escrevi detalhadamente sobre a questão. Algumas destas considerações são de natureza universal, por exemplo: se nos posicionamos diante da Reforma Agrária enquanto abstração, se nos perguntamos o que implica e o que pode estar implícito na Reforma Agrária, como ação e como prática.

Eu tenho a impressão de que se a gente fizer um arrolamento de diferentes aspectos que participarão necessariamente do projeto da Reforma Agrária, da prática da Reforma Agrária, a gente tem de pensar, por exemplo, sobre a questão da alimentação; a gente tem a questão da saúde — que não pode ser separada de um processo de transformação da realidade concreta e o das relações sociais, que passa a dar-se dentro do projeto da Reforma Agrária em ação. A gente

* Depoimento ao professor Dr. Bernardo Fernandes, transcrito de vídeo gravado para o MST (Movimento dos Trabalhadores Rurais Sem Terra), em novembro de 1996. A.M.A.F.

não pode se distanciar, ou esquecer a questão da saúde, pois um dos problemas que um projeto de Reforma Agrária tem necessariamente de enfrentar é a melhoria da saúde, dos níveis da saúde.

Há obviamente outra dimensão fundamental, que é a maior rentabilidade do trabalho agrícola. Quando se faz a Reforma Agrária, há que se preocupar com o aumento, por exemplo, da produção dentro das áreas. O ideal, aliás, é aumentar a produtividade sem sacrificar a experiência da mão de obra, ou seja, o direito que a pessoa tem de trabalhar. Modernizando o instrumental, alcançamos o mundo concreto, aumentando a produção, diminuindo até a área de uso da plantação, por exemplo. Este aspecto, que envolve necessariamente a questão do processo produtivo e, portanto, agrícola, é também econômico. Por essa razão é um outro dado que não se pode esconder, negar num projeto.

Há uma outra questão indiscutível no processo produtivo da Reforma Agrária, que é a preocupação com a geografia física, humana e econômica da área em que se vai atuar. É claro que esta é uma dimensão mais sofisticada, mas que a Reforma Agrária um dia vai atingir também. E não se pode falar em geografia sem tocar em história, ou seja, a geografia se prolonga na história. Indiscutivelmente não há geografia que não seja simultaneamente cultura e história; toda a análise geográfica necessariamente se despeja num veio cultural, num veio histórico.

Ora, a educação — a prática educativa — se acha no centro destas preocupações. A prática educativa viabiliza os conhecimentos em torno destas preocupações, isto é, ela tem de estar vinculada às questões da produção e da cultura, tem de estar vinculada à história.

No fundo, o processo de Reforma Agrária inaugura uma nova história dos homens e das mulheres. Inaugura uma nova cultura, que nasce de um processo de transformação do mundo e, por isto mesmo, implica transformações sociais.

Conceber a cultura como agente das transformações indica a superação de uma cultura profundamente paternalista e fatalista, em que um camponês se perdia na perda de si mesmo, enquanto objeto quase puro do processo de produção, excluído do processo de produção. Quando se reincorpora ao processo de produção, ele evidentemente alcança uma posição social, histórica e cultural que não ocupava. A partir das transformações sociais que ele vê se realizarem na sua comunidade, ele descobre que agora o fatalismo já não explica coisa nenhuma. Então, ele descobre que, tendo sido capaz de transformar a terra, é também capaz de transformar a história, de transformar a cultura. Da posição fatalista, ele renasce numa posição de inserção, de presença na história, não mais como objeto, mas também como sujeito da história.

Ora, isso tudo são tarefas educativas e políticas. Então, trabalhar no sentido de ajudar os homens e mulheres brasileiros a exercer seu direito de estar de pé, no chão, cavando e retificando o chão, fazendo com que o chão produza melhor, é um direito e um dever nosso. E a educação é uma das portas, ou é uma das chaves para abrir estas portas. Eu nunca me esqueço de uma frase linda de um educador, alfabetizador, um camponês sem-terra, de um assentamento enorme do MST, no Rio Grande do Sul, aonde eu fui: "Um dia, pela força de nosso trabalho e de nossa luta, cortamos os arames farpados do latifúndio e entramos nele; mas, quando nele chegamos, descobrimos que existem outros arames farpados, como o arame da nossa ignorância, e então ali eu percebi, melhor ainda, naquele dia, que, quanto mais ignorantes, quanto mais inocentes formos diante do mundo, tanto melhor para os donos do mundo, e, quanto mais sabidos, no sentido de conhecer, tanto mais medrosos ficarão os donos do mundo".

Então eu acho que esta não é uma tarefa apenas política, não é só ideológica: sendo política e ideológica, é, sobretudo, pedagógica. Não há Reforma Agrária sem isso...

Recado aos educadores

Eu vou mandar um recado para os jovens professores e professoras: Vivam por mim, já que eu não posso viver a alegria de trabalhar com crianças e adultos que, com sua luta e com sua esperança, estão conseguindo ser eles mesmos e elas mesmas.

4

Que coisas permanecem como certezas?*

Susana Villarán: Um dos primeiros pedidos que nos vêm à mente e ao coração neste momento é que você faça um balanço. Normalmente, pedimos às pessoas como você, tão sábias pelos anos vividos, que façam um balanço dos anos transcorridos, a partir das apostas, das elaborações e da prática que tiveram. O que significou a *Pedagogia do oprimido*? Que coisas permanecem como certezas, que coisas teriam de mudar? O que diz Paulo Freire?

Paulo Freire: Muito bem. Em primeiro lugar, agradeço-lhe a oportunidade de entrar em milhares de casas através do seu programa e depois passar a ter minha voz colocada no papel. Isso me agrada, embora eu não esteja vendo as pessoas que me escutam e que me leem. Acho difícil responder à sua pergunta, embora evidentemente seja possível respondê-la.

Eu começaria falando, como você disse, das certezas. Uma das coisas que aprendi depois de anos é a necessidade de não estar próximo das minhas certezas. Eu já estava no exílio quando aprendi pela experiência de vida que não

---

* Entrevista a Susana Villarán, Gloria Helfer e Manuel Iguiñiz, realizada na televisão peruana e, posteriormente, publicada em Tarea — *Revista de Educación y Cultura* (Lima, n. 30, dezembro de 1992). A.M.A.F.

precisamos estar muito próximos para obtermos alguma certeza.

Em segundo lugar, eu começaria mencionando as prováveis certezas que me seguem, que me acompanham há mais ou menos 30-35 anos — estou com 70 anos. Uma delas, por exemplo, é a certeza de que não é possível trabalhar em prol de um ideal, de um sonho político que persiga uma vida melhor, uma vida menos difícil no mundo; não é possível sonhar e realizar o sonho se não se comunga este sonho com as outras pessoas. Em outras palavras, como educador eu não posso pensar que tenho nas mãos a salvação das classes populares — de maneira alguma. Eu sonho com nos salvarmos juntos, mas ao mesmo tempo estou convencido de que não há salvação possível antes da libertação. Primeiro temos de nos libertar e, enquanto estivermos nos libertando, ver o que podemos salvar. A libertação não pode ser doada, presenteada em uma festa de aniversário. A libertação é algo que nós criamos, fazemos, em comunhão.

Como educador, há muito tempo estou convencido de que sou também um educando. No momento em que experimento o processo de educar alguém, reconheço ser um dever e um direito educar alguém. No processo de educar alguém, imediatamente me exponho também como educando de alguém. Esta é outra certeza que eu tenho.

Uma terceira certeza ligada, conectada a esta, é a seguinte: meu trabalho de libertação, de educação, de formação torna-se eficaz quando deixo meu corpo todo se molhar nas águas da cultura, da identidade cultural, daqueles com quem trabalho. Se estabeleço uma dicotomia, uma separação entre a minha forma de ser, de estar, da minha cultura e a forma de ser, de estar, da cultura daqueles com quem trabalho, então minha tendência é impor-lhes minhas ideias e isto não é trabalho de educador, é um trabalho de quem não sabe o que fazer. Estas são certezas.

Susana Villarán: Há algo de que Paulo Freire se arrependa ou algo que no seu caminho não tenha resultado tão substancial? Você não apenas reuniu, mas também esclareceu práticas pedagógicas na América Latina, na África, no mundo inteiro, desse movimento que foi parte de sua experiência pessoal, mas também se esclareceu a partir do seu trabalho, da sua teoria, da sua elaboração. O que há de trigo e o que há de joio nisso tudo?

Paulo Freire: Talvez pareça um pouco de falta de humildade dizer que não me arrependo de nada do que fiz. Ora, às vezes eu gostaria de ter visto, de ter compreendido — trinta anos atrás — as coisas que hoje compreendo. Mas ao mesmo tempo e imediatamente, em vez de abrigar sentimentos de culpa, sorrio, porque a história é assim. Quando eu tinha 22 anos, obviamente tudo indica que nessa idade eu não tinha isso que chamamos de sabedoria, que é uma espécie de paz. Olhar o mundo é uma inquietação, eu estou inquieto, curioso por debelar, mas não me suicido se não consigo debelar. Com 22 anos, era impossível eu ter esta postura que tenho aos 70; nos meus 22 anos, eu não sabia o que sei hoje, porque não deixei de estudar, não deixei de compreender, de buscar as coisas. Então, não me arrependo. Às vezes aceito em paz, reconheço que poderia ter sido melhor, mas ao mesmo tempo descubro que isso não era possível porque sou histórico, como toda gente é. Estou limitado pela história, limitado pelas culturas, por tudo. Então, sigo contente. Talvez não sinta arrependimento porque jamais traí meus sonhos.

Susana Villarán: Há algo que me chamou a atenção desde a primeira vez que li seus escritos e que ontem voltei a ler na *Pedagogia do oprimido*: que há muita violência hoje em dia em nosso país; estamos vivendo um momento de extrema violência e de uma violência que às vezes supera a nossa capacidade de resistir e compreender. É a oposição diante do sectarismo e da radicalidade. Eu queria que você dissesse algo a este povo, ao nosso país, a nós, a mim, a todos que estamos vivendo esta busca de radicalidade, mas estamos lutando contra o sectarismo, que hoje em dia está encarnado talvez por um dos grupos mais criminosos que a América Latina e o mundo já conheceram. O que pode nos dizer sobre isso?

Paulo Freire: Você sabe que concordo com você. Agora, neste livro que estou terminando sobre a *Pedagogia do oprimido*, dediquei algumas páginas a esta questão do novo, à radicalidade e ao sectarismo. Hoje sou ainda mais radical, estou mais distante de qualquer postura sectária, considero o sectarismo destrutivo. O sectário é um doente, é um caso absolutamente patológico, é a distorção da realidade. Não é possível conceber este comportamento em termos de normalidade psíquica. Não é possível que em estado de normalidade alguém se arrogue tal direito de julgar, de sancionar o mundo, como o sectário se arroga. O sectário não tem nem um milímetro de capacidade para conviver com o diferente, e isto não é normal.

Para mim, uma das construções que temos de enfrentar é esta virtude fantástica, que não é somente uma virtude teológica, mas revolucionária, que é a virtude de buscar uma unidade na diversidade. O sectário é incapaz de conviver cinco minutos com uma pessoa que pense diferente dele. Isto é um absurdo, é realmente doente. Como educador e como político — porque como educador eu não poderia deixar de ser político —, em meu país sou militante de um partido progressista que, para os sectários, não o é. É um partido dos trabalhadores, um partido que tem sonhos e ideais socialistas, mas que, para os sectários, traiu a revolução. A nós parece que somos revolucionários, e não há por que não dizer a palavra, somos revolucionários, mas não somos sectários, ainda que tenhamos também entre nós pessoas sectárias.

Eu faria uma espécie de chamado a todos os jovens que me escutam para que contem até dez antes de assumir uma postura sectária. Radicalizem — isto é outra coisa —, mas jamais se entreguem à loucura, porque isso os trava, os separa da história. Distorcer a realidade histórica é uma doença que dá àqueles que dela sofrem a convicção de que são os donos da verdade e que não há uma posição individual da verdade. Que essa gente medite para se reconstruir como revolucionários.

Gloria Helfer: E quanto à radicalidade?

Paulo Freire: A radicalidade, ao contrário, nutre-se precisamente de uma possibilidade extraordinária de conviver com o contrário, de aprender com o diferente, de fazer esforços. A radicalidade não significa que eu não aceite discutir com meu oponente, com aquele que é contrário a mim. Não significa que eu ceda às posições contrárias, significa que, mesmo estando contra ele, eu reconheço o seu direito de também se expressar. Para mim, esse respeito à diferença identifica, reconhece a pessoa radical. É aquela que vai até as raízes e depois volta com a força das raízes, mas ultrapassa seus limites. O radical jamais atribui a si mesmo a posse da compreensão do mundo. Para o sectário, somente ele está certo; para o radical pode ser que haja outras verdades.

Susana Villarán: O dia 6 de julho é o Dia do Professor neste país. Um professor que a Gloria poderia provavelmente definir muito melhor que eu, que vive em condições extremamente difíceis. A maior parte destes professores não tem formação profissional suficiente, muitos deles fugiram das zonas de emergência ou têm de viver situações sumamente difíceis, ensinar em condições de infraestrutura e recursos absolutamente carentes. No dia 6 de julho o professor peruano vai comemorar, não sei de que maneira, mas vai comemorar o seu dia com a ideia que temos de festa. O que você pode dizer a eles?

Paulo Freire: Olhe, o que eu gostaria de dizer a eles é que eu os admiro, os respeito e até gostaria de estar aqui para abraçar dois ou três, abraçando todos simbolicamente. Dizer-lhes que devem lutar, que devem continuar lutando, que não aceitem quando lhes disserem que os educadores devem ser sacerdotes, e por isso não devem lutar. Isto é mentira. Os educadores são profissionais e precisam lutar para terem seus direitos reconhecidos, mas, ao fazerem isto, não devem buscar apenas reivindicar algo fundamental, como, por exemplo, melhores salários. Há que reivindicar também o poder, melhores condições de trabalho.

É necessário que nós, como educadores deste continente, nos entreguemos, por que não dizer, amorosamente à tarefa de ajudar as crianças deste continente, aos que têm de amanhã tornar este continente diferente. Um dos meus sonhos é lutarmos por uma unidade neste continente, respeitando a nossa diversidade. O Brasil é diferente do Peru, mas não há por que não se unir ao Peru para salvar a situação, para libertar os milhões de habitantes que temos, e nisso os professores têm uma tarefa indubitável a cumprir.

Então, no dia de sua festa eu lhes trago uma palavra não de pessimismo, e sim de otimismo, mas um otimismo que se funde na compreensão da necessidade da briga, da luta.

Gloria Helfer: Nesta situação sobre a qual estamos falando, tão terrível, fale-nos dos sonhos e da esperança. Como é a esperança nesses momentos?

Paulo Freire: Às vezes parece difícil ter esperança em momentos difíceis da história, mas é exatamente nestes momentos que a esperança faz falta. Entretanto, ontem à noite eu disse que uma esperança descomprometida, uma esperança que simplesmente é lírica, não resulta em nada. Há que se ter esperança vivendo, há que ser uma espera militante. Preciso militar enquanto espero para que minha espera enquanto militante me dê a esperança de ter um futuro diferente. Os tempos de crise são exatamente os tempos em que temos de estar esperançosos. Insisto e digo aos educadores jovens deste país, como homem experimentado que viveu momentos de muita dificuldade, individualmente, politicamente, socialmente no país, historicamente, que jamais me permiti não ter esperança, porque a morte da esperança, em muitos sentidos, é a nossa própria morte!

Manuel Iguiñiz: Um dos pontos importantes que você mencionou é o papel dos professores, como profissionais.

Entretanto, a estrutura e a lógica habitual na qual o professor tem de exercer o seu trabalho profissional são extremamente centralizadas. Você trabalhou no município de São Paulo. Hoje em dia nos perguntamos sobre o grau de autonomia que as escolas e os professores devem ter para planejar seus projetos pedagógicos e também sobre a pretensão de que os processos de descentralização ocorram em função disso. Com sua experiência como professor e como responsável público por estes processos, de que maneira você situa a autonomia das escolas para este papel profissional?

Paulo Freire: Uma das coisas que tentamos e na qual coincidimos foi que no final as escolas se assumiram como criadoras de seus projetos. No entanto, isso não significava o fim da secretaria ou do gabinete, ou do escritório do secretário, porque isto seria um caos. Significava que o planejamento da prática educativa já não era algo programado, pensado, na secretaria, no gabinete, ou que o secretário, através da colaboração de seus assessores, depois o enviasse como um pacote para as escolas. Demos um fim a isto e desafiamos as escolas a criar, a assumir.

Também dissemos às escolas que estávamos vivos e que tínhamos ideias e propostas, mas que não eram obrigadas a segui-las. Entretanto, eram obrigadas a criar. Não podiam dizer "Não seguimos sua proposta nem nada". No primeiro ano, 360 escolas apresentaram projetos pedagógicos próprios. E hoje em dia, em sua maioria, elas trabalham suas propostas em conjunto com as propostas da secretaria. Com estas propostas encontram caminhos que cruzam com suas ideias, em função de suas realidades e daquelas que o gabinete ou o secretário encaminha, mas não como um presente ou uma imposição.

Creio, e estou falando aqui com uma ex-ministra da Educação deste país, que não somente entre nós, mas em qualquer lugar do mundo, é preciso que os educadores sejam chamados, desafiados, convidados, estimulados — nunca abatidos, nunca golpeados. Chamados para assumir sua liberdade e a liberdade de pensar, a liberdade de perguntar, a liberdade de duvidar, a liberdade de dizer não, a liberdade de perguntar "O que é?", "Como?", "Quem é você?" para propor isso. Creio que inclusive a tarefa da administração deveria ser assumida como uma tarefa pedagógica, altamente pedagógica e política. E creio que um secretário, um ministro, deve ter em sua administração o propósito de elevar a pedagogia, de testemunhar o seu trabalho pedagógico, formador.

Na medida em que uma rede escolar começa a se assumir com liberdade, não há liberdade vivida e experimentada que não possa ser traduzida em responsabilidades. Aí então há uma assunção de poder recriado. De repente, as escolas começam a criar, a explorar por todos os lados — é uma coisa linda. No congresso do ano passado tivemos cinco mil ou mais professores. Uma das coisas que faz falta na América Latina é isto, aproveitando a alternância do poder na democracia, que é uma coisa fundamental. Quando somos administradores, devemos caracterizar a administração de forma progressista. É preciso aproveitar este tempo para desafiar os educadores a assumirem esta responsabilidade e este direito de gritar, o direito de falar alto, o direito de protestar, o direito de dizer "Estou vivo! Estamos vivos para reeducar os políticos, e também a liderança política viciada, clientelista, uma vergonha que cai sobre o povo!".

Quanto aos clientelistas, simplesmente não se pode reelegê-los. Esta é uma sugestão que faço. Não sei se no Peru há políticos clientelistas. No meu país, a sugestão que dou aos eleitores é que façam, no início de um mandato político, uma lista com os nomes dos vereadores, deputados estaduais, deputados federais, senadores e presidente, e também cópias de seus discursos, de suas promessas, e lhes deem notas, comparem seus discursos de candidatos com sua prática no cargo e deem nota zero e não votem nunca mais naqueles que não cumpriram suas promessas. O mundo está cheio de sem-vergonhas. Este é o papel do educador.

Susana Villarán: Você dedicou a *Pedagogia do oprimido* aos descamisados deste mundo. Em dois minutos, pode dizer aos descamisados deste país algumas breves palavras de despedida?

Paulo Freire: Minhas últimas palavras aos descamisados são palavras de um intelectual que sabe que tem privilégios — claro que os tenho —, mas que usa estes privilégios, o privilégio de falar, o privilégio de andar, o privilégio de não ser facilmente detido, eu os uso na luta em prol dos descamisados, tentando tornar esta luta eficaz.

PARTE 6

Cartas

1

Exílio, "doloroso desenraizamento"*

Prezada irmã, "de mesmo", como diria meu filho, Maria Inês.

Somente ontem, 7 de setembro, recebi sua carta amiga, que tanta alegria somou às que Deus me dá, somente por viver, lutar, crer, amar. Não há dúvida nenhuma de que me lembro de você (permita-me que a trate assim). Se voltássemos agora à mesma sala em que dava aula na Escola de Serviço Social [do Recife], seria capaz de localizar a cadeira onde você se sentava. Estou a vê-la na sua atenção permanente, criticamente acompanhando o desenvolvimento dos temas que a minha inquietude lhes propunha. Nenhum presente melhor para um educador, consciente de sua finitude, de sua indigência — e no exílio — do que uma carta como a sua. Na verdade, pouco terei dado a você e suas colegas. Muito teremos recebido uns dos outros, na busca em que nos inscrevemos como seres inconclusos. Uma coisa, porém, sempre tentei ante vocês, no Brasil, ontem, no Chi-

---

* Carta à religiosa Maria Celina Corrêa Leite, irmã da Congregação de Nossa Senhora, cônega de Santo Agostinho. Maria Inês é seu nome religioso, adotado após os votos. Escrita de 8 a 10 de setembro de 1966, dela recebi cópia para publicação. A.M.A.F.

le, hoje, ante outras Marias — viver uma profunda crença em Deus e nos homens. Vivê-la, dentro de minha própria fraqueza, nas minhas quedas, em casa, nas ruas, nas aulas. No mundo. Ontem no cárcere, hoje no exílio, venho sendo, graças a Deus, o mesmo homem esperançoso e sem amarguras. O mesmo homem que crê no homem, dentro do tempo, refazendo o mundo para transcendê-lo. Que crê no homem inserido na História, que tem sentido, mas que só o tem se me dirijo na linha de sua humanização e não de sua coisificação.

No exílio, venho descobrindo que ele não é apenas um doloroso desenraizamento, um estar-se fora de "seu" mundo, sem opção do retorno. É também uma porta que se abre, uma oportunidade a mais para o "*amor geral*". Por isso mesmo é que minha saudade da terra e das gentes, das esquinas das ruas em que inesperadamente encontramos uma cara amiga, a minha saudade do sol, do céu, do calor, do luar, do homem estranho que nunca vira, do menino sujo e faminto, a minha saudade das manhãs suaves, da água da chuva ritmadamente caindo sobre as telhas, como se estivesse cantando uma cantiga de ninar, a saudade de minha tarefa, de minha participação — toda a minha saudade é amena. Não vivo a saudade como um refúgio doentio e piegas do que foi. Eu encaro-a como um instrumento afetivo de pesquisa — como um reencontro com o ontem e um adentramento no amanhã. Daí que sinta saudade das nossas aulas das 7 na Esc. de S. S. [Escola de Serviço Social] e me sinta estranhamente saudoso do ano 2000, que não vou viver. Então, em lugar de me sentir amofinado e triste, continuo aqui o mesmo inquieto e esperançoso, contente por seguir sendo o que sempre eu pensei — um tarefeiro. Amo ao Chile. A seu povo. Amo o trabalho. Trabalho já agora até excessivo. Não há semana em que não entram conferências a fazer, seminário de que participar, curso a iniciar, cartas a escrever. Além das horas que dedico, entrada a noite, a leituras, como as que, necessariamente, estou com Elza e os meninos. No momento, estou em fase de revisão final de meu ensaio que será editado em Paris e Caracas, sobre as experiências feitas aí, enquanto espero, se Deus me ajudar, escrever um outro, também sobre educação. Seria formidável se você pudesse vir a Santiago. Imagine que de 7 de outubro próximo a 22 darei um curso aqui a mais ou menos dez padres católicos e algumas freirinhas, precisamente com o objetivo da catequese, além do da alfabetização. Imediatamente ao curso, trabalharemos juntos nas "codificações" para a temática religiosa. Não há dúvida de que, mesmo que você não possa vir, lhe remeterei o material resultante do curso, mas seria realmente melhor sua presença. Nossa casa está à sua disposição.

Pareceram-me muito sensatas suas observações sobre a aplicação do Método à educação religiosa. É óbvio que podemos fazê-la simultaneamente com a alfabetização, desde que sejam católicos os participantes ou que livremente aceitem a discussão nesse plano. De qualquer modo, a educação religiosa parece dever partir de uma análise crítica do homem como um ser no mundo e com o mundo. Como um ser "situado e datado", como diz Marcel. Qualquer que seja a visão humanista que tenhamos, cristã ou não, e que nos move à busca de sua liberação ou de sua salvação, teremos de partir de seu aqui e de seu agora.

Aguardo suas notícias neste sentido.

Elza e a meninada completamente integradas no Chile, já este ano sem sentir duramente o inverno, que agora cede lugar à radiante e explosiva primavera.

Madá não chegou a viajar a Paris e se casa este mês com um jovem sociólogo paulista, ora trabalhando num dos órgãos da Nações Unidas em Santiago. Excelente rapaz. Como vê, seu professor vai envelhecendo... mais uma vez lamentando somente agora ter recebido sua carta, seu irmão,

Paulo

P.S.: Esta carta foi iniciada no dia 8, mas somente agora, 10, terminada. Como amanhã é domingo, segunda, 12, seguirá. Meu endereço: A. Neves — Alcides de Gasperi — 500 — Las Condes — Santiago — Chile.

2

Não tema enfrentar, não tema ouvir, não tema o desvelamento*

Prezada amiga Irmã M. Celina,

Acabo de chegar do Instituto e encontro uma carta sua — excelente carta — estranhamente datada de 23 de setembro de 1967. Como não consegui ver a data da expedição no Brasil, estando clara apenas a de chegada ao Chile, 2.9.68, acredito que foi algum equívoco seu. Ou, quem sabe, um retorno inconsciente a setembro de 67...

Recebi, no ano passado, uma longa carta sua, mas, àquela época, insistia em continuar sendo pouco organizado, o que me fez deixar de responder a umas dez cartas de pessoas, às vezes, estranhas. Lia as que me chegavam e, de vez em quando, se perdiam algumas entre papéis. Em certos casos, as reencontrava; em outros, não. E, sem os endereços, ficava proibido de responder.

Este ano, a partir de janeiro, me fiz organizado. Hoje, controlo, não apenas todas as cartas que recebo, fichando-as e fichando as respostas que dou a elas, fazendo um balanço

---

* Nesta carta de 3 de setembro de 1968, endereçada à irmã Maria Celina Corrêa Leite, Paulo Freire anuncia a última revisão da *Pedagogia do oprimido*, escrita em 1967. Esta carta foi também a mim ofertada por ela para publicação. A.M.A.F.

mensal e arquivando a todas, como controlo as conferências que dou, as aulas, as entrevistas, tudo. Desta forma, venho me mantendo mensalmente em dia com tudo o que faço e quase nunca deixo uma carta sem sua resposta. E imagine que recebo umas quarenta por mês...

As observações que você faz a propósito das reações de alguns operários com quem você trabalha não devem ir mais além da constatação do que me parece normal, ainda que acabrunhante. Em verdade, o homem que disse sofrer agora, porque agora tem consciência dos fatos concretos, expressa ainda, de um lado, um momento da *consciência oprimida*, o em que, iniciando sua emersão da realidade opressora, se sente como que perdido ante a força da própria situação; de outro, por faltar ou por não haver divisado, na estrutura social em que se constitui, canais para seu compromisso.

No momento, estou fazendo a última revisão de um livro que escrevi no ano passado, em que analiso, com os fracos recursos que tenho, este fenômeno. *Pedagogia do oprimido — uma introdução*, é o nome do livro que remeterei com mais outro, em outubro, para o editor brasileiro.

As citações que você faz, cujos livros infelizmente não conheço, coincidem muito com alguns trechos e com o espírito mesmo de *Pedagogia do oprimido*.

Discutindo, na apresentação do livro, as posições radical e sectária (sobre as quais falo na *Educação como prática da liberdade*), entre outras coisas, digo o seguinte: "O sectário, por sua vez, qualquer que seja a opção de onde parta, na sua 'irracionalidade' que o cega, não percebe ou não pode perceber a dinâmica da realidade ou a percebe equivocadamente".

Até quando se pensa dialético, a sua é uma "dialética do mesticada", como diria Gurvitch.

Esta é a razão, por exemplo, por que o reacionário de direita que, no nosso ensaio anterior, chamamos de "sectário de nascença", pretende frear o processo, "domesticar" o tempo e, assim, aos homens.

Esta é a razão também por que o sectário de esquerda se equivoca totalmente na sua interpretação "dialética" da realidade, da história, deixando-se cair em posições fundamentalmente fatalistas. Distinguem-se, na medida em que o primeiro pretende "domesticar" o presente para que o futuro, na melhor das hipóteses, repita o presente "domesticado"; enquanto o segundo transforma o futuro em algo preestabelecido, numa espécie de fado, ou de sina ou de destino irremovíveis. Enquanto, para o primeiro, o hoje, ligado ao passado, é algo dado e imutável; para o segundo, o amanhã é algo prefixado, pré-dado inexoravelmente... "Fecham-se ambos em um círculo de segurança do qual não podem sair e *estabelecem ambos a sua verdade.* E esta não é a dos homens na luta para construir o futuro, correndo o risco desta própria construção. Não é a dos homens lutando e aprendendo, uns com os outros, a edificar este futuro, que ainda não está dado, como se fosse destino, como se devesse ser recebido pelos homens e não criado por eles. [...] O radical, comprometido com a libertação dos homens, não se deixa prender em círculos de segurança, nos quais aprisione também a realidade. Tão mais radical, quanto mais se inscreve nesta realidade para, conhecendo-a melhor, melhor poder transformá-la. [...] Não teme enfrentar, não teme ouvir, não teme o desvelamento do mundo. Não teme o encontro com o povo. Não teme o diálogo com ele, de que resulta o crescente saber de ambos. Não se sente domado. Com eles se compromete, dentro do tempo, para com eles lutar."

O livro tem quatro capítulos. No primeiro, analiso a consciência oprimida e a opressora constituindo-se na realidade objetiva. Estudo-as em sua dialeticidade e coloco a questão da superação da contradição entre elas, de que nasce o homem novo — novo mas opressor, não mais oprimido —, homem libertando-se.

No segundo, apresento e critico os fundamentos do que venho chamando de concepção "bancária" da educação, que, transformando a consciência dos homens numa espécie de *panela*, vai enchendo-a com depósitos que são falso saber. Esta é a educação que, "castrando" a essência do ser da consciência — sua intencionalidade — serve à opressão. Em seguida, descrevo o que me parece ser a educação como prática da liberdade, que se instaura como uma situação gnosiológica em que o educador-educando em diálogo com o educando-educador se fazem sujeitos *complacentes, mediatizados* pelo objeto cognoscível.

No terceiro, trato da dialogicidade da educação que tem como ponto de partida a busca do conteúdo programático da educação, que não pode ser realizado apenas pelo polo do educador, dentro de uma concepção libertária da educação. Esta busca implica o conhecimento do pensar do povo, referido ao mundo, em cuja relação dialética vamos encon trar o que chamo de "temas geradores". Assim, a educação *libertária*, na alfabetização, investiga a "palavra geradora" do povo e, na pós-alfabetização, o "tema gerador". Exponho toda a metodologia desta investigação que venho teorizando nestes anos de exílio.

No último capítulo, o maior em número de páginas, analiso (resultado também do exílio — o que em última análise é o livro todo) as teorias da ação que nasceu das matrizes dialógica e antidialógica.

O livro, mesmo que com suas marcas, às vezes até ostensivas, cristãs (com um pouco de teológico), é um livro forte e duro.

Cada vez mais, como cristão, me sinto um homem no mundo e com o mundo — o que vale dizer —, com os homens. E, como tal, não vejo como possamos criar *guetos* de pureza, nem de virtudes, nem de verdades. O que quero, como cristão, é o mundo humanizando-se em que os homens possam ser mais. E, nesta busca, não vejo por que não estar com quem a queira, independentemente de se fez ou não a primeira comunhão ou de se vai à missa...

Tenho estudado intensamente e escrito muito. Estive ano passado nos Estados Unidos, dando conferências em seis universidades, e no México. Este ano já andei por Paris e Roma, indo em seguida a Bogotá, a um encontro promovido pelo Conselho Episcopal Latino-Americano — CELAM — sobre o que podem os católicos fazer no campo da educação de adultos.

Em janeiro irei a Nova York para o encontro anual do CICOP (internacional de católicos), onde apresentarei um estudo sobre cultura e liberdade.

Terei muito sobre que conversar o que irei fazendo a pouco e pouco. Quanto à bolsa, tudo indica haver para o ano. Um Instituto da Unesco em Santiago que dará bolsas a latino-americanos para planejamento educacional. Educação de adultos, no próximo ano haverá cursos no México, no centro da Unesco em Pátzcuaro.

Seria formidável se você pudesse passar um tempo aqui estagiando comigo no Instituto onde trabalho.

Aguardo suas notícias

Um abraço do amigo,

Paulo
Stg 3.9.68.

P.S.: Somente depois de escrita esta carta, no momento em que ia arquivar a sua, é que encontrei a outra que estava colada ao envelope. Não quis então refazer a que eu tinha escrito.

3
"O salão tá vazio"*

Meus caros Germano e Norma,

Há um mês e pouco, consegui o endereço de vocês, através de um recifense que veio estudar aqui. Minha intenção era escrever-lhes imediatamente — como há tanto tempo gostaria de ter feito. Acontece que os correios do Chile entraram em greve mais ou menos a 23 de março e somente agora recomeçam suas atividades. Particularmente, esta greve me afetou imenso, face ao número de cartas que recebo mensalmente e das que escrevo.

Aproveitando o fim de uma tarde de sábado, escrevo-lhes esta primeira carta do exílio, que já se estende por três anos e meio.

A história particular destes três anos e meio de exílio — este viver uma realidade emprestada, por mais que se ame e se possa amar o país e o povo desta realidade emprestada — é uma história simples. História das primeiras

---

* Carta de 11 de abril de 1968, para Germano e Norma Coelho, de Santiago do Chile. Germano Coelho foi um dos fundadores do MCP — Movimento de Cultura Popular —, junto com Paulo Freire. Norma escreveu a cartilha que foi adotada pelo MCP. A cópia desta carta me foi gentilmente oferecida por Verônica, filha do casal. A.M.A.F.

saudades fortes do que ficou — saudade dos amigos, dos percursos caminhados, no tempo e no espaço. Saudade de uma árvore cuja sombra defendia dos 39 graus dois amigos que conversavam numa tarde que se perdeu. Saudade de ouvir dizer "tá cá moléstia!", "ó xente". Saudade de poder entrar num bar e dizer, simplesmente: "um refresco de cajá", ao ter que aqui dizer, delicadamente: "U.d. seria tan amable de ofrecerme un jugo de piña?", quando, em verdade, se está pedindo um suco de abacaxi!! Saudade do cheiro da terra, do cheiro do mar, do cheiro das gentes. Das "beliscadas" de Vasco da Gama — "o salão tá vazio!". Saudade das ruas — como se fossem pessoas —, das pontes — como se fossem pessoas. Saudade da Editora Nacional: Aluízio, Paulo Rosas, Sílvio Rabelo, Manuel Correia, Armando Souto Maior, Silvio Loreto, Amaro Quintas, Waldemar Valente — conversas simples, conversas sérias. Saudade do MCP. [Movimento de Cultura Popular] — idealismo, ingenuidade, criticidade, sonhos, esperanças, realizações. Tempo perdido? Não! Tempo que se ganhou e que nos ganhou.

Saudade de tudo. Saudade de todos.

O exílio, meus queridos amigos, nos seus primeiros momentos, como um brusco transplante, que não resultou de uma opção, deixa o exilado num estado em que, ainda sabendo-se ele mesmo, sentido, estes três anos e tanto vêm sendo uma oportunidade excelente para estudar.

Durante um ano e meio, mais ou menos, de minha presença no Chile, o meu grande empenho foi interpretar o país, quase todo, a concepção pedagógica que ilumina o método. Além das incontáveis conferências e dos cursos que dei em Santiago, para instituições nacionais e internacionais, falei e dei cursos nas cidades principais do Chile, numa extensão que alcança 1.700 quilômetros, de norte a sul.

No ano passado, falei a 2.500 chilenos e 280 outros latino-americanos. Este ano, já falei a seiscentos chilenos e a 120 outros latino-americanos e isto porque minha atividade em 1968, neste campo, foi reduzida. Minha atividade este ano se centra na investigação do que chamo "tema gerador" — pós-alfabetização — e na assessoria a órgãos governamentais. Aulas e conferências vêm sendo assumidas por chilenos a quem preparei.

Além disto, no ano passado, dei conferências e seminários nos Estados Unidos para o Institut for Human Development, para a New York University, Columbia University, Indiana; para o Princeton Theological Seminary e para a Fordham University e Harvard, deixando ainda de ir a Cornell por ter adoecido.

Os convites que recebo para dar cursos em toda a América Latina são constantes.

Trabalho de 8h15 da manhã, quando chego à "oficina", até às oito da noite, quando volto. Depois do jantar, quando converso com a família, estudo e escrevo até duas ou três da madrugada. Durmo quatro a cinco horas por noite e nunca me senti tão bem.

Concluí um novo livro — *Pedagogia do oprimido* — e escrevi agora, de janeiro até abril, para cursos, seminários e discussões, 12 textos.

Nos sábados, saio com os dois meninos para o centro da cidade, pela manhã, a passeio. Lanchamos, tomamos café no Café do Brasil, olhamos vitrinas, visitamos livrarias, compramos livros, conversamos sobre tudo, vamos ao cinema. Depois, almoçamos juntos e voltamos à tardinha. Uma vez por semana, ao sair do trabalho, encontro Elza e vamos a um cinema, jantando no centro e voltando às 11 horas da noite, quando começo a estudar. As duas moças, com quem converso diariamente, já têm seus interesses próprios; passeiam com seus namorados. Madá, como vocês devem saber, está casada e mora no momento em São Paulo. Seu marido é o sociólogo Francisco Weffort, que fez o prefácio de meu livro.*

Elza, sempre a Elza de sempre. A amiga de todas as horas. Feliz também. Entende que eu tenha de estudar tanto. Sabe, como eu, que o exílio não é ponto final. É desafio.

Noutra carta, falarei mais detida e analiticamente do trabalho que venho realizando. Hoje é apenas uma introdução.

Gostaria de saber de vocês. De como estão. Dos seus estudos. Dos seus projetos. Devo ir a Paris, talvez em junho, posso ser útil?

Gostaria de saber de todos — de Angela, de Geraldo, de Liana, de Sílvio. Vocês são presenças na minha ausência que é presença.

Com o grande abraço do amigo.

Paulo
Santiago 11/05/68.

---

* *Educação como prática da liberdade* (Rio de Janeiro: Paz e Terra, 1967) [14ª ed. São Paulo: Paz e Terra, 2011].

4

"Pedagogia e fé"*

Prezada Irmã Celina.

Um pouquinho atrasado, desta vez, na resposta às suas cartas. Tenho andado num "Deus nos acuda", com uma série de artigos com datas marcadas para entregar, além da revisão dos livros que serão publicados aí e aqui a que se junta o trabalho normal do Instituto, por si, asfixiante.

Recebi seu bilhetinho da estação. Lamentavelmente, só vi a irmã de sua congregação na hora quase de sua viagem. Por isto que mandei apenas um pequeno texto sobre desen volvimento de comunidade.

Não lhe remeti nada sobre os cursos que dei aos sacerdotes porque, primeiro, a parte das aulas, não redigi e o material que eles fizeram não tenho.

Estou, contudo, estudando e fazendo notas para um próximo livro sobre o assunto. Uma espécie de Pedagogia e Fé. Por isto mesmo, começo agora a fazer algo que sempre me atraiu: estudo teologia, de que estou com uma boa bibliografia.

---

* Carta de 22 de outubro de 1968, para irmã Maria Celina Corrêa Leite, gentilmente a mim cedida para publicação. A.M.A.F.

Em janeiro próximo, antes de minha ida a Nova York, onde apresentarei um trabalho no congresso promovido pelo Catholic Interamerican Cooperation Program — CICOP —, darei aqui um seminário para cinco teólogos brasileiros que virão a Santiago para isto. É possível que participem deste seminário alguns sacerdotes latino-americanos. O interesse hoje na América Latina sobre a questão da evangelização associada à conscientização nos deixa felizes. Recebo cartas constantes de toda a América Latina. De bispos, de freiras, de párocos, me convidando para dar cursos sobre o tema. No dia 5 de novembro falarei a todos os sacerdotes chilenos que trabalham em Ação Católica especializada. Você nem imagina o tempão que levo respondendo a consultas, ora sobre a conscientização no campo de alfabetização e pós-alfabetização, ora no setor de evangelização.

Não sei se lhe disse que dei recentemente um cursinho de seis conferências a padres e freiras de Mary Knoll. Terminado o curso, fizeram uma homenagem a mim e a Elza, com um jantar na Casa Central, e me ofereceram um diploma muito lindo em que sou considerado membro da Família Mary Knoll.

Estas coisas, que não me envaidecem — os homens são seres de *tarefa* —, me alegram.

Quanto à sua vinda aqui por um tempo que lhe interesse, está de pé. Repito que você não terá problema nem de estada nem de dinheiro para locomover-se. Não lhe posso oferecer, infelizmente, é a passagem de avião para cá. O resto, sim.

Receba um fraternal abraço do amigo,

Paulo Freire
Santiago 22.10.68.

5

As "caras pintadas dos adolescentes"*

Querida Verônica,

Contentes por termos "falado" com você via fax.

O Brasil vive um momento histórico extraordinário. A alegria movendo-se nas avenidas, nas praças, risonha, gargalhante, nas esquinas das ruas, na cara pintada dos adolescentes, dos jovens, no corpo rejuvenescido dos velhos. O povo nas manhãs, nas tardes ou nas noites, "molhado" de esperança, nas ruas, não para passeios inocentes, mas para assumir, ao mesmo tempo que inventa, sua cidadania.

Vimos uma adolescente de uns 12 anos, lágrimas maciamente escorrendo pelo rosto, dizer, com um sorriso feliz e espantado de quem fazia a descoberta fundamental, dizer, com 12 anos, como se tivesse 200: "Tanto elegemos quanto expulsamos. Nunca mais deixaremos a vergonha se mudar deste país".

Quando certo discurso pós-moderno, pragmático, neoliberal anuncia a morte das ideologias, o fim das classes e defende nossa adaptação aos fatos, acusando sonho e utopia

---

* Carta para Verônica Coelho (s.d.), enviada por fax a Boston, quando ela fazia pesquisas no MIT. A.M.A.F..

não só de inúteis mas de inoportunos, meninos, meninas, jovens, mulheres, homens de todas as classes cantam, gritam, choram, de esperança cheios. Sonham com um país menos "feio", mais decente, mais justo, mas brigam para que esse país seja inventado.

É verdade. O PT pode ganhar em várias cidades, inclusive em São Paulo.

O livro chegou ao fim. Nita terminou de escrever as notas com que o texto fica melhor amarrado. Título: *Pedagogia da esperança: um reencontro com a pedagogia do oprimido.*

Um monte de beijos,

Nita e Paulo

PARTE 7

Testemunhos

1

É PRECISO MUDAR O MUNDO*

COMO E POR QUE EDUCAÇÃO

NINGUÉM NASCE COM PREDETERMINAÇÃO daquilo que vai ser. Quero dizer, não acredito na frase "nasceu professor, nasceu médica", a gente se faz ou não se faz, se cria como médico, professor, cozinheiro. Em certos momentos da vida, a gente começa a se constituir nisso ou naquilo. Embora, indiscutivelmente, também na infância se revele aos pais, aos amigos e professores certos gostos que apontam para a direção de uma profissão.

GOSTAR DE OUVIR?

Quando criança, tinha certos gostos que diziam da minha possibilidade de vir a ser um professor. Por exemplo, eu gostava de ouvir o outro. E uma das boas qualidades de um professor é exercitar a sua capacidade de ouvir. Gostava de escutar estórias. Havia uma ou duas mulheres agregadas à

---

* Entrevista concedida em 26 de março de 1997 a Ana Lúcia de La Vega, Ivana Ferraresso e Cacá Dutra, para a revista *Doca's* — a Revista de Circuito Universitário. A.M.A.F.

minha família que eram especialistas em contar estórias de mal-assombrado — almas gemendo à meia-noite... o relógio batia as 12 pancadas e as almas começavam a se agitar. Eu ficava naquela mistura de medo e do gosto de ter medo. Possivelmente, durante a audição de algumas daquelas estórias, fui aprendendo a validade da escuta, que viria a ser, mais adiante, na minha prática pedagógica, de real importância.

Mudar o mundo

Outra coisa com que eu convivi era uma quase certeza de que havia algo errado no mundo. Uma das coisas que me chocaram na minha tenra idade foi, por exemplo, a compreensão da presença de Papai Noel. Éramos uma família católica e eu via os meus companheiros, no Natal, me mostrando os vários presentes que haviam recebido de Papai Noel. Só que Papai Noel não "baixava" lá em casa; então uma das minhas preocupações críticas era com o que me parecia uma certa injustiça do velho Papai Noel. É uma lembrança que eu não digo com muita alegria, porque eu acho que viver a fantasia do "papainoelismo" tem seu mérito, mas o fato é que rompi com esse negócio muito cedo. Vem daí o que eu chamaria hoje de uma consciência crítica, de uma concepção mais crítica do real. Então eu me comprometi com a briga pela mudança do mundo.

Esse velho tem razão

Estou dando esta entrevista porque aposto que algum jovem que a leia vá dizer: "Esse velho tem razão, esse treco de mudar o mundo não é só possível, mas é preciso". Não é possível deixar de mudar um mundo onde há milhões de brasileiros morrendo de fome. E eles não deixarão de morrer de fome, a não ser que a gente mude as estruturas políticas, econômicas, ideológicas, do país e da sociedade. E mudar não é só preciso, é possível. Se você tem condições concretas para exercer esses gostos que veio anunciando na sua infância, então se constitui naquele profissional. Eu diria que eu me fui fazendo ou eu me venho fazendo educador. Se você me pergunta: Paulo, você se acha um professor? Eu diria: não! Ninguém nunca é. Nós todos estamos sendo... Daí a necessidade que temos, professores e professoras, de nos indagarmos constantemente de como estamos sendo educadores, porque há sempre possibilidade de mudar, de ser melhor. Isso demanda uma outra qualidade *sine qua non* para ser educador: a humildade, que não tem nada a ver com a possibilidade da humilhação.

Humildade, não humilhação

Eu recuso a humilhação. Diante da tentativa de alguém me humilhar, eu me levanto com toda força da minha integridade de ser e brigo e recuso. Não aceito humilhação precisamente porque defendo a humildade. Só assim estou sendo professor, educador. Estou com 75 anos e vocês não imaginam a minha alegria quando tenho a primeira aula com um grupo de alunos; é a mesma alegria de quando eu tinha 19 anos e dei a primeira aula. Sou a mesma alegria quando discuto por exemplo a impossibilidade da neutralidade da educação. Se essa alegria não acompanha o educador, desista de dar aula.

É assim que eu respondo como vim me fazendo professor.

Pedagogia do oprimido

Quando saiu o livro *Pedagogia do oprimido,* criei críticas no mundo todo, porque dos meus livros este é o mais universal do ponto de vista da presença traduzida, concreta. Ele saiu em 1970, pela primeira vez, na edição americana. Quando esse livro pôde ser publicado no Brasil, já estava traduzido para mais de seis ou sete línguas; foi quando os brasileiros puderam ler o livro, porque, durante certo tempo do regime militar, ele era proibido aqui.

Obra em 37 idiomas

A *Pedagogia do oprimido* deve estar hoje traduzida para 36, 37 idiomas. Só em inglês, sobretudo na edição da Inglaterra, ele conseguiu cobrir todo o Oriente. Eu viajei muito nos anos 1970 levado pela *Pedagogia do oprimido.* Em 1972, fui à Austrália, Nova Zelândia e ilhas do Pacífico Sul; falava para duas, três mil pessoas e era como se eu estivesse morando numa das ruas da Austrália, ou numa das ruas da ilha de Fiji. Não sei nem descrever esse tipo especial de emoção, em que um autor, de repente, se sente sendo percebido como se morasse naquele bairro de um mundo completamente estranho para ele. Se não tiver uma boa "cachola", você corre o risco de se perder. Às vezes, vejo um jovem como o Ronaldinho, que, de repente, vira a maior expressão do futebol no mundo. Isso dá um balanço na estrutura pessoal desse menino; ele precisa de alguém que o desafie muito para que não se perca na grandeza que alcançou. Não estou comparando — os exemplos têm circunstâncias muito diferentes, o meu era um prestígio político intelectual com certas faixas da população; o dele, um prestígio de massas.

Prestígio sem dinheiro

É preciso que você "curta" na verdade a humildade, resista aos apelos da não humildade porque existem os apelos da vaidade. A vaidade é necessária, pois, sem ela, que significa uma autovaloração, você não levanta nem a cabeça. Se você não se reconhece como portador de alguma positividade, fenece. Agora, não é possível permitir que a experiência do autorreconhecimento exploda e o transforme numa espécie de sapiência absoluta ou de virtude absoluta. Da minha peregrinação pelo mundo, ou eu me consolidava ou me estragava. A explosão da *Pedagogia do oprimido* como um *best-seller* em todas as línguas só não me deu dinheiro, mas me deu um prestígio enorme. Eu sou muito mais conhecido no mundo do que no meu mundo particular que é o Brasil. Não é por acaso que tenho mais de 35 títulos de doutoramento *Honoris Causa* no mundo inteiro, de universidades famosas, como a de Bolonha, Itália, onde agora o presidente Fernando Henrique Cardoso também é doutor. Ela me deu o doutoramento no ano de seu 900º aniversário. A *Pedagogia do oprimido* me fez isso e ainda me deu esse aprendizado. O livro me fez conviver com o prestígio e com a necessidade de controlar-me diante do prestígio, de não perder a humildade, de não deixar a minha necessária e indispensável humildade ser ameaçada.

E A PEDAGOGIA DA ESPERANÇA

No fundo, a *Pedagogia do oprimido* é em si a pedagogia da esperança, porque não há uma pedagogia que defenda a liberdade e a autonomia do ser que não seja também uma pedagogia da esperança. O livro *Pedagogia da esperança*, que se monta em cima da experiência da *Pedagogia do oprimido*, é um livro em que eu refaço a experiência e me vejo refazendo a experiência. Por isso é que insisto na leitura da *Pedagogia da esperança*. Ela discute e afirma a atualidade da *Pedagogia do oprimido*.

POLÍTICA DOS VIADUTOS

Recentemente, conheci algumas experiências no Recife, nos círculos de cultura na Zona da Mata de Pernambuco, com camponeses aprendendo a ler e a escrever, de acordo com as propostas que fiz há trinta anos. Fiquei emocionado porque os discursos que alguns fizeram repetiram afirmações dos discursos dos camponeses de trinta anos atrás. Uma das coisas que todos enfatizavam era que eu não propunha apenas que eles aprendessem a ler e a escrever, mas a pensar; é que, fazendo o aprendizado da leitura e da palavra — e da escrita da palavra —, nós contribuímos de maneira melhor a fazer a leitura do mundo. Esse é o discurso teórico que faço, de que não é possível separar a leitura da palavra, a leitura da frase, da leitura do mundo, da compreensão crítica de como a sociedade funciona. Por exemplo, hoje, os políticos dizem que está totalmente superada a era dos debates ideológicos e políticos, e o que prevalece é a ideologia do fazer. Isso é um absurdo científico-político. O que interessa hoje não é mais a discussão política mas é mostrar o que se faz: o viaduto, o poço, o açude subterrâneo. Isso é a negação da leitura crítica do mundo.

Loucos e surdos

Por trás de um viaduto existem as intenções políticas, os compromissos políticos, existe o porquê deste viaduto e não cinquenta escolas nas áreas populares e empobrecidas da cidade. Pode ser até que o povo feche os ouvidos e diga: "Já não quero ouvir quanto custa ou a favor de quem esse prefeito fez esse viaduto". Então eu digo: vocês estão loucos, estão surdos. Esse viaduto não corresponde à prioridade fundamental da sociedade como um todo, ele corresponde possivelmente à necessidade de melhor conforto para os moradores de certa faixa da sociedade que já tem conforto. É preciso que a gente trabalhe no sentido da construção de uma educação e da alegria, da seriedade, do rigor e da transformação do mundo, para que os homens e as mulheres possam amar com menos cobrança.

A revista *Doca's*

Não tenho dúvida nenhuma de que o espírito dessa revista é o espírito com o qual eu gostaria de conviver. Na era do computador, da internet, da televisão, a revista para mim continua como uma tarefa fundamental. E ela pode cumprir uma tarefa que para mim é aquela com a qual vocês sonharam: que é a de desafiar os jovens a descobrir que a sua presença no mundo não pode se reduzir a um passatempo. No fundo, acho que essa deve ser uma revista que, propondo a rebeldia, oriente a rebeldia no sentido da reconstrução do mundo.

2

Pedagogia das grandes mentiras*

Intervindo no mundo, tornando-o então cultural e histórico, fazendo ilações, comparações, chegando a conclusões, falando em torno do mundo e a propósito de sua prática sobre ele, os seres humanos necessariamente se tornariam capazes de *ler o mundo.* Capazes de produzir sua compreensão do mundo, sua interpretação dele, com que continuavam a intervir. Não é possível intervenção sem compreensão do objeto sobre que se pretende atuar ou se está atuando. E a compreensão muda com a intervenção. A compreensão do objeto que não se dá a mudanças obstaculiza o processo de intervenção.

A leitura do mundo sob permanente processo de intervenção, leitura expressa na linguagem falada, cedo ou tarde exigiria sua complementação pela *escrita* a ser lida. Por isso é que não há leitura de texto sem leitura de mundo, leitura de contexto. E a leitura de mundo a que falte a do texto implica a ruptura do ciclo regular pensamento, ação, linguagem, mundo. É esta uma das violências que o analfabetismo realiza — a de castrar o corpo consciente falante de mulheres e homens, proibindo-os de ler e de escrever, com o que

---

* Prefácio do livro de Donaldo Macedo (1990), *Literacy for Stupidification: The Pedagogy of Big Lies*. A.M.A.F.

se limitam na capacidade de, lendo o mundo, escrever sobre sua leitura dele e, ao fazê-lo, repensar a própria leitura.

É por conta dessas relações que já nos anos 1960 eu insistia em que a alfabetização é um ato de conhecimento, um ato criador, que deve ter no alfabetizando um dos sujeitos do processo e não a incidência da ação do educador.

A conscientização não era outra coisa senão o esforço crítico de produção da compreensão do mundo histórico-social sobre que se está intervindo ou se pretende intervir politicamente. O mesmo ocorre com a compreensão de um texto de cuja invenção os leitores não podem escapar, embora respeitando o trabalho realizado, neste sentido, por seu autor.

Não há, realmente, prática educativa que não seja um ato de conhecimento e não de *transferência* de conhecimento. Um ato de que o educando seja um dos sujeitos críticos.

Uma das armadilhas neoliberais, a que nem sempre progressistas resistem, sobretudo depois da queda do socialismo realista, tornando-se, então, reacionários, é o "pragmatismo" que, decretando a morte das ideologias, das utopias, fala de uma prática educativa imediatista, interesseira. Nada de sonhos que os nossos já nos fizeram demasiado mal. Nada de leituras de mundo. Treinamento técnico em si, sem análises políticas, pois que estas só fazem atrapalhar. Isso sim é o que se impõe agora. Deixemos os educandos em paz, às voltas apenas com o seu preparo técnico. Qualquer outra preocupação pode representar não apenas uma perda de tempo mas um obstáculo à boa marcha de seu "adestramento".

Ao reagir indignado, mas crítico, contra essas arapucas, as grandes mentiras, ao defender com energia o direito dos seres humanos de desvelar o mundo, de desocultar verdades, de intervir, conhecendo, Donaldo Macedo, com este livro, se inscreve entre os pensadores progressistamente pós-modernos.

Literacy for Stupidification: The Pedagogy of Big Lies é leitura que interessa não apenas a quem se preocupa com alfabetização.

É leitura sobretudo para quem, leal à vocação de *ser mais* de mulheres e homens, não renuncia à luta pelo saber crítico do mundo enquanto momento fundamental de sua transformação.

Paulo Freire
1993

3

“PARENTESCO INTELECTUAL”*

DESDE FAZ MUITO TEMPO, EM FUNÇÃO DE MINHA experiência pessoal, me convenci da existência do que costumo chamar “parentesco intelectual” entre pessoas estranhas entre si do ponto de vista do sangue. “Parentesco intelectual” que, envolvendo similitudes na forma de apreciar os fatos, de compreendê-los, de valorá-los, envolve também dessemelhanças e descompassos.

Refiro-me a esta sensação misteriosa que passa a “morar” em nós, quando, acabando de conhecer uma pessoa, parece que a ela estamos ligados por uma velha amizade. É como se o fato agora, bastante concreto, de havê-lo ou de havê-la conhecido, fosse para ambos um “déjà-vu”. É como se encontrá-la ou encontrá-lo pela primeira vez fosse na verdade um reencontro há muito esperado.

Às vezes, pouco importa, o “parentesco” é até menor do que pareceu a princípio, mas uma semelhança mais forte o mantém vivo e aceso.

O estado de “parentesco intelectual” provoca em quem o sofre sentir-se numa atmosfera agradável em que a intercomunicação se dá facilmente, com um mínimo de distúrbios. Em que os temas sobre que se fala são apreendidos por

* Carta sobre Peter MacLaren. Fevereiro de 1994. A.M.A.F.

meio de experiências semelhantes de aproximação epistemológica a eles. Em que a afetividade, "amaciando" "esquinas arestosas" nos sujeitos, ajuda-os nas suas relações, em lugar de dificultá-las.

É interessante observar como às vezes se dá o mesmo fenômeno entre nós e pedaços de mundo que visitamos. Quando pisei pela primeira vez terras de África, a sensação que me tomou foi a de que voltava e não a de que chegava. Talvez se possa dizer que, carregando em mim, como brasileiro do Nordeste, a africanidade que carrego, seria natural que, chegando à África, me sentisse voltando a ela. Mas, por outro lado, algo muito parecido se deu em mim, com Cambridge, em que, particularmente Harvard Square, me dá a sensação de velha, muito velha camaradagem. San Francisco, Buenos Aires, Amsterdã, Lisboa...

Certa vez, na Grécia, encontrei uma mulher com quem vivi o ensaio do "parentesco intelectual". Após longa conversa em que quase sempre eu já sabia o que ela iria dizer, visitei sua biblioteca, encontrando nela velhas e novas comuns companhias de leitura e de estudo.

Ao longo de minha longa vida tenho vivido algumas vezes a agradável experiência do "parentesco intelectual". Não importa, por outro lado, que os sujeitos que vivem tal ensaio não pertençam à mesma geração e até à mesma cultura.

Às vezes, suspeitamos do parentesco através da leitura de textos, mas é no encontro pessoal, em que os discursos se vão completando, que se confirma o "parentesco intelectual". E é neste que se enraízam e prosperam grandes amizades que atravessam o tempo e quase sempre resistem a possíveis mudanças na forma de os sujeitos compreenderem o mundo desde quando se reconheceram "parentes" intelectualmente.

Se alguém me pergunta se o "parentesco intelectual" é um "sine qua" para que possamos influenciar e ser influenciados, para que possamos trabalhar juntos, permutar pontos de vista, acrescentar saberes, digo que não. Em tal caso, porém, precisamos cultivar em nós a virtude da tolerância, que nos "ensina" a conviver com o diferente, a com ele aprender, a ele ensinar, para que, afinal, possamos *lutar contra* o antagônico. De modo geral, lamentavelmente, acadêmicos e políticos usamos muito de nossas energias em "brigas" injustificáveis entre nós, provocadas por diferenças adjetivas ou, pior ainda, por diferenças puramente adverbiais. Enquanto nos gastamos numa "arenga" miúda, em que as vaidades pessoais se eriçam, se arranham e se fustigam, nos enfraquecemos para o real combate: o combate ao antagônico.

Peter MacLaren é um entre muitos bons "parentes" intelectuais que "descobri" e por quem "fui descoberto". Na verdade, o "parentesco intelectual" é mutuamente descoberto e, mais ainda, tem seu "acabamento" ou seu aperfeiçoamento trabalhado pelos sujeitos que se descobrem. Ninguém se torna parente do outro se o outro não o reconhece também como parente.

A partir de certas semelhanças e afinidades, o parentesco vai sendo "inventado" e reinventado e jamais se acha acabado.

Li MacLaren bem antes de conhecê-lo pessoalmente. Em ambos os momentos foi outro "parente" muito próximo e querido, Henry Giroux, quem mediou a mútua descoberta.

Ao terminar a leitura de seus primeiros textos à minha disposição, estava quase certo de que pertencíamos a uma idêntica "família" intelectual — não importa que até pudéssemos ter, como possivelmente temos, diferentes posições em face de um mesmo problema. Pertencer a uma mesma "família" intelectual não significa a redução de um no outro, pois que é a autonomia de ambos a pedra que alicerça o verdadeiro parentesco.

O gosto da autonomia, a luta por mantê-la, a busca da criatividade, a defesa da amizade que implica tratá-la bem, cuidar dela; a responsabilidade intelectual, a rigorosidade na discussão dos objetos, a busca da clareza, a coragem de expor-se, o gosto do risco, a pureza sem puritanismo, a humildade sem servilismo são aspirações à procura de concretização que, na vida e obra de MacLaren, me desafiam e me fazem "primo" seu, na medida em que incessantemente procuro deixar-me tocar por aquelas qualidades.

Paulo Freire
São Paulo, fevereiro de 1994

4

"Não é possível moralidade sem boniteza"*

Senhor presidente desta Casa, senhores deputados e deputadas, minha gente, meus amigos da Bahia, eu começaria, de uma maneira assim bem à vontade de um nordestino, pedindo licença, ao mínimo de formal que uma reunião como esta tem, para falar assim, diretamente, a meus cunhados e cunhadas, que estão aqui, Buck, Helena, Lula e Ivone. Em segundo lugar, que, talvez, devesse até ser o primeiro, à minha mulher, que veio comigo e se mistura na homenagem que me fazem, porque também é dona desta homenagem.

E agora eu vou tentar, não só com relativo esforço, mas também com relativa facilidade dizer alguma coisa a vocês aqui, que vai um pouco mais além do que um muito obrigado por tudo que estão fazendo comigo. Por me honrarem entregando-me a Medalha Salvador da Humanidade. Eu acho que não bastaria, depois de um bonito momento como este e em face da importância da festa para mim, pessoalmente, para minha família, para as coisas sobre as quais

---

* Fragmentos do pronunciamento de Paulo Freire na entrega da Medalha Salvador da Humanidade —, em 27 de abril de 1993, pela Assembleia Legislativa do estado da Bahia. A.M.A.F.

eu tenho pensado e para as coisas que eu tenho feito, dizer apenas "muito obrigado".

Também, por outro lado, eu não devo me aproveitar da situação do momento para fazer uma conferência. Eu acho que seria um ato covarde de minha parte se eu, agora, me aproveitasse da circunstância e começasse a fazer um sermão acadêmico sobre isso ou aquilo, mas eu vou fazer um semissermão.

A minha amiga, deputada Maria José Rocha,* disse umas coisas, inclusive, tão boas. O presidente da Casa — Antônio Imbassahy —, em certo momento, bateu em mim e disse: "Viu, como ela aprendeu a sua lição?" E, realmente, ela disse umas coisas que me tocaram muito porque ela penetrou em um pouco da inteligência do que eu venho fazendo. E não precisava fazer mais do que fez hoje, quando deu uma aula, que me satisfez muito.

Eu acho que me senti um pouco estimulado por falar dela e escolhi alguma coisa sobre o problema da esperança para dizer aqui, porque, às vezes, corremos o risco, diante dos chamados pragmáticos, quando nos afirmamos esperançosos, de que somos, mais uma vez, uns sonhadores irresponsáveis. Falar em esperança, nas circunstâncias, sobretudo, tão concretamente difíceis em que vivemos no Brasil, hoje, poderia ser uma espécie de traição à força da ação e aos princípios da luta.

E eu acho que é preciso desfazer este equívoco e afirmar a esperança como uma necessidade indispensável à briga, à luta, ao compromisso com o mundo para refazê-lo. Mas,

---

* Foi esta deputada quem propôs o nome de Paulo para receber a condecoração antes só concedida a Nelson Mandela. A.M.A.F.

para que não pareça, mais uma vez, aos chamados pragmáticos, de que até o Brasil está cheio hoje... Há um certo discurso neoliberal que inclusive se julga inventor do Brasil, inventor da história, um certo discurso neoliberal que, de forma cínica, propõe: "Deixemos em paz os homens e as mulheres que atuam. Acabemos com os nossos sonhos sobre as mudanças do mundo, que são puros sonhos inviáveis. Deixemos de falar nesses sonhos da igualdade, por exemplo, nesses sonhos da justiça social, porque, com esses discursos dos senhores", dizem a nós, "com esses discursos da utopia, vocês não fazem outra coisa, em nome da esperança, senão tirar a paz e a esperança de quem realmente trabalha". Vamos deixá-los em paz, porque, um dia, quem sabe, pode ser que se possa mudar. E, aí, então, talvez a gente possa ter uma justiçazinha melhor.

Eu acho esse discurso que ora é propalado, que ora é expresso nas formas de compreender a nós, utópicos, mentirosos e anticientíficos, também. Agora, é um discurso que corresponde ao direito de quem o faz. Eu entendo, eu sou um homem absolutamente democrático. Eu me bato pelo direito de expressão, mesmo dos que se expressam contra mim. Mas não há dúvida nenhuma de que eles têm todo o direito de se expressar. Puxa, eu acho uma maravilha quando o sujeito diz para mim: "discordo de ti". Agora, com lealdade e cientificidade, com pura raiva, não, apesar de raiva também ser um direito. Eu tenho o direito de não gostar de um bando de gente.

Por isso, eu gostaria de fazer umas duas referências às razões por que sou esperançoso. Eu não sou esperançoso por pura teimosia. "Olha, o Paulo Freire é um sujeito teimoso, a esperança nele é o resultado da teimosia nele. Ele bate com o pé no chão." Não, o tempo da minha infância se acabou, apesar de eu continuar um menino.

Por que é então que eu sou esperançoso? Vejam que a coisa começa muito tempo antes de nós. Na história nossa, dos homens e das mulheres, remotíssima, em determinado momento da experiência no mundo, muito longe de nós hoje, os seres humanos começam a inventar a possibilidade de fazer alguma coisa a mais do que estar no mundo. Os outros animais não deram este salto. Ficaram no mundo e nem sequer, possivelmente, perceberam que nós, os seus companheiros de história, ao iniciarmos algo mais do que estar no mundo, começamos a experimentar uma forma diferente de estar no mundo, porque uma forma acrescida de estar *no* mundo, que era estar *com* o mundo.

E, no momento em que nós começamos, estando *no* mundo, a ficar *com* o mundo, nós demos um salto extraordinário, porque o estar *no* mundo, que se alonga ao ficar *com* o mundo, implicou, necessariamente, o começo da presença do ser humano como presença histórica. Quer dizer, agora, mais do que estar *no* mundo, ficando *com* o mundo criamos o tempo. Quer dizer, começamos a fazer história. À medida que começamos a fazer história foi que a história começou a nos refazer e foi exatamente isso que, durante um processo bastante longo, gestou a possibilidade de termos uma consciência do mundo e uma consciência de nós. Quer dizer, não seria possível pular de "no mundo" para "com o mundo" sem transar o tempo, e a transa do tempo gera história, que, por sua vez, nos regesta, nos recria. Isso seria inviável se não fosse possível, ou se não tivesse sido possível que um *não eu* de todos, um *não eu*, que era o mundo, constituísse *eu*. Quer dizer, foi exatamente o mundo, como contrário de mim, que disse a mim você é você. E foi exatamente *este eu* que ficou *eu*, pela contradição do mundo como um *tu meu*, que me fez dizer que o mundo é este, o mundo é isto. Então, a consciência do mundo, a consciência da presença do contrário, criou em mim a consciência de mim. Esse foi para mim um dos equívocos trágicos de certa concepção mecanicista da história que teve um pouco de culpa de Marx, mas não total, pois os culpados, uma vez mais, são mais os discípulos do que os mestres. Marx cometeu os pecados, mas os alunos dele ampliaram e criaram essa loucura, essa doidice científica, essa extravagância que foi exatamente a explicação mecanicista da história, que negou totalmente o papel da subjetividade, o papel da consciência no desenvolvimento da história e o papel da consciência da individualidade na explicação do social.

Mas, para mim, essa coisa não acabou foi com a possibilidade, o direito e o dever de ter esperança. Quer dizer, a esperança, no fundo, se radica, se envolve na possibilidade que *eu*, como ser humano — quando digo eu, estou pluralizando esse *eu* —, na possibilidade que eu, como ser humano, um ser que virou... essa afirmação do constitucionalismo é de uma obviedade encantadora. Eu acho que é óbvio, é uma maravilha. Há coisas maravilhosas na obviedade, e essa do construtivismo de que ninguém nasce feito... Eu, agora, acabei de escrever um texto, "Ninguém nasce marcado pra ser", quer dizer, a gente inventa o que vai ser na experiência do social, a gente fica inteligente. Quer dizer, a gente cria a inteligência praticando o ato inteligente, então eu não sou inteligente, *a priori*, eu viro inteligente na minha experiência com os outros, quer dizer, "eu somos inteligente", essa é que deveria ser a sintaxe. Vejam como a gramática não é nada construtiva. Mas, voltando ao que vinha refletindo, quer dizer, no fundo chegou um momento em que nós, seres humanos, mulheres e homens, por n intervenções, que só numa perspectiva dialético-construtivista a gente é capaz de entender, porque numa tentativa mecanicista é inviável... No mecanicismo você vira metafísico e mau metafísico. O que é uma coisa interessante é como algumas esquerdas ficaram metafísicas e religiosas, absolutamente religiosas, procurando o pecado original de Adão.

Mas terminamos por nos tornar um tipo de ser especialíssimo do qual um grande biólogo atual, de nome François Jacob, falou recentemente o seguinte: "nós somos seres programados para aprender e nada mais do que isso". Quer dizer, nós somos seres programados para aprender. E não somos seres, porém, determinados, mas programados. Quer dizer, se fôssemos seres determinados, não teríamos construído o "com o mundo", quer dizer, a relação com o mundo não existiria se tivéssemos sido, desde o começo, seres determinados. Existiu porque, sendo programados ou virando programados, nós fomos capazes de nos perceber condicionados, porque isso, indiscutivelmente, somos. E, ao nos perceber seres condicionados, nos tornamos capazes também de ir além do condicionamento. Quer dizer, nós somos seres competentes, que viramos competentes para confrontarmos um condicionamento que nos sugere ser, instou aquilo ser não isso a não aquilo e inventar outra forma de ser. Quer dizer, no fundo, nós nem somos puramente genéticos, porque aí seríamos geneticamente determinados, nem somos puramente culturais, porque, aí, seríamos determinados culturalmente. Nós somos a relação entre a cultura e os gens, isso é o que somos.

Ora, se é isso que somos, não somos inteligentes ou burros de nascença. Somos capazes de nos tornar burros ou de nos tornar inteligentes. Então, o mundo se põe para nós como uma possibilidade. A história é possibilidade e não determinismo. Na perspectiva mecanicista da história, o amanhã é algo inexorável.

Eu me lembro das afirmações esquerdistas dentro do país e fora desse país. Eu andei o mundo todo e encontrava a mesma doença em todo lugar: a doença do esquerdismo, que Lenin criticou. E os caras liam o Lenin, não o entendiam e continuam não entendendo.

Eu me lembro, então, do discurso que eu ouvia repetido, de lição mal-entendida. Quer dizer, do ponto de vista do mecanicismo ou da história mecânica o amanhã é inexorável. Quer dizer, o socialismo vem, e acabou-se. Para mim, nunca! O socialismo vem se a gente o fizer. Vocês vejam como o mecanicismo não tem nada a ver com o construtivismo. Quer dizer, você afirma, *a priori*, como definitivo e diz: "O socialismo vem. Amanhã, vem o socialismo". Não vem, ele não vem se a gente não o fizer. Nós estamos no mundo exatamente para fazer ou não fazer. Por exemplo, pelo menos, o meu sonho é fazer esse danado. E, como eu não acredito, de jeito nenhum, no discurso neoliberal de que a utopia se acabou, de que as ideologias se acabaram, de que as classes sociais sumiram por encanto do mundo... Sumiram nada, estão aqui. Estão aqui dentro dessa Casa. Não acabou coisíssima nenhuma. Puxa, isso é um pouco mais do que má vontade. Isso, sim, é virar burro. O que eu posso dizer é o seguinte: eu gostaria, meu Deus, que não houvesse luta nenhuma entre classes sociais, mas não posso, não depende do meu gosto. Os interesses estão aí, concretos, absolutamente concretos. Marx, aliás, meu Deus do céu, o pobre do Marx cometeu alguns erros, mas este, não: Marx nunca inventou classe social. Isto seria atribuir a Marx uma coisa que ele não podia, porque ele era gente como nós. Marx não inventou classe. Aliás, ele diz, com uma humildade enorme, coisa que não era muito dele, ele não era nada dialógico. Ele era muito polêmico, porreteiro, mas ele diz num pé de página: "Não fui eu o primeiro a reconhecer a existência de classes sociais na história. Os economistas burgueses fizeram isso antes de mim". Está lá, ele escreveu, os "caras" não leem. Quer dizer, não foi ele quem inventou isso. E ele continua dizendo: "O que eu fiz foi analisar as relações conflituosas entre as classes sociais, fundadas nos interesses econômicos". É isso mesmo. Quando a gente olha, por exemplo, o Nordeste e o Centro-Sul brasileiros, o que é que está no bojo dessas relações, senão um profundo interesse de classes. O nordestino nunca devia abrir sua boquinha para dizer essa besteira: "Eu não acredito nesses discursos". Respeito o direito que todo mundo tem de fazer esses discursos, janto com a pessoa que faz esses discursos, recebo-o em casa, vou para a rua, passeio, vou a um teatro, não há problema nenhum, porque eu não sou sectário. Agora, eu não acredito nisso e cientificamente eu o rejeito e, utopicamente, recuso. Eu sou pela mudança do mundo, sou pela transformação do mundo. Eu não posso, sem fazer nada, dormir, sabendo que há nove milhões de meninos e meninas, entre sete e 14 anos, neste país, sem ter direito à escola. Não dá para, aos 71 anos, dormir em paz. É impossível a acomodação diante de uma estatística como essa, quando você sabe que Papai do Céu não tem culpa disso, não foi Papai do Céu quem inventou essa imoralidade. Não foi Papai do Céu quem ficou lá em cima dizendo: "São Pedro, me ajude, cumpra seu dever. Puxa, rapaz, me dá a relação desses 9 milhões de meninos brasileiros que não têm escola". E então São Pedro traz a relação e diz: "Puxa, não tem nenhum neto de Paulo Freire". Nita tem dois netinhos fantásticos, um de seis anos e uma menina de dois anos e meio, que não vão fazer parte desta estatística, também. Por quê? Por que Papai do Céu gosta? Os meninos de Lula [irmão de Nita] estão todos formados. Papai do Céu gosta deles? Não, pode querer bem, naturalmente, mas não foi Papai do Céu que disse isso, foram as condições materiais.

Agora, me perguntaram numa entrevista: "o que é que o senhor acha que está faltando para que não haja mais meninos fora da escola?" Só uma coisa: decisão política, só falta isso. E, ao dizer decisão política, será que eu não sei o quanto custa? Eu fui secretário da Educação da cidade maior desse país e uma das maiores do mundo, que é a cidade de São Paulo, que ainda tem déficit. Mais de 300 mil crianças precisam de escola.

Eu sei que você precisa de outras coisas, eu sei que você precisa ter dinheiro para construir edifícios; dinheiro para preservar os que já estão construídos; dinheiro para formar novos professores e professoras; dinheiro para continuar a formação permanente dos que se formam hoje, dos que se formaram ontem; dinheiro para pagar o diretor, para pagar o zelador. Eu sei disso. Mas, o que eu sei também é que, se houver uma decisão política para não mais compactuar com o crime, com a imoralidade e com a sem-vergonhice que se democratizaram nesse país: se você tiver decisão política para romper com isso, uma das coisas que você descobre no dia seguinte, quando você procurar o dinheiro para construir, é que, se você fizer uma política de reorientação dos gastos públicos, você consegue, no primeiro mês, uma quantidade extraordinária de dinheiro para fazer escola. Mas, para isso, tem que ter coragem política.

Foi por isso que eu falei em decisão política, porque você não decide se não rompe. Decidir significa romper. Você tem que romper entre uma coisa e outra. Então, você tem que tomar decisões corajosas para pagar menos a quem está estragando esse país e ganhando o que não podia ganhar. Você tem que ter decisões políticas para acabar, de uma vez, com esse estado cartorial que nós continuamos a exercer. Eu estive recentemente com minha mulher no Japão e visitamos uma câmara de vereadores; uma cidade grande, Osaka. Uma câmara muito bonita, e eu fiz questão de perguntar ao presidente da Câmara quantos vereadores havia, eu tenho a impressão de que pouco mais de trinta. E eu disse: e quantos funcionários? Entre seis e oito. Eu disse que aquilo era uma maravilha e que era preciso que a gente trouxesse o Brasil inteiro para ver.

Quer dizer, eu sei, por outro lado, que a questão não é estritamente ética; a questão é econômica também. Se todo mundo tivesse lugar para trabalhar, os políticos teriam menos gente a atender, a forma de fazer política seria outra, quer dizer, você lutaria para afirmar ao povo que o elegeu que você corresponde ao seu discurso.

Hoje, não, hoje você se preocupa pouco, só se você for mesmo um doido, um são doido, que é do que precisamos. Precisamos de políticos que sejam insanos na sua sanidade; políticos que não precisem fazer favores nem façam concessões, porque, veja bem, a política é concessão, mas há limites éticos que permitem conceder até aqui só, e não daqui pra cá. Daqui para cá é imoralidade, é conivência.

As condições materiais da sociedade brasileira exigem, às vezes, que tu sofras porque tu percebes que concedeste um centímetro a mais, mas não pode é conceder um quilômetro. Quer dizer, é preciso que haja gente que assuma. Outro dia, dizia a uns amigos meus, deputados: é preciso que a gente crie uma geração — e aí a escola tem muito o que fazer — de políticos absolutamente loucos, quer dizer, que se elejam sem se preocupar em reeleger-se. A reeleição vem de acréscimo. Ou você tem essa geração que não pretende se aposentar sendo deputado — vocês me desculpem, mas eu acho isso um absurdo, é um absurdo —, ou não teremos os deputados insanamente sanos.

Por exemplo, o governo militar foi chamado, por um erro semântico, de revolucionário. Foi um erro semântico. Aquele governo me demitiu como professor da Universidade Federal de Pernambuco, ou melhor, como técnico em educação, e me aposentou, aos 42 anos, como professor.

Eu sentia uma estranheza enorme quando eu me sabia aposentado, porque a semântica também me dizia que o aposentado ou tem idade para ser, como hoje, ou tem doença para não continuar sendo. Eu não tinha nem uma coisa nem outra. Eu me achava estranhíssimo na figura do aposentado. Pois bem, mas eu quero dizer isso a vocês, porque eu, hoje, com as duas aposentadorias, a de técnico e a de professor, recebo 10 milhões de cruzeiros (322 dólares). Imaginem, vocês! E um deputado se elege num mandato e, no outro, se aposenta. Eu não acho sério isso. Não acho sério. E, para falar da esperança, tenho de falar contra isso. Quer dizer, eu não tenho raiva dos deputados que ganham a sua aposentadoria. Mas eu acho que não está sério e não é muito sério isso. E não se justifica dizer como se diz às vezes: "é, mas é preciso também amparar a vida da pessoa que é deputado, porque, depois, se ela não se reelege, o que é que vai fazer?" Vai trabalhar, fazer força como eu.

Vocês imaginem o seguinte: com que direito eu poderia dizer ao Brasil que eu trabalhei muito, que eu fiz muitas coisas pela nação? Em primeiro lugar, não é todo brasileiro que acha que eu fiz muita coisa pelo Brasil. Uma vez mais, vem a questão das classes sociais. Agora, eu teria direito a 10 ou 15 mil dólares de aposentadoria, porque, puxa, eu trabalhei muito!

Bem, eu não acho. Não é assim que se faz história. Não é assim que se refaz o país. De jeito nenhum! Não! Agora, o que eu acho é que eu não ganho nada com esses 10 milhões de cruzeiros. Se eu só vivesse disso, não dava nem para ter vindo aqui. Não dava. Eu teria recebido a homenagem de longe. Eu não saberia nem andar com 10 milhões. Isso não é certo. Bem, eu não estou reclamando, porque eu tenho outras maneiras de ganhar dinheiro, porque, senão, eu não viveria como eu estou vivendo. Eu estou vivendo relativamente bem. Puxa, eu tenho livros traduzidos para vinte línguas. Mas, mesmo quando não pagam de um modo geral, mas, de qualquer maneira, uma coisa e outra pagam, e aí dá para algo. Eu faço conferências etc.

Bem, mas agora eu vou acelerar o término desse papo, porque ele começou acadêmico e já degringolou. Já não é acadêmico. Mas o que eu quero dizer é que o fato de eu ser um ser programado e não um ser determinado, o fato de eu poder fazer história e ser feito por ela, portanto o fato de experimentar a possibilidade de ser sujeito e de ser objeto, simultaneamente, o fato de ser consciente disso, o fato de que, no fundo, a história da qual eu faço parte é um tempo especial e é um tempo caracterizado pela possibilidade...

Quer dizer, não é um tempo de determinações, mas é um tempo de possibilidade em que eu me experimento como possível, também. Quer dizer, eu sou possível de ser ou de não ser. Isto que eu acho lindo em nós, seres humanos. Eu posso ser e posso também, na busca do ser, perder o endereço do ser e cair no não ser. Quer dizer, eu posso oprimir, posso ser oprimido e posso fazer as duas coisas juntas: a um tempo, ser opressor, e, a um tempo, ser oprimido.

Por exemplo, no momento, me vem um exemplo concreto disso: um operário, sendo oprimido, sendo espoliado, oprime a mulher simultaneamente. O machismo é um absurdo, não só nordestino, mas também mundial. O homem que domina, que nega a capacidade de ser da mulher, que a objetiva, esse cara é tão contraditório quanto o que domina economicamente. E o pior é que, às vezes, ele faz um discurso progressista, revolucionário, e proíbe que a filha namore com um negro. Como é que pode? Como é possível ser ao mesmo tempo revolucionário e machista? Ser revolucionário e racista? Não dá para eu entender. Por isso que eu insisto, como educador e político, na coerência. Tanto quanto possível, a coerência absoluta ninguém alcança, mas a gente tem que ter limites para ser incoerente. Eu preciso ser incoerente só até o limite em que, porque sou incoerente, descubro que preciso ser coerente e continuo a luta pela coerência. Se eu for total e definitivamente coerente, eu não vou conhecer a incoerência. E, se eu não conheço a incoerência, eu não serei coerente. Mas, fora desse limite, não dá para entender a incoerência do homem e da mulher que se dizem revolucionários e negam o outro.

Por causa de tudo isto, pelo fato de ser este *ser* finito, este *ser* incompleto, que se insere na busca permanente de sua completude, não é possível fazer a experiência de ser assim no mundo sem esperança. A esperança, então, é um dado que faz parte da natureza, mesmo, de um ser que sendo incompleto se sabe incompleto, porque o pastor-alemão que tenho em casa, chamado Jim, também incompleto como eu, não se sabe incompleto. E é porque eu me sei incompleto que eu assumo a necessidade de marchar, e não é possível marchar para ali ou para o amanhã sem esperança na marcha.

Portanto, estar *no mundo* e *com o mundo* tem como condição necessária, indispensável, fundamental, o movimento que não pode se dar na história, se não há esperança. Quer dizer, a esperança não é favor que eu me faço, a esperança não é teimosia de mim mesmo no mundo. A esperança é um *sine qua* para continuar existindo como ser humano. Daí em diante é que vem a possibilidade de ser esperançoso por causa do meu compromisso de natureza política.

E, aí, eu confesso a vocês, para encerrar, que a radicalidade da minha esperança transcende a dimensão mais metafísica de minha experiência e identifica-se totalmente com a condição política de fazer história. Eu sou esperançoso, vou morrer esperançoso, aí, talvez, teimosamente. Não creio que eu morra mediocremente nem gostaria. Morrer numa cama, com dor de barriga, deve ser terrível, apesar de respeitável. Mas eu gostaria de uma outra hipótese de morte, ou seja, de morrer de enfarte no miocárdio numa conferência como esta, por exemplo, falando da esperança.

[...]

Sim, eu disse isso na fala, mas eu gostaria de acrescentar alguma coisa.

Eu acho que o vereador, o deputado têm até o dever de pensar em sua reeleição. Agora, o que eu quis dizer é que a reeleição do deputado ou do vereador não deve ser o *sine qua* para a presença dele nas câmaras. O que é que eu quero dizer com isso? Se eu me elejo deputado, venho cá para esta Casa, eu me elegi deputado porque me expus ao povo defendendo uma posição que eu gostaria que tivesse e ficasse. Porque, vejam bem, se eu sou um político despreocupado com a eficácia, é melhor bordar em casa, eficazmente. As coisas não podem ser feitas sem eficácia. A questão que se coloca para mim é saber como ser eficaz e eficaz a favor de que, portanto eficaz contra quê? Eu não sou eficaz no ar. Eu não sou neutramente eficaz. Se eu fosse deputado, obviamente que eu queria defender as posições políticas, ideológicas que me movem. E para isso eu preciso ser eficaz e voltar à Câmara.

Agora, o que eu não gostaria, não poderia fazer era jogar de qualquer forma para voltar. Isso, não. Mas, tanto quanto eu possa dentro dos limites que a política me impõe, porque ninguém é deputado brasileiro funcionando como se fosse deputado alemão. Eu também sou um pedagogo brasileiro, não sou pedagogo suíço. Eu tenho que atuar aqui em função das coisas concretas, da forma de fazer política em nosso país.

Mas aí entra a questão da ética. Eu até sempre digo, ética e estética se dão as mãos toda vez. Não é possível moralidade sem boniteza. Quando você rompe com a boniteza, cedo ou tarde você cai na imoralidade. E essa era uma das coisas que a esquerda jovem dos anos 1960 não percebia e com que ela se distancia completamente, ou melhor, a juventude de hoje da cara pintada não tem nada que ver com aquela juventude que tinha de ser feia para poder ser revolucionária. Imagine que extravagância é esta! Uma revolução que defende a feiura não deve existir. Está errada. Uma revolução que considera burguesismo ter três calças, nem muito menos abaixo de três nem muito mais acima de três, mede a quantidade de calças que uma mulher deve ter para saber se é revolucionária. Tem nada que ver! Eu defendo é isto: é que você seja estética e eticamente bom deputado, bom vereador.

Agora, com relação à história, eu me lembro que eu estava na cadeia em 1964, uma noite chegou um jovem, um moço recém-promovido a 2º tenente, com uns 23 ou 24 anos. Ele entra no quartinho onde eu estava e me diz:

— Boa noite, professor, eu soube hoje que o senhor é professor, fez uma história com alfabetizados. E agora está chegando muito recruta analfabeto. Eu queria saber se, enquanto o senhor está por aqui, se gostaria de dar uma ajudazinha a nós e organizar a alfabetização?

— Meu filho, eu estou aqui por causa da alfabetização — respondi.

E ele ficou sem entender. Eu aí expliquei a ele. Eu disse a ele:

— Senta ali dez minutos para eu lhe explicar as razões por que eu não posso fazer isso. Se o coronel sabe que vocês estão fazendo este convite, você está frito!

Quando eu acabei de explicar o que é que eu buscava com o processo da alfabetização, afinal de contas, era uma outra coisa óbvia, no fundo, quando eu colocava o problema da consciência do mundo, de si. Quando eu terminei a explicação, ele disse:

— Professor, eu entendi, muito obrigado. O senhor me salvou.

Imaginem o seguinte: se eu tivesse naquela hora dito: eu vou criar um caso com este menino, vou aceitar o convite dele, amanhã mesmo ele vai preso. Se eu tivesse feito isto, com que autoridade eu poderia falar aqui hoje? Eu teria exposto um jovem oficial do Exército brasileiro que estava absolutamente inocente com as implicações políticas que eu tinha na época — e continuo tendo — e seria uma covardia minha, portanto, uma falta de ética. Ele agradeceu muito, deve ser coronel hoje, general se ele não deixou o Exército.

Houve um outro jovem tenente, na época, que teve uns comportamentos muito decentes comigo, com Pelópidas Silveira, um comportamento exemplar, e a quem eu já me referi num livro sem saber o nome dele. Esse moço que um dia chega junto a mim com um exemplar do Guimarães Rosa, *Grande Sertão: veredas*, e me diz:

— Professor, eu estou sendo transferido e queria que o senhor desse um autógrafo, uma dedicatória neste livro.

— Olha, talvez eu seja um pouco humilde, mas eu não gosto de fazer dedicatória num livro que não escrevi — respondi.

Mas eu reconheci o momento histórico e afetivo, ele tinha sido muito decente comigo, muito corajoso, e eu vou fazer uma dedicatória. E assinei qualquer coisa no livro dele. Quando terminei e entreguei a ele, ele olhou para mim e disse:

— Professor, se um dia eu encontrar o senhor, não vai ser mais na condição de militar. Eu não virei inimigo de jeito nenhum das Forças Armadas.

Quer dizer, um jovem de uma competência, de uma capacidade reflexiva, crítica. Disse: "Eu não virei inimigo das Forças Armadas". Vocês veem que consciência política este menino tinha na época. Era um garoto. E me disse:

— Mas eu entendi com este processo agora político em que as Forças Armadas estão, eu entendi que está errado, que homens como o senhor não poderiam estar sendo tratados como estão, porque eu aceito até que o Exército não gostasse do senhor, mas tinha o dever de respeitar sua seriedade. E o Exército está dizendo por aí que o senhor é analfabeto, que o senhor é inimigo de Deus. E isso não é verdade. Então, eu vou me retirar. Eu estou deixando a minha carreira militar e vou fazer engenharia.

— Olha, eu nem posso dizer sim nem não, parabéns ou não, é uma decisão sua, mas eu entendo, muito obrigado — respondi.

Apertei-o, abracei-o. Houve vários casos como este.

Um outro jovem tenente também não pediu demissão do Exército, mas pelo menos não fez o convite novamente para que eu alfabetizasse os soldadinhos.

[...]

Eu tinha dito ao Paulo de Tarso, depois ao [Julio] Sambaqui, quando Paulo de Tarso se retirou, que, se fosse apenas para ensinar mecanicamente o analfabeto assinar o seu nome para votar, eu não faria. Eu recusaria definitivamente porque eu me considerava um educador, um educador sério, responsável. E a pura assinatura mecânica do nome não bastava para mim. Quer dizer, eu não era agente de fábrica de eleitor.

Eu acho que isto quem faz é um outro tipo de político que você até sociologicamente entende e explica cientificamente, mas não sou eu. É o político coronelista, o político colonialista, não é essa a política. Eu quero combater essa política, e não estimulá-la.

Porque eu disse. Eu me lembro que eu disse um dia ao ministro que ia ter uma entrevista com o presidente Goulart.

— Olha, se for para, puramente, assinar o nome, basta uma quantidade talvez de duas horas ou de quatro horas.

Quer dizer, a gente podia fabricar, a gente podia pôr uma mesa de cartório, não sei o quê, para dar título junto aos círculos de cultura, e, a cada seis horas, a gente teria dez, vinte eleitores novos. Mas eu disse:

— Isso é imoral, e eu não faço em nome de nenhuma libertação nacional porque passaria a ser uma libertação falsa, hipócrita, sem fundamento.

E o ministro Julio Sambaqui — aí já não era mais o Paulo de Tarso, também — repetiu o que o Paulo lhe tinha dito.

— Não. Eu, na verdade, também não quero isso, e o próprio presidente Goulart se recusaria a isso.

Quer dizer, é verdade isso. Isso é verdade. E uma coisa que você não colocou e eu colocaria para encerrar a minha resposta aqui: eu me lembro que morava, vivia com a minha primeira esposa, que me ajudou muito nisso, que era uma educadora.

Enquanto Nita é a pesquisadora cientista, pesquisadora teórica, historiadora, pra mim das melhores, uma das melhores historiadoras de educação deste país, que pega o fato, que analisa o fato, que interpreta; minha primeira mulher era a educadora que fazia, fazia o fato, fazia a alfabetização. E trabalhamos muito juntos, mas eu vivi com a Elza, em Brasília, num hotel, e no primeiro mês, quando a conta veio — o ministério pagava — e olhei e tive que assinar, eu primeiro descobri que a conta tinha coisas que eu não tinha usado. Aí eu fui ao gerente e disse pra ele:

— Olha, eu estou aqui pago pelo povo, pelo dinheiro do povo e vim protestar porque eu não tomei uísque, eu não fiz isso, eu não fiz nada disso. Tudo aqui é mentira. Então, eu vou agora para o ministério, e o senhor tem dez minutos, ou 15, para consertar isso. Eu vou levar essa conta e vou denunciar o seu hotel. Vou dizer ao ministério que abra o olho com outros que passem por aqui, para examinar as contas.

Bem. Ele pediu muitas desculpas, e eu conversei com Elza, naquele mesmo dia, e disse:

— Elza, nós vamos ter que suspender o jantar porque está saindo caro demais.

Vocês imaginem que coisa. Está saindo caro demais. A gente almoça, toma o café da manhã, almoça e faz um lanche por conta da gente, pra gente dormir. A gente ia para os círculos de cultura das cidades satélites e na volta a gente comia um sanduíche e pagava.

Pois bem. Dizia-se que uma das razões do golpe de Estado chamado pitorescamente de "Revolução" era um combate à corrupção do governo Goulart.

Agora vocês vejam como um golpe transformou a corrupção do governo Goulart em brinquedo de criança. Porque, puxa, corrupção havia. Não estou negando, não. A corrupção entrou no Brasil com a invenção da sociedade brasileira. No mesmo momento em que ela começou, dizem que os chamados pedidos se inauguraram com a Carta de Vaz Caminha, que elogiava muito a terra e no fim pedia um emprego para uma cunhada. E essa coisa está dentro não do gênio, mas da formação cultural e histórica nossa, é aquilo.

E depois vocês vejam o que foi que o país experimentou de corrupção, uma coisa terrível!

E eu me lembro que um dia fui ao ministro Sambaqui e disse:

— Ou o senhor me arranja uma casa qualquer ou um lugar para eu morar ou largo a coordenação nacional desse plano, porque me sinto absolutamente contraditório.

Viver no Hotel Nacional de Brasília, que naquela época era a maior coisa, e coordenar um plano de cultura popular. Quer dizer, não tem nada o que ver uma coisa com a outra.

E aí o ministro me deu uma casa do lago, que o recém-presidente [Fernando Collor] vendeu. E eu acho que foi uma dessas demagogias inexplicáveis num país como este. E por que vender as casas do lago? O que é que se fez com o dinheiro dessas casas que salvasse a economia deste país, a ética, a vergonha deste país? Nada disso, apenas se tirou a possibilidade de um ministro viver melhor.

Agora, por que cargas-d'água um cara que vai ser ministro não tem direito de ter uma casa do estado? Eu acho que isso daí não é pureza, é puritanismo. E puritanismo não salva ética de ninguém.

Mas eu fui para a casa do ministro e o que eu encontrei lá era uma casa boa na beira do lago e que tinha roupa de cama, tinha louça e, como favor, como uma ajuda do ministério, tinha uma feira semanal de feijão, arroz e carne de charque e tinha também uma garrafa de uísque. Tinha ainda três empregadas do ministério. E que não eram do Ministério da Educação, eram de outro ministério e serviam à infraestrutura das casas.

Eu dispensei duas empregadas. Eu, propriamente, não, porque isso era um problema muito mais da mulher, não que eu seja machista, mas era um problema maior da mulher do que meu. Eu não entendo do comando da casa. E aí a Elza me disse: "Eu só preciso de uma." Depois perguntou a elas: "Se eu dispensar vocês, vocês vão ser demitidas?" Uma pergunta bem-feita, claro. Elas disseram que não. E, então, dispensamos duas e ficamos com uma. E também nós cortamos o litro de uísque semanal, porque não precisávamos, e ficamos com a feirinha de feijão, arroz, farinha e carne de charque. Era isso a mordomia. Era isso! Não é nem hoje para um zelador. Quer dizer, essas coisas existiram e existem neste país.

Agora, o que eu continuo a não entender é a venda daquelas chamadas casas do lago, que não moraliza coisa nenhuma. Pelo contrário. O que houve de escândalos no governo do presidente Collor foi inenarrável, uma coisa inédita na história do mundo, não é nem na história brasileira.

Mas por isso, também, eu acho que o Brasil deu saltos maravilhosos, porque aquilo foi possível; mas foi possível também entendimento.

Então eu acho que isso dá a mim, primeiro, a fundamentação para continuar esperançoso; segundo, para ter o que não seria possível não sendo esperançoso: otimismo. E eu sou um otimista, também não por teimosia, mas por uma questão de compreensão do ser humano. Quer dizer, ou você faz ou você se acaba. E, entre se acabar e fazer, eu acho que nós preferiremos fazer.

[...]

Vera, a tua fala foi tão bonita quanto tu és bonita! Eu me identifico um pouco contigo porque também comigo aconteceram muitas coisas, quer dizer, na minha história pessoal. Eu me lembro de que com 16 anos eu escrevi um bilhetinho para a minha mãe, uma coisa meio óbvia, escrevi rato com dois "rr" e interessante com "c". E a minha mãe respondeu, porque eu estava passando umas férias, aliás não eram nem férias, era descansando de não ter feito nada. Eu era macérrimo. Eu estava na casa de uma tia minha no interior do estado. Ela me respondeu: "Meu filho, rato se escreve com um 'r' e interessante com dois 's'".

E eu me achava terrivelmente burro e feio, duas coisas. Eu me achava burro, porque eu me convenci um pouco disso, e eu me achava muito feio, magro, anguloso. O interessante é que foi exatamente o pai desse pessoal que está aqui, o pai da Nita, o pai do Lula, o pai da Helena e sogro da

Ivone e do Buck que, muitos anos atrás, quando eu tinha 16 ou 17 anos, naquele período do rato com dois "rr", eu não podia estudar mais, estava inviabilizado, e minha mãe passou perambulando pela cidade do Recife durante um mês à procura de uma escola para mim.

E um dia, já desistindo da luta dela, ela passa por uma rua em Recife, vê uma grande placa: Colégio Oswaldo Cruz. Ela entra e vai falar com o diretor. O diretor a recebe e ela coloca ao diretor isso:

— Olhe, eu sou uma mulher viúva, sem condição nenhuma, tenho quatro filhos, uma menina está estudando na Escola Normal, os outros dois estão trabalhando, ganhando muito pouco, e o terceiro homem e quarto filho gostaria enormemente de estudar, ele é um menino estudioso, mas não pode.

Estou falando de Aluízio Araújo, que é o pai deles [Nita, Lula e Helena].

O diretor disse:

— Pois olhe, de agora em diante pode, quer dizer a senhora que eu... como é o nome dele? Como é o nome dele?

— Paulo — disse minha mãe.

— Pois diga ao Paulo que ele só precisa de uma coisa: é ser estudioso. Essa é a única exigência que eu faço. A senhora pode ir para casa hoje com o seu filho matriculado.

Vocês vejam o que é a história, quer dizer, se não tivesse havido aquele gesto amoroso de um homem, em 1936, concedendo a mim a possibilidade de ter o direito de estudar, eu possivelmente não estaria aqui hoje recebendo esta homenagem.

Agora, por que é que...? Vocês vejam como a gente pode interpretar mal a história. Talvez um outro pudesse dizer, então a questão formidável da história brasileira deve ser a de inventar homens como Aluízio Araújo. Não, não, não. Pra mim o que se coloca é respeitar e amar homens como Aluízio Araújo, mulheres como Genove Araújo, mulher dele, mãe deles, ela está viva ainda.

Bom, eu acho que devemos respeitá-los, honrá-los, guardar a memória, proclamar, discursar em torno deles, mas brigar para que não precisemos deles para fazer que outros Paulo Freire existam. E está claro isso? Parece aparentemente ingratidão minha. Não, não, não. Temos que gritar, honrar, prestigiar a memória de homens assim, mas temos que brigar para que o Estado cumpra o dever dele, isso é que... no fundo o que Aluízio queria também. Entendeu? Ele queria era que as meninas e os meninos brasileiros não precisassem da eventual boa vontade de homens como ele. E aí eu entrei no colégio, fui me refazendo das falhas que eu tinha tido na minha formação, terminei professor lá e de lá dei os saltos que pude dar.

Então, eu estou contente de te ouvir e quero até te dizer que está saindo um livro meu daqui a... é propaganda, também, isso. Está saindo um novo livro meu que se vai chamar: *Professora sim, tia não**. Nele eu critico severamente a ideologia da desprofissionalização do profissional. E não sei, eu acho que esse é um livro dos melhores dos meus. Desculpem, eu gosto de defender. Sabem, ele não saiu ainda, mas eu reli outro dia, eu li uma prova da editora e achei bom demais. Agora eu estou terminando outro, que não tem nome** ainda, coisa rara, onde há um texto sobre exata-

---

* Rio de Janeiro: Civilização Brasileira, 2012..

** Trata-se de *Política e educação* (São Paulo: Cortez, 1993). A.M.A.F.

mente isso: "Ninguém nasce feito: é experimentado-nos no mundo que nós nos fazemos".

É um texto em que eu me discuto, um texto pequeno de dez páginas, como professor, e falo de novo no Colégio Oswaldo Cruz, porque foi lá que eu aprendi a virar uma pessoa inteligente que eu acho que sou. Puxa, eu não posso dizer que sou burro sabendo que não sou. Porque aí é... por causa da humildade eu viro mentiroso. Não, eu sou inteligente mesmo, ou melhor, eu estou sendo inteligente... como você quer dizer no fundo a gente virou isso, a gente está sendo.

Agora, o que é bacana em ti, como é em mim, como é em muitas pessoas, que a gente está sabendo que a gente nunca foi como determinação histórica, a gente está sendo, porque a gente descobriu que primeiro, não sendo, pode ser, e aí a gente optou por ser, e a gente virou inteligente porque trabalhou com os outros. Sozinho ninguém vira inteligente. Você deixa um cara sozinho vinte anos e ele fica tão burro como começou. Ele tem que trabalhar com os outros, na análise dos outros. Então, ninguém vira inteligente sem submeter o que faz e o que pensa ao crivo da consciência crítica ou da teoria sobre a prática.

5

"JAMAIS ENVELHEÇAM, APENAS FIQUEM MADUROS!"*

O QUE ME PREOCUPA NO DIÁLOGO desses jovens é que, na prática educativa, é impossível conceber um professor que não ensina e um aluno que não aprende. Educar faz parte do processo de conhecer. É o ato de ensinar mais o ato de aprender.

O papel fundamental do professor é, ao ensinar, possibilitar que o aluno *apreenda* o significado mais profundo daquilo que ele está ensinando. Só assim, o aluno poderá realmente conhecer, o que, nesse caso, significa reconhecer aquilo que já é conhecido do professor.

Estudar é mesmo uma tarefa penosa, às vezes até cansativa. Mas, quando o jovem *apreende*, sente dentro dele, quando ilumina, quando decifra o objeto de estudo, ele explode de alegria.

Encontrar o que se busca é mesmo uma delícia. Agora, "decoreba", de que os estudantes falam tanto nesse debate, ah, isso ninguém aguenta. Não é conhecer, não é ensinar, não é aprender e não dá alegria.

E por que esse tipo de escola existe?

Em primeiro lugar, essa escola tem a ver com a tradição autoritária da sociedade brasileira.

---

* Artigo publicado na revista *Carícia*, n. 209, p. 38-9, mar. 1991. A.M.A.F.

Por outro lado, existe uma má-formação do professor brasileiro e, ao mesmo tempo, um desrespeito à pessoa desse profissional. Com o pouco que ele ganha, é difícil encontrar até tempo para uma formação melhor. O governo precisa assumir a responsabilidade da formação permanente do educador.

Mas, dentro dessa feia realidade, o que um jovem que se sente mal com esse processo de ensino e quer mudá-lo pode fazer? Olhe, para começar, é preciso assumir a certeza de que é possível mudar. A partir daí, pode convidar outros colegas da classe para uma reunião como essa, feita em *Carícia*.

Discutam o mal-estar que vocês sentem enquanto alunos. Depois acertem certas sugestões que possam ser levadas a uns dois ou três professores que vocês conheçam bem e que saibam que têm tendência a aceitar mudanças. Peçam uma reunião com esses professores e conversem também sobre a triste experiência que eles vivem. Perguntem se eles não têm mais dois colegas na escola que aceitem começar uma mudança. Depois, é uma sala que incentiva a outra e outra que incentiva outra. Quem sabe a mudança não chega à escola toda?

Lembrem-se de que a mudança não pode ser feita por uma pessoa só. Ela nasce do desejo da gente sim, mas é coletiva, social. Todos nós temos de assumir responsabilidades no processo geral da mudança. E não temam os seus desejos.

Desejar não é proibido, não é pecado.

Nessa idade, a gente é impaciente, quer mudança já. Como isso não acontece, tende a ficar frustrada muito cedo. Mas não é possível se entregar à desilusão.

É preciso brigar pacientemente impaciente ou impacientemente paciente. Quem se deixa levar apenas pela impaciência acaba em porra-louquice. E, apenas pela paciência, acaba deixando as coisas como estão. Isso são ideias de um sujeito de 70 anos com sonhos de 15. Vivem dentro de mim o menino que eu fui e o que eu gostaria de ter sido e não pude ser e que, hoje, procuro ser. Não deixem morrer em vocês as meninas e os meninos que são hoje para que jamais envelheçam, apenas fiquem maduros.

6

O SIMBÓLICO E O DIABÓLICO*

ESTA É UMA HOMENAGEM A UM HOMEM, a um ser humano que simboliza, ele mesmo, a relação simbólico e diabólico. Que encarna a utopia, porque não é possível falar, no meu entender, em simbolismo e diabolismo, sem falar em sonho, sem falar em utopia, sem falar em desejos, sem falar em aspirações, mas também sem deixar de falar na ideologia diabólica do fatalismo que nega o sonho. Dom Paulo representa, exatamente, esse gosto de sonhar, esse gosto indomável de mudar o mundo para fazer justiça a quem vem sendo injustiçado e também justiça aos que vêm injustiçando, porque não é possível justiçar apenas fazendo feliz a vida dos injustiçados. É preciso que os que injustiçaram se assumam como autores de contravenção, em linguagem teológica, o pecado. Lembro agora de uma noite, nos anos 1970, aliás, a história começou mais numa tarde em que Dom Paulo estava em Genebra — tenho a impressão de que ele esteve em uns encontros oficiais com o Conselho Mundial de Igrejas — e nos encontramos no fim da tarde e eu fui com mais dois amigos, depois de uma conversa ampla com ele,

* Pronunciamento em homenagem a Dom Paulo Evaristo Arns — PUC-SP. Publicado em Tenório, W. (org.) *O simbólico e o diabólico*. São Paulo: EDUC, 1999, p. 131-34. A.M.A.F.

ao aeroporto e ficamos lá sentados numa sala de espera. A conversa estava cheia, molhada do sonho da libertação deste país, aquilo a que o João Edênio Valle se referiu. O sofrimento com que Dom Paulo falava da necessidade de intervir, de testemunhar, de lutar, de amar, e, imaginem, a profundidade dos sonhos simbólicos foi tão grande que Dom Paulo perdeu o avião no aeroporto.

E eu quero dizer a ele, pela primeira vez, que eu tive um certo gozo pela perda do avião. E não tive culpa nenhuma. A única coisa que fiz foi assumir a responsabilidade do pernoite dele e o levei para a minha casa. Telefonei para São Paulo imediatamente, acertamos logo o voo no dia seguinte. Ainda perguntei a Dom Paulo o que ele podia comer, que eu não queria me responsabilizar, pois eu ainda me lembro que nós tínhamos uma bacalhoada de coco.

É uma coisa interessante que ocorreu na minha vida, na vida dele, a perda de um avião e a conversa provocadora dessa perda não era sobre o bem-estar, mas era sobre o mal-estar de muita gente nesse país, por quem ele brigava, no sentido de que esse mal-estar, no mínimo, diminuísse, e quem mal estava pudesse sonhar com a possibilidade do bem-estar.

Esse tema de hoje, minhas amigas e meus amigos, se me perdoam a imodéstia, que às vezes é necessária quando é bem-comportada, se me permitem, eu diria que a minha vida como educador e, portanto, como político, tem girado centralmente por sobre esse tema, nem sempre necessariamente me referindo ao simbolismo e ao diabolismo. Mas sempre, e sobretudo agora, de cinco ou seis anos para cá, insistindo fortemente na questão da utopia, na questão do sonho, na questão da esperança, na questão da ética.

Eu venho falando tanto sobre essas coisas e escrevendo que, às vezes, até quando abro a boca, tenho a impressão de que o aluno vai dizer: "Paulo, você vai falar sobre a utopia?" Porque isso está presente, está no meu corpo, na minha convicção. Há um tempo em que falar a palavra certa, falar a palavra que atua, a palavra que transforma, é já começar a transformar.

Há um tempo que exige a luta, a briga para um convencimento de que a história está aí, de que a história não morreu. É preciso sublinhar que a utopia, que o sonho não morreram. Onde quer que haja mulher e homem no mundo, a esperança continua a fazer parte de sua natureza.

Eu disse recentemente, num dos meus trabalhos mais atuais, que eu não sou esperançoso por teimosia, eu sou esperançoso por uma condição ontológica, isso tem a ver com a natureza do ser humano, enquanto ser que se reconhece historicamente como ser inacabado. Seria impossível fazer um tal reconhecimento sem ao mesmo tempo se inserir num permanente processo de procura e busca. A esperança radica exatamente nesta necessidade natural do ser humano. Sabedor de minha inconclusão, eu busco a certeza do que preciso procurar. Certeza de busca, mas não de uma busca qualquer, a busca que eu costumo chamar de Ser Mais, que passa pelo ter mais, mas que não fica nele, que não se tranca no ter mais, que ultrapassa o limite do ter mais.

Hoje, diabolicamente, há uma ideologia voando e sobrevoando o mundo num discurso pós-moderno que insiste em dizer que a utopia morreu, que insiste em dizer que o sonho da educação sumiu e que a tarefa do educador ou da educadora, hoje, termina exatamente no treino e não na formação.

Eu gostaria que fosse banido esse conceito de treino. Eu falo em formação, e não em treino, eu sou gente, não sou treinável, eu me formo ou me deformo. Um certo diabolismo nessa ideologia fatalista, por exemplo, que diz que o desemprego no mundo, para não falar só no nosso país, é uma fatalidade do fim do século, mas não é fatalidade coisíssima nenhuma.

Não é possível não ficar repugnado, não ficar em permanente protesto quando se sabe a quantidade de pessoas que morrem por dia neste país de fome!, sabendo-se que a produção capitalista daria para alimentar duas vezes a população do mundo. Isso é trágico — dizem —, mas que fazer, a realidade é essa mesma. Não! A realidade não é essa mesma, nenhuma realidade jamais foi essa mesma, está sendo assim por interesses diabólicos que dividem as forças humanizantes do mundo, contra as quais Dom Paulo por si soube brigar, amorosamente expondo-se, porque é essa outra qualidade sem a qual não é possível meter-se a sonhar com a simbolização do mundo: é a coragem do risco, é a coragem de testemunhar.

PARTE 8

Depoimentos de vida

1

"Meu sonho é o sonho da liberdade"*

Museu da Pessoa: O seu nome, o nome de seus pais, a data de nascimento e onde o senhor nasceu?

Paulo Freire: Meu nome é Paulo Reglus Neves Freire. Sou filho de Joaquim Temístocles Freire, nascido no Rio Grande do Norte, e de Edeltrudes Neves Freire, nascida no Recife, Pernambuco, ambos obviamente falecidos. Seria uma coincidência muito feliz, não? Meu nome é Paulo Freire, quero dizer, eu já disse meu nome inteiro, sou conhecido como Paulo Freire, nasci em 19 de setembro de 1921, no Recife.

Museu da Pessoa: Queria primeiro que o senhor falasse sobre a sua infância? A relação com a família, o cotidiano, as brincadeiras...

Paulo Freire: Bem, eu nasci, como acabo de dizer, em 1921 e, portanto, na década que viveu a experiência, a primeira grande experiência de quebra da economia capitalista. Foi exatamente na década em que começou a grande crise de 1929, e isso teve uma influência grande sobre a minha família. Minha família é uma família de classe média relativamente bem-aquinhoada, e que sofreu um impacto grande com a grande crise capitalista. Meu pai era oficial

* Entrevista concedida ao Museu da Pessoa, em 16 de outubro de 1992. A.M.A.F.

da Polícia Militar de Pernambuco, mas por um lado um homem também de classe média, do Rio Grande do Norte. Pelo lado de minha mãe, a família tinha uma situação econômica melhor. Mas a crise de 1929 incide exatamente sobre esse lado materno, e isso provocou na família a experiência de certas necessidades básicas. Num primeiro momento, a repercussão da crise, como era normal, afeta certos gostos supérfluos. Então, se a família de minha mãe costumava ter na velha casa-grande onde nasci, na Estrada do Encanamento, no Recife, duas visitas por mês de amigos para almoço, começou a rarear isso. Eu sei que em 1926, 1927, a coisa já não ia nada bem e a situação começou a se agravar. A gente começou a ter cortes maiores. Depois, em 1929, a partir dos primeiros anos de 1930, as dificuldades eram tais que nós começamos a ter uma experiência, mesmo que discreta, ainda que não tão dramática, de limitação ou de diminuição na própria comida em casa. Passamos a comer menos. E isso tudo era compensado pelas fruteiras, pelos frutos, pelas árvores frutíferas que tínhamos não apenas no quintal da nossa casa, mas também nos outros quintais. Mas em 1932 a coisa se agravou de tal maneira que a gente foi obrigado... Minha avó perdeu essa casa-grande onde nasci, em Casa Amarela, um grande sítio. Não houve possibilidade de recuperá-la e, dessa maneira, nós fomos obrigados — a família, eu era menino — a largar o Recife e a adentrar um pouco para o interior. Uma espécie de solução mágica que a família deu: ver se, saindo do centro urbano mais forte, era possível sobreviver. E aí então minha família se muda do Recife para Jaboatão, que é uma cidade a 18 quilômetros do Recife. Apesar de manter sua autonomia política, hoje está a dez, 15 minutos do centro do Recife. É quase um prolongamento do Recife, mesmo que seja autônoma e tenha sua política, o seu governo municipal. Naquela época, ir a Jaboatão era uma espécie de viagem. Eu me lembro do dia da mudança. Fui com o meu pai num caminhão, com os últimos teréns da gente, possivelmente no segundo ou terceiro caminhão. Era um dia todo. Não havia calçamento sequer. No entanto, hoje você faz isso com uma rapidez enorme. Fomos lá para Jaboatão num lugar chamado Morro da Saúde, onde eu sempre quis ir, e sempre que posso eu vou. E lá então eu tive uma experiência, a primeira continuidade da crise que se agravou mais ainda. Meu pai foi reformado muito jovem por questão de saúde. Não trabalhava. A sociedade brasileira é fechada demais. Na época, não havia o que fazer mesmo, e ele passava o dia em casa, ou lendo ou trabalhando numa oficininha que ele mesmo montou. Fazia gaiolas, fazia isso, fazia aquilo, e a gente ao lado dele. Então, graças à crise, tivemos a vantagem de ter tido a presença paterna. E, numa sociedade machista como a nossa, tivemos a chance de conviver diretamente com a figura paterna, que é fundamental.

Em Jaboatão aprendi muita coisa. Em primeiro lugar, aprendi a ampliar o meu mundo. No Recife, o meu mundo, na Estrada do Encanamento onde eu nasci, se adstringia ou se restringia ao quintal, mesmo grande, da casa. E, em Jaboatão, esse mundo cresceu um pouco. Eu era um menino que mudou também de sociologia porque quando deixei o Recife fui morar em Jaboatão na beira de um rio. Aí, mudando a sociologia, mudei também a psicologia, mudei a ecologia. Quero dizer, passei a sofrer influências que eu não sofria antes, e que foram muito interessantes pra mim, muito marcantes. Ampliei o universo de amizade. Passei a ter em Jaboatão meninos que ficaram meus amigos e que até hoje um ou outro ainda sobrevive. Eram meninos filhos de camponeses ou filhos de trabalhadores urbanos, por exemplo, da cidade ferroviária na época, que era Jaboatão. Mas a experiência da fome cresceu de um lado, mas era fome de mercado. De produtos do mercado. Aí a gente não tinha dinheiro pra comprar. Mas não havia a fome rigorosa porque tínhamos frutas em abundância e bem mais fáceis do que quando morávamos no Recife. Naquela época, morando onde morei, em 1932, Jaboatão, dificilmente uma criança podia passar um dia inteiro sem comer. Podia passar até um mês sem comer feijão, sem comer carne... e isso teria repercussões, claro. Mas não passava sem comer. Porque havia manga, havia jaca, havia banana, havia tudo, ainda. Além do mais havia ovos, também, de galinhas andarilhas que punham pelo quintal dos outros, no mundo. Esses terrenos eram o mundo e, portanto, eu era um menino do mundo e achava os ovos das galinhas incautas. E trazia os ovos pra casa. Não somente eu os comia, mas também meus irmãos e minha mãe. Éramos em quatro; hoje somos em três. Morreu o mais velho, recentemente. Essa experiência foi uma experiência de fome e de discriminação. Eu via como os meninos de classe média abastada discriminavam os meus colegas, os meus amigos filhos de camponeses. E nos encontrávamos no sítio, num lugar, num espaço, num terreno, em que, mesmo com discriminação, era possível uma convivência. Era exatamente num campo de futebol. No bate-bola havia uma convivência que escondia as discriminações. Mas eu entrevia e percebia. Talvez percebesse a discriminação mais do que a entendesse. E sempre me pus contra. Quero dizer, desde menino eu me arrepiava diante de qualquer manifestação discriminatória. Não importava de quê. Naquela época até discriminação religiosa me irritava; me irritava discriminação racial, me irritava discriminação contra a classe. Por exemplo: o que eu não entendia como classe, mas entendia como o menino pobre, contra o menino preto etc. Naquela época — na minha infância — eu ainda não me arrepiava contra a discriminação de gênero, que só depois de muito tempo percebi. A discriminação machista contra a importância e contra os direitos da mulher. Ali era difícil que eu percebesse porque eu também era um produto dessa cultura machista. Eu estava sendo moldado machistamente para reproduzir exatamente a ideologia machista que eu devo ter reproduzido durante algum tempo. Mas depois me consertei. Hoje sou pelo menos um pouco menos machista do que era. Agora, mas o que eu queria salientar a vocês, e a quem depois, sei lá, daqui a anos me escutar pra me estudar, era a importância de certas privações. A importância que essas privações me proporcionaram na época. A própria experiência de uma fome não austera demais, não rigorosa demais, foi importante pra mim, foi fundamental. Eu era um menino que tinha uma constante: ser curioso. Curioso todo menino é, e todo ser humano é. Eu até diria que o fenômeno vital é curioso, em si. Mas eu vivia a curiosidade. Eu me indagava muito, muito mais a mim mesmo do que aos outros. E me perguntava e procurava para entender por que eu não comia e outros comiam. Quero dizer, desde a tenra idade eu me preparava para me opor às injustiças sociais. Mais tarde, quando jovem, quando homem, quando adulto, comecei a me lançar no esforço político-pedagógico e então tudo isso veio à tona. Quero dizer, as memórias de mim mesmo me ajudaram a me entender nas tramas de que eu fiz parte e a descobrir a dimensão política e ideológica disso tudo. A questão do poder. Em síntese, se você me pergunta: "Paulo, você acha que sua infância foi trágica?" Eu digo: "Não. Foi dramática!" Pude oferecer, anos depois, a meus filhos, uma infância e uma adolescência que eu não tive, mas nem por isso me tornei um pai licencioso, e um pai que procurava oferecer — custasse o que custasse — aos filhos o que ele não tinha tido. Eu nunca achei que isso também era correto, era uma boa pedagogia. Mas eu fiz tudo o que era possível. Só não fiz o impossível, o impossível que eu achava que não podia ser feito, nem devia ser trabalhado. Mas tudo para que os meus filhos tivessem experiências um pouco melhores, mais favoráveis. Mas, se você me pergunta ainda: "Você aproveitou a tragicidade ou a problematicidade da sua infância?" Eu diria que sim, e acho que ela, apesar de tudo, foi altamente positiva como apontamento de caminhos, como colocação de dúvidas, de incertezas, e como descoberta de certos valores que me são hoje ainda caros. Em síntese, é isso que eu podia dizer da infância, da adolescência, o meu gosto pela vida. O meu gosto da vida vem de lá.

Museu da Pessoa: Como mudou? Estudou, saiu pra trabalhar…

Paulo Freire: Ah, bem. Esse é um momento importante, e que tem a ver com a sua pergunta. Eu tinha um enorme gosto pelo estudo. Pra vocês terem uma ideia, eu entrei, fiz um exame de admissão e entrei no primeiro ano, com 16 anos de idade. Exatamente quando colegas meus, de geração, estavam entrando na universidade, ou na faculdade, naquela época. Fui um estudante que começou atrasado. Minha escolaridade foi uma escolaridade tardia. E você poderia então perguntar, "Então, você perdeu muito tempo!" Não, não perdi, eu acho que você não vive perdendo tempo à toa. Eu não estava me escolarizando na escola, eu estava me educando no mundo. Eu posso não ter feito a escola primária durante aquele período em que não fiz, mas aprendi muitas coisas fora da escola. Mas, por outro lado, havia uma dificuldade para eu estudar — o Recife na época só tinha um grande ginásio oficial, e o resto eram algumas escolas privadas. E eu não tinha dinheiro. Eu não tinha condição de entrar na escola oficial, que era muito exigente. Era como fazer certos vestibulares para universidades muito famosas, e, o que é pior, eles reprovavam. E eu não tinha dinheiro e minha família não podia pagar uma escola privada. Eu também não tinha como me preparar muito bem para enfrentar o chamado exame de admissão do tal ginásio. Com muito sacrifício fiz um exame de admissão através de uma escola privada, que fazia provas num outro colégio. Quando terminei o primeiro ano de ginásio, fiquei na iminência de não ter a continuidade, de não ter o segundo ano. Então, minha mãe procurava — quase todo dia ela vinha ao Recife —, com uma grande ternura, ver se achava uma escola privada que me desse uma bolsa de estudos. Voltava, triste, que não havia encontrado. E eu ficava em casa esperando. E um dia, ela saiu e disse: "Paulo, hoje vai ser minha última tentativa". E, quando voltou, veio risonha e feliz e disse que havia encontrado. Na verdade, nesse dia ela passou por uma rua do Recife e viu uma grande placa escrito Ginásio Oswaldo Cruz. Entrou e falou com o diretor que, por coincidência, é o pai exatamente de minha segunda mulher hoje — a Nita —, que tinha quatro anos naquele tempo. E de quem fui professor depois. Ela falou com o Dr. Aluízio, que era o pai da Nita, que disse: "Está bem, se o seu filho for estudioso, não tem problema, eu dou o estudo a ele". E foi aí que eu entrei. Hoje tenho uma grande dívida. Quero um enorme bem a ele, que já morreu. Sou muito grato a ele e à mãe de Nita, que está viva, com 90 anos hoje no Recife. Eles me receberam no colégio e eu fiz então do segundo ano do ginásio ao último ano do curso chamado pré-jurídico, que terminei fazendo o curso de Direito. E lá eu me tornei professor, também. Eu tinha um gosto, que preservo hoje, um gosto muito grande por problemas de linguagem. Estudei muito a chamada gramática ou a sintaxe da língua portuguesa, e me tornei professor do próprio colégio, depois. E daí em diante nunca mais parei de gostar de estudar. Mas o meu gosto não era pela advocacia. Descobri isso logo no começo. Agora acabei de escrever um livro em que conto essa história, a minha primeira causa, ainda para me formar. Foi com um jovem dentista que comprou um equipamento dentário e não pôde pagar. E eu era advogado do credor dele. E o chamei ao meu escritório. Ele foi e começou a conversar comigo. Era um sujeito da minha idade. "É, Dr. Paulo, eu não posso pagar, e o senhor não vai poder me acionar contra, não pode tomar meus instrumentos de trabalho." A lei não permitia, realmente. "Mas os meus móveis o senhor pode tomar." E eu deixei de ser advogado naquele dia. Disse pra ele, "Olhe, vá para casa, passe no mínimo 15 dias em paz com sua mulher, porque daqui a 15 dias vou devolver essa causa. E o seu credor vai ter mais uma semana pra arranjar outro advogado como eu, e aí é que vai te aperrear de novo, daqui uns 15 a vinte dias". Larguei, definitivamente, e me dediquei exclusivamente à pedagogia. Depois fui trabalhar no Sesi, de Pernambuco, onde tive uma experiência fantástica, que me deu a possibilidade de refletir teoricamente sobre o que eu via, o que eu fazia e escutava. E isso tudo, o Paulo Freire de hoje vem não só disso, mas através disso.

Museu da Pessoa: O senhor chegou a ser professor da Universidade do Recife?

Paulo Freire: Sim, terminei sendo professor de História e Filosofia da Educação, da Universidade do Recife, e foi exatamente como professor da Universidade do Recife que eu fiz, que eu defendi uma tese universitária, que é ainda atual, profundamente atual. Essa tese anunciava a *Pedagogia do oprimido*, como anunciava o livro que eu termino agora, que eu terminei, que vai se chamar *Pedagogia da esperança*. Essa tese tinha as matrizes disso tudo, e eu a defendi. E, num concurso, com uma concorrente, não fui reprovado, mas tirei o segundo lugar. Foi defendendo essa tese, tirando o segundo lugar, que eu ganhei legalmente o título de doutor em pedagogia. Não fiquei com a chamada cátedra. Hoje nem se sabe mais o que é isso, mas fiquei com o título de doutor, e fui confirmado como professor adjunto na Faculdade de Filosofia, em outra faculdade. Essa tese, que se chamou *Educação e atualidade brasileira*, foi ou teve núcleos centrais básicos, que se desdobraram depois no livro *Edu-*

cação como prática da liberdade e que anunciavam também a *Pedagogia do oprimido*, que escrevi depois, aí já no exílio.

MUSEU DA PESSOA: E quando e como o senhor começou a colocar em prática o seu trabalho? Ele já trazia uma filosofia de educação, não?

PAULO FREIRE: Antes, coloquei tudo em prática e aprendi a perceber a teoria dessa prática quando trabalhei no Sesi. Foram dez anos de intensa pesquisa, ao lado de um estudo muito sistemático, teórico, que eu fazia constantemente comigo mesmo. Trabalhei então no Recife durante toda essa época, ora assessorando grupos que trabalhavam em escolas primárias, ora trabalhando diretamente, eu mesmo, com adultos, com educação popular. Não tenho dúvida nenhuma de que aqueles períodos, dos fins dos anos 1940 e todos os anos 1950, foram profundamente fundamentais do ponto de vista da minha formação política, científica e ideológica. Mas também nos morros do Recife, nos córregos do Recife, nas áreas rurais de Pernambuco. Aí, então, eu criei o serviço de Extensão Cultural da Universidade de Pernambuco, que existe ainda hoje, para formação de quadros pra professores, pra jovens estudantes, até chegar o governo de Goulart, quando, sendo o ministro da Educação Paulo de Tarso, aqui de São Paulo, o mesmo que foi secretário da Educação do Montoro, me carrega pra Brasília pra eu coordenar o Programa Nacional de Alfabetização, em 1963. Antes disso, em 1963, fizemos um grande trabalho em Angicos, no Rio Grande do Norte, sob a liderança do então jovem Marcos Guerra, que é hoje o secretário da Educação do estado do Rio Grande do Norte. Marcos era estudante universitário. Eu fiz um trabalho em Angicos, com o secretário da Educação do Rio Grande do

Norte da época, que me procurou em Recife e me levou pra lá. Fiz uma série de exigências de ordem política ao então governador do Rio Grande do Norte. Ele aceitou e nós fizemos um bonito trabalho com a juventude em Angicos. Se alfabetizaram trezentas e tantas pessoas num período de dois, três meses. O João Goulart foi ao encerramento desse trabalho, viu aquilo e ficou muito tocado por aquele trabalho que se realizou no Rio Grande do Norte. Em seguida, o ministro dele da época, que ainda era o Paulo de Tarso, me trouxe, para implantar esse plano de alfabetização, que foi abortado, precisamente, pelo golpe.

Museu da Pessoa: O senhor lembra do fechamento de Angicos? Li isso numa reportagem que, com as autoridades todas, um senhor de setenta anos falou que maior do que a fome da barriga é a fome da cabeça.

Paulo Freire: Inclusive ele fez um discurso. Foi muito interessante porque o presidente da República já tinha encerrado a reunião quando ele pediu a palavra. Não tinha nada com os protocolos. Ele pediu a palavra pra falar, e eu me lembro que um dos presentes da comitiva do presidente disse assim:

— Eita, quebrou o protocolo!

Ele virou-se e disse:

— Quebrei o quê?

Ninguém respondeu mais. E aí o João Goulart, que era um homem muito simples, disse:

— Pois não, pode falar.

Ele levantou e disse:

— Alteza — chamou o presidente Goulart de Alteza *(risos)* —, me lembro de que, uma vez, houve uma fome muito grande nesse estado, e outro presidente, que era o Getúlio Vargas, veio aqui, ao Rio Grande do Norte, para ajudar a gente a sair da fome da barriga. E hoje veio Vossa Alteza pra ajudar a gente a matar outra fome, a fome da cabeça, a fome do saber.

Depois ele disse uma coisa que a imprensa não deu, não noticiou.

— Nós aprendemos aqui, presidente, mais do que assinar o nome, do que ler um bilhete. Nós aprendemos aqui a mudar.

Sim, porque o João Goulart tinha citado no discurso dele a leitura da carta do ABC do país, que era a Constituição. E ele disse:

— Nós aprendemos, presidente, mais do que ler a carta do ABC do Brasil, aprendemos a mudar ela também.

Isso é uma coisa fantástica, e esta afirmação dele não foi citada pela imprensa na época. Não foi. Mas ele disse isso. E deve ter agravado com essa frase dele os líderes do golpe que se deu no ano seguinte. E eu me lembro que estava presente nessa reunião e ouvi essa frase do então general, o marechal Castelo Branco. Ele estava presente, e era na época comandante do IV Exército. Ele foi pra lá. Isso deve ter sido junho [agosto] de 1963. O golpe foi em abril de 1964, quer dizer, naquela altura, o Castelo Branco tinha já o esquema todo do golpe, não há dúvida. E ouviu a frase desse homem. Depois ele falou comigo e disse:

— Professor, eu acho que o senhor defende uma pedagogia sem valores.

Eu nunca esqueço desse papo com o Castelo Branco. Eu disse:

— Não, general, eu acho que pelo contrário — ele havia dito mais possivelmente uma pedagogia sem hierarquia. E continuei: — Não, o senhor está equivocado, eu defendo valores e os valores estabelecem hierarquias. Só acho é que a hierarquia que está aí montada e estabelecendo princípios, pra nós, está precisando mudar. Eu acho que está montada em bases injustas etc...

E ele falou pra mim:

— E o senhor aceita falar pra nós no IV Exército?

— Falo onde o senhor quiser.

Mas não deu mais nem tempo. E eu acho que o discurso daquele homem não ajudou, de jeito nenhum, o amaciamento do golpe. Deve ter, eu não diria que o discurso do homem foi a causa do golpe, seria uma loucura da minha parte, a história não é tão simples assim, mas o discurso do homem deve ter aguçado um pouco as preocupações conservadoras de então. Quer dizer, hoje, você vê como a história é bonita. Um discurso desse hoje não deixaria muita gente demasiado assustada. Só um ou outro, mais conservador. Mas, naquela época, um discurso desse assustava 99% dos conservadores.

Museu da Pessoa: O senhor não estava contando outro dia a história do raio da morte?

Paulo Freire: O raio da morte era uma coisa, porque a gente estava convencido, na época, já, de que era preciso usar tecnologia. Quer dizer, você não pode transformar educação, reduzir a educação à tecnologia. Precisa mais do que isso. Mas você não pode negar, primeiro, a possibilidade do uso; segundo, a eficácia do uso. Mas a gente queria fazer isso de forma que não onerasse demais o próprio povo, e não era possível pensar na importação de projetores norte-americanos que custavam 22, 25 dólares, que era muito dinheiro pra época. E a gente vivia procurando um jeito de como é que se pode projetar quando… um dia recebo um telegrama que dizia: "Descobrimos o raio da morte". E eu fiquei sem saber *(risos)* que diabo era. Felizmente não encontraram esse telegrama, porque, se o Exército pegasse, tinha sido uma complicação dos demônios quando eu fui preso. O raio da morte que ia matar o Exército todo. Muita coisa foi assim, que se fez. E o raio da morte era um projetor que o Calazans andou inventando com não-sei-quem-mais. Eu não sei bem descrever o raio da morte, mas sei que ele jogava com um negócio de uma lâmpada, uma lanterna, e o fato é que o raio da morte projetava direitinho. O povo adorava. Mas olhe, sobre o trabalho de Angicos, eu até disse pro Marcos, quando ele assumiu, que valeria a pena fazer uma pesquisa (que nunca foi feita), uma pesquisa pra levantar, não apenas do ponto de vista da alfabetização (que foi feita na época) entre os que viveram aquela experiência, ver as influências no campo da política, por exemplo. Eu estive com o homem do discurso, há dez anos, quando cheguei do exílio. Houve uma comemoração lá em Natal, eu fui e ele estava também, no almoço, e lembramos tudo. Porque houve greves e, durante aquele trabalho, houve a primeira grande greve de operários da indústria. Uma coisa linda. Eles se juntaram, se mobilizaram em função da discussão política, se alfabetizaram e partiram para defender seus direitos, fizeram a greve e foram vitoriosos. No começo, me disse o Marcos, houve uma tentativa dos municípios vizinhos a Angicos remeterem os seus empregados pra lá em caminhões pra acabar com a greve, pra fazer o fracasso da greve, e os estudantes, que eram os educadores, souberam disso e foram com os próprios operários para o meio da estrada e paravam os caminhões que vinham das outras cidades e faziam preleções aos outros operários e eles voltavam e aí a greve vingou. Quer dizer, isso é um exemplo extraordinário. Você já imaginou se a gente pudesse hoje estudar isso com gente da época, pegar essa memória? Isso, pra mostrar a importância de um trabalho feito em três meses, três meses, no sentido da cidadania. No sentido da invenção da cidadania. Quer dizer, uma educação lúcida, uma educação crítica. Mas o Marcos estava até muito animado, mas ele mesmo não pôde levar esse projeto adiante.

Museu da Pessoa: O senhor trabalhou diretamente junto aos estudantes?

Paulo Freire: Trabalhei! Eu capacitei, levei a equipe da Universidade do Recife pra Natal, e lá nós capacitamos a equipe central dos estudantes que, por sua vez, capacitou outras. E eu ia constantemente a Natal, de Natal ia a Angicos pra observar *in loco* o processo. Minha filha Madalena, quando tinha 15 anos, trabalhou lá, substituiu um dia um dos coordenadores que adoeceu, e ela fez um lindo trabalho. Essa foi possivelmente a primeira manifestação da Madá enquanto educadora, com 15 anos.

Museu da Pessoa: Vou mudar um pouquinho de assunto, depois voltamos. Queria que o senhor contasse sobre o seu casamento, namoro, sua esposa...

Paulo Freire: Eu estou tendo a segunda experiência de casamento. Na primeira, de que nasceram Madalena, Fátima, Cristina, Joaquim, Lutgardes, eu era muito jovem. Casei com 23 anos, e encontrei um dia no mundo Elza, que é a mãe dos filhos meus. E fizemos um bem enorme um ao outro. Um apaixonamento profundo. Vivemos 42 anos juntos. Elza era professora, uma educadora pra mim de um senso, uma sensibilidade prática enorme, com uma capacidade de entender sua própria prática também, muito sensível, no gosto do seu silêncio. Quer dizer, ela falava pouco, mas observava muito, e era muito querida pelas colegas, pelos alunos, e fez uma bonita carreira pedagógica no Recife. Ela foi professora, depois diretora de grupo, mas teve aí um gesto lindo que foi, depois do golpe, a solidariedade absoluta que ela teve comigo. Elza ia me visitar na cadeia e nunca disse: "Você está vendo, Paulo, se você tivesse pensado mais..." Nunca! Quer dizer, ela foi solidária, absolutamente solidária. Fui para o exílio, e ela e os filhos foram comigo. Com isso ela perdeu 27 anos de trabalho. Porque pra ir ela teve que pedir demissão, e ao pedir demissão ela perdeu 27 anos de trabalho. E, quando voltou, nenhum governo reconsiderou o seu próprio pedido. Ela morreu com essa mágoa, com essa tristeza de ter pedido demissão porque não podia deixar de pedir. Se não tivesse pedido, ela teria sido demitida por abandono e achava horrível ser demitida por abandono. Então, pediu demissão. A minha vida foi com ela, nos 42 anos, uma vida de namorados. Ela me deu um apoio extraordinário, me deu sempre uma força enorme. Eu costumo sempre dizer que Elza me provocava e me desafiava até em seu silêncio. Me acompanhou durante todo o exílio e viajou muito comigo tanto quanto ela pôde, porque eu sempre defendia essa tese de não viajar só. Eu não gosto de dormir só. E ficava com ela o tempo todo e, quando eu viajava, eu exigia que quem me convidava pagasse as despesas dela. Agora, ela não pôde viajar tanto quanto Nita viaja hoje. Porque ela tinha filhos pequenos pra cuidar e tinha uma casa com a responsabilidade de filhos pequenos.

No meu segundo casamento nem Nita tem filhos pequenos nem eu tenho filhos pequenos. Então, somos dois adultos que podemos andar pelo mundo afora. A Nita viaja mais do que a Elza viajou. Não é porque é a segunda, mas porque teve uma circunstância que a outra não teve. Obviamente não teria. Mas Elza morreu quando, em certo sentido, eu esperava, mas em outro eu nunca esperava. Porque no fundo você nunca espera a dor terrível que significa o corpo do outro parar. E eu tive essa experiência trágica de perder Elza no meu corpo, no meu peito. E foi uma coisa dramática. Eu senti um desgosto de viver. Houve uma ruptura enorme que se pôs diante de mim, entre mim e o mundo, entre mim e a vida. E eu me desencantei. E me amofinei. E meus filhos, meus amigos mais próximos, mais íntimos, duvidavam até de se eu era capaz de dar o salto depois. É interessante.

Sabe, hoje estou convencido, possivelmente até muita gente estranhou, que tendo vivido tão intensa e plenamente com Elza por 42 anos, que eu me casasse de novo. Possivelmente, todo mundo tem direito a fazer conjecturas em torno da vida dos outros. E, possivelmente, até eu, que, se não fosse comigo, poderia ter feito essa conjectura, como outro qualquer. Depois de ter experimentado o que eu experimentei, nunca mais eu faço essa conjectura com outro qualquer. E eu hoje estou convencido de que, quanto mais você amou, tanto mais você pode continuar a amar. E, quanto menos você pôde amar, tanto menos você continua a poder amar. A minha experiência com Elza tinha sido uma experiência tão plena, tão enorme e tão fantástica, que eu não pude ficar só. Não dava. Quer dizer, eu tinha que continuar amando. Mas, pra que eu continuasse a amar, era preciso que eu sepultasse Elza. E o que eu quero dizer com isso é que ela já havia sido sepultada no dia seguinte ao da sua morte. Mas você pode sepultar uma pessoa em 1992 e manter a pessoa viva até o ano 2000, 2010. Você passa a ter uma experiência necrofílica. E você deixa de amar a vida, e passa a amar a morte. Da tentativa de ressuscitar o morto, que não dá, porque o teu poder não é suficiente para plenamente ressuscitar o morto. Então, é preciso sepultar o grande amor, é preciso reconhecer ou assumir a ausência dele. No momento em que você assume a ausência, a ausência muda de qualidade. Já não é uma ausência dramática e dolorida, porque passa a virar uma presença remota. A ausência se veste de uma saudade risonha, em que você convive com a positividade do passado. Aí você está disposto de novo a reabrir-se ao mundo. E é isso que tem que ser feito. E não há dúvida de que é isso que tem que ser feito.

E não ficar eu dentro de casa morrendo, e morrer com a responsabilidade que eu acho que cada um de nós tem com o mundo, em níveis diferentes. Você é tão responsável pelo mundo quanto eu, quanto você outro, só que em níveis diferentes. Nós somos essa responsabilidade. Eu não tinha o direito de renunciar ou de fugir a essa responsabilidade porque a Elza já não estava no mundo. Então, foi exatamente nesse clima emocional e pouco racional também, afetivo, crítico, ingênuo que Nita — foi aluna minha, menina, e que depois era muito amiga de mim e de Elza, éramos muito amigos os dois casais, Elza gostava muito de Nita — enviuvou. Morreu o marido dela, Raul, antes da Elza, 11 meses antes. E a Nita também ficou chocadíssima, muito traumatizada, e, quando ainda Elza estava viva, ela me procurou para eu orientar a tese dela. Elza também me pediu isso e eu aceitei. Era a tese de mestrado dela. E começa a trabalhar com a Elza ainda viva. Quando a Elza morreu, eu largo tudo. Só fazia chorar, ouvir música e tomar uísque. Não saía de casa. Primeiro jantar ao restaurante que eu fui, fiquei profundamente culpado. Como é que eu estou num restaurante com Elza morta. Eu vivia assim, culpando-me por tudo. Quando eu retomei o trabalho com Nita e com a universidade, descubro que Nita podia ser mais do que a amiga que vinha sendo. E ela também descobriu isso, em mim. Nos descobrimos, afinal de contas, numa perspectiva até então não percebida. Éramos apenas bons amigos. E eu, o orientador do trabalho dela. Então, aí nos acertamos para viver uma vida diferente. Uma coisa que até a Nita me disse no começo de nossa aventura: "É correto, eu não tenho como substituir Elza, ou continuá-la, como você não tem que substituir Raul ou continuá-lo". Quer dizer, não se trata da substituição ou da continuidade. Mas se trata de começarmos juntos outro momento de nossas vidas. Porque, se a gente tenta pensar que o outro está substituindo o que saiu, ou o que perdeu ou o que morreu, a gente não faz a nova vida. Aí o tal negócio que eu falei antes. É preciso sepultar primeiro Elza, sepultar Raul, pra que os dois que ficaram vivos pudessem, em paz, sem culpas, recriar-se um com o outro. Essa coisa não é fácil. Essa coisa você tem que enfrentar: análise dos demais, críticas, restrições. Respeito muito a opinião dos outros, mas aí é preciso ver a minha e a dela, e nenhum filho meu tinha o direito de interferir nisso. Nem eu reconheceria a nenhum deles esse direito. Obviamente que comuniquei a eles; comuniquei, não pedi licença. Porque eu achava que era um absurdo que eu pedisse licença, como eles não tinham que pedir licença a mim, nem nunca pediram licença, pra casar. Então eu não tinha por que pedir licença a eles, mas tinha o dever de comunicar a eles. Creio que no começo devem ter também se chocado, uns mais do que outros, mas eu acho que era natural isso. Cada um a seu jeito vem superando sua surpresa e descobrindo que era melhor o pai vivo, surpreendendo-os, do que o pai morto para ser coerente. E era isso mais ou menos o que eu tinha que dizer.

Museu da Pessoa: O senhor não vai tocar no assunto do seu exílio...

Paulo Freire: Mas é porque eu tenho dito muito isso em livro *(risos)*. Se eu tocar nisso agora, o tempo da entrevista vai estourar, viu! *(risos)*. É toda uma vida. Aliás, tem coisas lindas pra conversar sobre isso. E eu também não me furtaria a dar essa entrevista. Acho que isso é um trabalho excelente que se faz aqui. Guardar um pouco das memórias do país é um tempero da gente, e eu acho que eu tenho alguma importancia na história nossa. E é um dever meu até fazer isso. Agora, eu não posso... Primeiro porque tenho agorinha um compromisso com uns professores europeus. Em segundo lugar, se isso for possível, porque também depende dos critérios de vocês com relação a tempo. Aí você marca comigo de novo, e eu venho cá, a gente faz mais duas horas *(risos)*. Tenho muita coisa bonita pra dizer, essas passagens todas eu tenho dito em livro, mas tenho a impressão de que dizer com o corpo, com a imagem, é mais forte. Depois, o tipo de clientela que vê isso não é necessariamente o que lê. De maneira que estou à disposição. Isso que eu quero dizer.

Museu da Pessoa: Para fechar, queria que o senhor falasse sobre um sonho...

Paulo Freire: Olha, em primeiro lugar, eu até agora, nesse livro que acabei de escrever, eu falo muito dos sonhos. E chego a dizer que o sonho não é apenas um direito. É até um dever que a gente tem. O sonho faz parte da natureza do ser que nós, mulheres e homens, estamos sendo. Ou seja, não era possível ser esse ser que somos, você vê até que, do ponto de vista biológico, do ponto de vista genético, nós somos seres muito especiais. Nós somos seres programados, realmente, mas não determinados. E a nossa programação é uma programação que se funda numa coisa com a qual a gente nasce, mas a gente recria, que é isso que eu chamo "a curiosidade diante do mundo". E por isso nós somos também seres, e estamos sendo também seres que não resistimos continuar a viver sem estar envolvidos num pensamento permanente sobre o amanhã. É inviável o ser humano continuar se ele para de pensar no amanhã. Não importa que seja um pensamento em torno do amanhã, o mais ingênuo possível, o mais imediato, o de se a gente vai ter café amanhã, ou se a gente vai ler ou reler Hegel ou Marx. Não importa. Nós somos seres de tal maneira constituídos, que o presente, o passado e o futuro nos enlaçam. A minha tese então é a seguinte: não posso e não pode existir um ser que não esteja permanentemente preocupado com o vir a ser, portanto com o amanhã, sem sonhar. É inviável! Sonhar aí não significa sonhar a impossibilidade, mas significa projetar. Significa arquiteturar, significa conjecturar sobre o amanhã. E, quando tu me perguntas, a questão agora é saber qual é o sonho em torno desse amanhã.

Segundo: a questão fundamental é saber com que sonho, e contra que sonho. Porque eu não posso sonhar em favor de alguma coisa, se não sonho contra outra. Que é exatamente aquela que obstaculiza a realização do meu sonho. Eu não posso sonhar se eu não estou claro também com a favor de quem eu sonho. Daí que o ato de sonhar seja um ato político, um ato ético e um ato estético. Quer dizer, não é possível sonhar sem boniteza, e sem moralidade e sem opção política. E, quando você me diz, "Paulo, eu também sonho", eu quero saber com que e a favor de quem você sonha. Qual é o sujeito beneficiário do teu sonho? É a burguesia que explora ou é a massa deserdada que sofre? E não basta que você me diga "Eu sonho pela humanidade", porque a humanidade é uma abstração e não existe. Entende? Então agora, quando você me pergunta, "Paulo, me diga qualquer coisa sobre seu sonho", eu diria, o meu sonho fundamental é o sonho pela liberdade que me estimula a brigar pela justiça, pelo respeito do outro, pelo respeito à diferença, pelo respeito ao direito que o outro tem e a outra tem de ser ele ou ela mesma. Quer dizer, o meu sonho é que nós inventemos uma sociedade menos feia do que a nossa de hoje. Menos injusta, que tenha mais vergonha. Esse é o meu sonho. O meu sonho é um sonho da bondade e da beleza.

Museu da Pessoa: Se puder deixar uma mensagem para gerações futuras que vêm vindo.

Paulo Freire: Olha, seria de novo a mensagem em torno do sonho. Quer dizer, eu diria aos jovens que hoje possivelmente não me leem e ouvem porque não estão ainda curiosos para fazer estudos e pesquisa, que eles estão ficando envolvidos com o seu sonho. A juventude brasileira veio pras praças e veio pras ruas. Mas veio agora de uma forma muito mais gostosa do que a minha geração que não conseguiu vir. A sua não pôde também. Enquanto a geração de jovens, de quando eu era maduro, vinha pras ruas brasileiras, também, pras praças públicas, defendendo teses de que era preciso que as mulheres jovens tivessem só um jeans, uma blusa só, que lavasse no sábado de noite em casa, porque ter duas blusas significava burguesia. A juventude de hoje, a meninada, vem pra rua, pinta as suas caras, inventou a geração da cara-pintada, da cara cheia de cor, da boniteza, afinal de contas, despreocupada de se isso é ingenuidade burguesa, pré-burguesa ou revolucionária, ou nada. Quer dizer, a juventude veio disponível à invenção, disponível ao amor. Então, quando tu me pedes uma palavra, eu te diria, essa juventude é que está me mandando mensagens. Eu só gostaria agora era de dizer a essa juventude, nos meus 71 anos, que eu a entendo. E que eu sou também um cara-pintada.

2

"Gostaria de poder afastar o mais possível, de mim, a morte"*

Nasci em 19 de setembro de 1921 — tenho 75 anos — e vivo uma experiência que, de modo geral, os chamados "intelectuais" têm ou passam: a de viver uma impossível dicotomia entre mente e corpo. A mente continua viva, curiosa, inquieta, arriscando-se. O corpo não a acompanha. Costumo dizer que não é fácil viver essa sensação de ter uma mente jovem num corpo de 75 anos, o corpo não consegue seguir o ritmo.

Quando se chega a certa idade (que às vezes chamam pomposamente "idade provecta") e lhe perguntam sobre a educação da juventude — a que está chegando ou a que está aí —, o perguntado ou perguntada corre o risco de se enclausurar em sua idade e começar, então, a ver perigosamente a nova idade. Começo, então, denunciando esse risco, ou seja, vou evitar que, ao tentar me colocar, não me leve a pensar como um sujeito que fala de cima para baixo sobre o futuro dos que estão aí fazendo o seu presente.

Em primeiro lugar, a prática educativa tem que ver, na medida em que é uma prática social e histórica, com as con-

---

* Depoimento a Zélia Goldfeld, publicado no livro *Encontros de vida: 34 depoimentos de pessoas com mais de 60 anos apaixonadas pela vida* (São Paulo: Record, 1997). A.M.A.F.

dições de tempo e espaço em que se dá. Por causa das revoluções tecnológicas que se sucedem em prazos cada vez menores — quando a gente pensa que na Idade Média as diferenças substantivas de um tempo para outro passavam cem anos para ser vividas e hoje atingem-se diferenças no campo da tecnologia e da ciência a cada semana — há uma certa velocidade que nos faz passar pelo tempo, às vezes ficando atônitos. Esses avanços colocam algumas exigências para essa geração jovem que está aí ou para a outra que está imediatamente chegando. Por exemplo, a necessidade de que sua experiência educativa seja uma experiência centrada no desenvolvimento, na criação, na construção e no desenvolvimento de uma consciência que eu chamo de *consciência crítica*. Quer dizer, os avanços tecnológicos vêm exigindo cada vez mais respostas rápidas, precisas e imediatas a desafios diferentes que às vezes se atropelam. E esses desafios não podem ficar à espera do amanhã. Este é um dos problemas que a geração nova já está enfrentando e o motivo pelo qual ela precisa também assumir a briga por uma transformação pedagógica. Sua formação deve ser uma formação que se funde, primeiro, obviamente, no respeito à pessoa do jovem, do educando, como artífice também de sua própria formação e não como puro objeto dessa formação. A tradição brasileira, profundamente autoritária, coloca sempre o formando como um objeto sob a orientação do formador, que funciona como o *sujeito que sabe*. É preciso deixar de ser assim.

É óbvio que não estou defendendo que o formador deixe de assumir uma tarefa fundamental que é a tarefa de *formando, formar-se*, e o educando que, sendo formado, forma e se forma. O que defendo é essa posição para ambos: o educador e educando como sujeitos do processo docente, do processo formador — ainda que diferentes um do outro.

Há trinta anos defendo a posição, radical, sem dúvida, de que conhecimento não se transfere, conhecimento se constrói. Como a inteligência. Você a constrói, produz a inteligência, não a recebe de graça. Este é um dos problemas a ser enfrentado pelas gerações novas engajadas no processo educacional. Não há dúvida de que a prática pedagógica no Brasil, e fora dele também, não contribui em quase nada para uma formação crítica, para o que eu venho chamando de *curiosidade epistemológica*.

Preocupa-me o modo como devemos viver a pratica educativa. Deve-se entender esta prática como uma experiência política, como um acontecimento estético, portanto como uma certa boniteza em si mesma; a prática educativa como moralidade, portanto como ética. Essas dimensões da natureza do ser da prática educativa precisam ser plenamente vividas na prática docente e discente. É preciso ver a prática educativa como sonhos dentro dos quais há desejos legítimos — e por que não até os chamados ilegítimos, pois a mim me preocupa saber quem é o juiz que diz que um certo desejo meu é ilegítimo. Vejo a necessidade da plenitude do exercício pedagógico como *politicidade*, como *eticidade*, como *esteticidade* e como gnosiologia; quer dizer, como produção de conhecimento.

Hoje convivemos com os discursos ideológicos que negam a ideologia, isto é, estamos diante do discurso neoliberal que vem sorrateiramente impondo, sobretudo à juventude, o pensamento dos intelectuais ontem progressistas, ou de esquerda, e que hoje, estupefatos diante da queda do muro de Berlim, estão convertidos ao pragmatismo do discurso neoliberal, um discurso que vem despoetizando cada vez mais a educação e a escola. Isso é uma ameaça ao homem e à mulher. Diante de fato desta natureza — e essa já é uma preocupação de hoje e não do amanhã — defendo uma educação *criticizante*. Que eles, os jovens, se convençam de que essa não é apenas uma briga dos velhos, mas uma briga deles, uma briga dos velhos jovens, dos jovens que não querem envelhecer.

Criatividade

A criatividade tem que ver muito com uma das conotações da vida, do fenômeno vital que é a *curiosidade*. Não há vida em que a curiosidade não ponha a cabeça de fora. As jabuticabeiras, por exemplo, são curiosas; o próprio movimento, às vezes de um galho procurando o sol, fugindo da sombra à procura do sol, envolve a necessidade da sobrevivência que está carregada de curiosidade. Se a gente pensar um pouco sobre a curiosidade da jabuticabeira, dos animais e das pessoas, não há dúvida alguma de que, se ao nível da vida, do fenômeno, da experiência vital, a curiosidade é inegável, ao nível da existência humana a curiosidade se inquieta, se alonga e se aprofunda.

Assim, ao nível da experiência existencial, a curiosidade que implica às vezes uma certa estupefação diante do mundo, uma certa admiração, uma certa inquietação, um conjunto de perguntas, indagações ou silêncios, termina nos empurrando para uma refeitura do mundo. Nós, mulheres e homens, nos tornamos seres *refazedores*, reconstrutores do mundo que não fizemos. E não há reconstrução sem criatividade. No fundo, a criatividade tem que ver com a remodelação do mundo. De um lado, a criatividade faz parte da natureza mesma de estarmos no mundo; do outro, ela é uma necessidade para a própria sobrevivência da mulher e do homem no mundo, com os outros. Nesse sentido, observe-se como as experiências autoritárias são profundamente castradoras e desumanizantes e como cerceiam o teu correr risco.

O *gosto do risco* também faz parte do ímpeto criador; quer dizer, sem me arriscar não crio nada. Por isso estabeleço uma diferença entre o intelectual que lê durante dez, vinte horas os textos, fala-os como se fossem a recitação memorística de um poema, e o intelectual que, gostando muito mais da vida do que o outro, lê mais e seriamente. Quer dizer, lê mas reconstrói o que lê, recria o que lê, pode até não citar uma página inteira mas apreende a substantividade do lido e por isso aprende. Esse intelectual se arrisca. Quando ele escreve, mesmo que de vez em quando cite algo, não precisa transformar o seu texto num retalho de citações em que ele comparece de vez em quando só para ligar um trecho citado a outro. Esse segundo intelectual de modo geral é bem-amado e não tem medo da lua cheia. O primeiro tipo de intelectual, se você para diante de uma lua que começa a pratear o mundo, diz: "Isso não é rigoroso". Ele nega a boniteza porque não é rigorosa, mas na verdade tem é medo da boniteza, de modo geral ele é mal-amado, e não se ama também. Já o segundo intelectual atira-se ao desconhecido, curioso para saber o que é, e está sempre disposto a refazer, a reconstruir.

Eu diria também que uma das notas centrais de uma prática educativa, principalmente nesses tempos atuais de avanços tecnológicos em que você pode virar tecnicista, é você viver intensamente a *esteticidade* da educação. Sou tão exigente com isso que nem sequer uso a expressão que deu título ao famoso livro de Herbert Read, *A educação pela arte*, nos anos 1950. A educação é já essa "arte", apesar de se poder fazer pela arte também. Ela é em si uma proposta artística, ela já tem arte. Então, não há educação sem criatividade. A criatividade também não existe como uma virtude que você recebe de Papai do Céu, ela é construída na medida em que me arrisco para criar, em que me exponho, na medida em que não tenho medo de errar, que me torno mais criador e menos copiador. (É verdade que há um certo mérito na cópia, mas a cópia que para nela não presta. A cópia só é válida quando, em sendo feita, altera o copiado.)

Religião

Não me sinto um homem religioso, mas sim um homem de fé. Quando eu era menino, li um livro muito bonito de Miguel de Unamuno chamado *Ideias e crenças* e nunca esqueci que ele começa dizendo: "As ideias se têm e nas crenças se está". Posso dizer, até enfaticamente, que vivo uma *fé sem religiosidade*.

Posicionando-me assim, supero a dimensão mais mesquinha da experiência religiosa, o indiscutível autoritarismo das Igrejas. A Igreja se acha mãe, mas uma mãe que não é filha. Não conheço mãe que não seja filha. E que não tenha sido ou não continue a ser filha. As Igrejas se acham *mães* e querem que, como filhos e filhas, as obedeçamos cegamente. Para mim, não é isso... mas não estou no mundo para corrigir as Igrejas. Uma das poucas certezas que tenho é essa de que sou mais que o meu cadáver. Certeza esta que faz parte da minha fé.

Na meninice, fui religioso. Sou nascido e formado numa família católica que teve, porém, uma experiência muito interessante. Meu pai era espírita kardecista, mas nos deu um testemunho fantástico de diálogo e de respeito aos diferentes. Ele era um nordestino do início do século, no Recife, com a cultura profundamente "macha". Com 7 anos, fui até ele e disse: "Meu pai, quero lhe dizer que amanhã faço a minha primeira comunhão". Tinha 7 anos e não pedi licença — o que talvez seja até para alguns pedagogos um sinal ruim. Apenas comuniquei ao meu pai; aquilo já era um problema meu. Não precisava de autorização e ele me deu um testemunho, que até agora considero de uma força fantástica, ele beijou minha testa e disse: "Eu vou com você à igreja amanhã". Respeitou a minha opção, mesmo insegura, e foi comigo no dia seguinte.

Pode-se avaliar o que isso representou na minha vida inteira, daquela manhã até hoje, na formação do meu ser, o suporte de uma presença indispensável e afetiva numa hora que eu sabia importante. Aquilo depois se reproduziria em outras situações em que eu sentia de novo a presença do referencial, mesmo na ausência. Eu introjetei.

Na adolescência, continuei indo à igreja, mas houve um pouco de rebeldia aos 19 anos: eu sentia uma diferença radical entre o sermão e o comportamento reacionário da instituição, isto é, a negação da mão estendida e da briga, já na época, em favor da reforma agrária. Sentia uma contradição terrível entre a fala e a prática — e, ainda quando não me fosse possível alguma consideração de ordem dialética, isto é, sobre o que é prática, o que é teoria, e o resultado das duas —, eu achava aquilo um disparate.

Lembro-me da primeira fuga que fiz do comportamento religioso, da sequência da religiosidade da Igreja. Ainda me lembro de uma longínqua manhã de domingo em que eu dizia que estava muito severo em minha crítica, que afinal havia uma dimensão profundamente humana sem a qual a Igreja não era Igreja, e que eu estava querendo divinizá-la. Tinha que entender as contradições dos sermões (mas implico com os sermões até hoje).

Depois disso, eu não diria que deixei a Igreja, mas me fiz mais fé do que *aparato comportamental* da religião. Aqui, talvez, eu possa dizer uma coisa que, do ponto de vista clássico, já é um pecado: não vejo mérito na preservação da fé, porque, nos momentos mais difíceis que tenho vivido nesses 75 anos, inclusive na morte da minha primeira mulher, que morreu sobre meu peito, nunca perguntei "por quê?". Sempre achei essa pergunta indébita, ou seja, apesar de toda a minha luta no sentido de ser considerado em meu direito de perguntar, jamais perguntei "por quê?". Essa é uma fé em que vivo em paz — de vez em quando, às vezes, sem paz, pois respeito as posições dos outros. Eu me sentiria um pouco vazio se por uma razão qualquer perdesse a fé.

Sexualidade

Vejo a sexualidade como uma boniteza e não só isso; vejo-a como um direito. Lembro-me de que quando fui secretário municipal de Educação em São Paulo pedi a Marta Suplicy, que trabalhava com uma equipe de primeira qualidade, que viesse trabalhar com a gente. Ela ficou radiante e fez um trabalho excepcional, que mudou a cabeça de muitos jovens. Logo em seguida, dei uma entrevista a uma estação de tevê em que eu dizia exatamente isso, defendia o *direito de gozar.*

O homem e a mulher não vieram ao mundo só para sofrer. Sofrer faz parte dos ingredientes que compõem a experiência da existência, mas não só isso. É certo que não há sofrer sem gozo também, e não é preciso ser masoquista. Temos que criar as condições para o prazer, um prazer responsável, mas legítimo. A sexualidade precisa ser profundamente respeitada, profundamente vivida e ser também uma espécie de expressão artística — por isso falei da sexualidade como boniteza, como direito e, diria também, como dever. Estamos precisando de uma maneira mais humana de ver a sexualidade. Nos anos 1970, bem na explosão dos direitos femininos e das brigas das meninas, lembro-me do quanto discuti com as minhas filhas, adolescentes na época, sobre esse direito e sobre o exercício do sexo como um direito e como um dever. Nunca temi que a geração jovem se perdesse. Ela se acha, perdendo-se. Eu reconhecia os exageros havidos nos anos 1970 com relação à juventude, afinal de contas a mulher tinha diante dela, depois de séculos, na pílula, um instrumento extraordinário para, em certo sentido, defender-se do homem e afirmar-se como corpo. Nas minhas falas pelos EUA e na América Latina, muitas vezes depois de um seminário eu era procurado por um grupo de moças de 18, 19 anos (e eu era um sujeito amadurecido já), discutia com elas a forma como eu reconhecia o exagero no processo da luta. Num determinado momento da luta, seja uma luta individual ou de classe, ou de gênero, um dos polos, de modo geral o polo que esteve submetido, exagera na busca da sua liberdade e cabe a nós, os homens críticos que estão em favor da luta das mulheres, entender até as ingenuidades que as mulheres praticam no exercício da briga.

Aparência

Há uma certa relação entre criatividade, sensualidade e comida. Quando eu estava com 68 anos, num debate com jovens, disse que, apesar de minha gulodice — eu não como muito, mas gosto de comer bem e tenho medo de quem não gosta de comer, saio de perto de quem vive comendo pílula, porque esse pessoal não é amoroso —, eu tinha cuidados com o meu corpo. E não apenas para que pudesse prolongar um pouco mais a minha presença no mundo, mas como expressão do meu respeito pelos outros. Não tenho o direito de me enfeiar mais do que possivelmente já sou (e isso é uma questão de critério dos outros), não posso ajudar a minha feiura; seria um desrespeito ao gosto estético dos demais. Cuidar do corpo não é apenas uma questão de sanidade, de saúde, mas uma questão de ética e estética — as duas andam sempre muito perto uma da outra. Acho difícil ver uma feiura decente. Cuidar do corpo é um dever político, cívico, estético e um dever ético também. E tem a ver com a criatividade. Vale observar como o poder público neste país descumpre os seus deveres, o dever de cuidar dos outros. O que se vê são velhinhos morrendo no Rio de Janeiro aos montes em clínicas imorais. Ou 48 pessoas morrendo em Caruaru, interior de Pernambuco, com o problema da hemodiálise, envenenando-se. É incrível como essa feiura toda tem que ver também com a impunidade reinante. A impunidade é uma das grandes feiuras e uma das grandes imoralidades deste país.

Filhos

Tenho cinco filhos — três filhas e dois filhos. As filhas são as mais velhas: Madalena, Cristina e Fátima. Duas moram aqui no Brasil e, dos rapazes, um é professor de violão clássico e mora na Suíça e outro é professor de inglês e francês em São Paulo. Tenho cinco netas e três netos. Casei pela segunda vez com a Ana Maria, que tem quatro filhos e um casal de netos.

Amigos

A vida sem se querer bem deve ser uma coisa horrível, um isolamento afogador. Tenho excelentes amigos, alguns ainda de infância. Uma das coisas de que na minha idade a gente começa a sofrer é ver que a nossa geração se extingue. Tenho uma experiência pela qual dou graças a Deus, que é a seguinte: o fato de eu ter me tornado relativamente bem conhecido no mundo, porque não dizer bem-amado, me dá a alegria constante de não me sentir só e de não sentir este problema da geração se acabando. Chego a qualquer lugar do país e logo sou reconhecido, seja num bar, num restaurante, na rua, tendo a possibilidade de relação com as gerações as mais diferentes possíveis, desde homens e mulheres da minha idade a meninos e meninas de 20 anos. Isso não apenas no Brasil. Um dia fui parado numa rua em Londres e um inglês emocionado me abraçou e disse: "Eu sabia que um dia ocorreria isso. Muito obrigado por você ainda estar vivo". Essas coisas não me fazem arrogante, me dão o direito de ser contente, de ser feliz. Há poucos dias, conversei pelo telefone com dois amigos da adolescência e não tivemos uma conversa saudosista, e sim uma conversa amorosa, de reminiscências. Eu preciso das amizades como os pássaros do ar.

Atividades atuais

Fui aposentado pelo golpe de Estado de 1º de abril de 1964, quando tinha 42 anos, e era uma estranheza para mim porque eu não me sentia nem velho nem doente. A minha aposentadoria se mantém até hoje, mas quando voltei do exílio, onde trabalhei o tempo todo, fui professor da PUC e da Unicamp em São Paulo. Deixei, há dez anos mais ou menos, a Unicamp. Continuo professor da PUC, onde sou tratado com muito carinho.

No mais, escrevo e leio. Estou muito em falta comigo mesmo e com o meu gosto, porque não estou podendo ler literatura. Estou defasado, mas participo de debates pelo país todo e também no exterior. Constantemente sou chamado, ora para ficar numa universidade europeia, ou numa universidade americana, ora para ir dar conferências. Deixei de ir à Universidade Columbia para receber uma importante medalha por motivos de saúde.

A vida

Vejo a vida da maneira como já expus e também como uma experiência em que o inédito, o inesperado, a surpresa e o espanto me alimentam.

A morte

A morte para mim é o outro lado da vida. Possivelmente o começo de uma outra. Gostaria de poder afastar o mais possível, de mim, a morte. Gostaria de ter uma presença mais demorada no mundo, desde que válida. Pediria a Deus para não ficar os últimos cinco anos inconsciente, numa cadeira, numa cama, mas que pudesse continuar a entender, mesmo erradamente, o mundo como entendo hoje, e a fazer alguma coisa por ele, mesmo pouco.

3

"Fui um menino cheio de 'anúncios docentes'"*

Jornal dos Professores: Paulo Freire, 70 anos, professor, falando com os professores. Nós poderíamos começar assim: quando surgiu em você o desejo de ser professor, como foi?

Paulo Freire: Fui um menino cheio de "anúncios docentes", o que não significa que eu tenha nascido professor. Agora, quando me revejo, me retomo — coisa que gosto de fazer —, me lembro que era um menino curioso. Um professor que não exerce a curiosidade está equivocado. Eu me perguntava muito, perguntava aos outros, era metódico no estudo. Sofria quando não aprendia e receava que isso prejudicasse o meu próprio processo de estudo. Tinha certas preocupações que a gente pode chamar de pedagógicas. Na adolescência, sonhava tanto em ser professor que às vezes, para mim, era difícil perceber que estava no nível do imaginário e não do real: eu me via dando aula.

Jornal dos Professores: O que o levou a ser professor?

Paulo Freire: Eu dizia que havia duas razões visíveis para eu ter me entregue ao magistério. Uma era a necessidade de

---

* Entrevista publicada no *Jornal dos Professores*, do Sindicato dos Professores de São Paulo, em dezembro de 1991 (encarte especial, ano IV, n. 30). A.M.A.F.

ajudar. A minha família sofreu o impacto da crise de 1929, tivemos que nos mudar do Recife para Jaboatão, foi uma espécie de decisão mágica da família, para ver se fora seria melhor, mas não deu certo. A falta de dinheiro e o endividamento continuaram lá. Quando eu tinha os meus 18 ou 19 anos, estudante de ginásio, eu precisava ajudar em casa. Meus dois irmãos estavam trabalhando normalmente, muito sacrificados, minha irmã estava no último ano da Escola Normal e a única maneira de eu ajudar era ensinando.

A segunda, na verdade, foi uma questão de gosto intelectual. Eu era muito menino quando descobri uma certa paixão pelos estudos de gramática e dei saltos por mim mesmo. Eu li todos os bons gramáticos brasileiros e portugueses que eu conseguia comprar em sebos, tinha uma paixão enorme e foi exatamente me servindo dos conhecimentos que fui adquirindo que eu me tornei, antes mesmo de estar dando aula, competente para dar aula. Dando aula a jovens de classe média, tão apertados quanto eu em Jaboatão, que fui me tornando professor. Quando digo que ninguém nasce professor, eu tenho uma experiência viva disso.

Jornal dos Professores: Como era a vida em Jaboatão?

Paulo Freire: Muito dura, muito sofrida. Meu pai morreu quando eu tinha 13 anos, o que agravou ainda mais a crise. Eu me lembro de certos momentos da vida de minha mãe e quando eu me lembro deles eu tenho uma sensação de mágoa. Foi, por exemplo, acompanhando-a que eu pude ver com que rosto de vergonha, de intimidação ela ficava quando o sujeito da venda — minha mãe ainda não havia posto o corpo inteiro na porta — gritava por trás do balcão que não venderia a ela porque a dívida já era grande e que ele não acrescentaria mais. Ela nem balbuciava um "desculpe" ou "muito obrigada", voltava-se para a rua e saía e eu atrás, sem comentários também. Essa coisa me marcou profundamente. Eu cresci com um baita respeito por ela e também com o senso de muita responsabilidade perante ela. Eu acompanhei muito de perto a dor dela, o sofrimento dela e fiz tudo o que pude durante toda a minha vida em termos de ajudá-la, de mantê-la.

Até a morte dela, eu não a vi mais, porque estava no exílio e não podia voltar para o Brasil. Isso, na verdade, não tem muito a ver com a sua pergunta. Faz parte da minha trajetória, da minha rua, da minha estrada. Foi um beco em que entrei, agora.

Jornal dos Professores: Voltando à sua experiência como professor, as suas primeiras aulas foram particulares?

Paulo Freire: Meus alunos eram meus próprios colegas. Eram muito bons em outras disciplinas e não o eram em língua portuguesa. Com alguns eu permutava, ensinavam-me matemática, por exemplo, e eu, português. Outros pagavam. Nita, minha mulher, às vezes reclama porque faço algumas coisas sem cobrar e eu até nunca disse isso a ela: no tempo em que eu, na verdade, precisei, eu cobrei e fui muito rigoroso nas cobranças, mas bastou não precisar muito que eu já reduzi o rigor. Eu sou um pouco gratuito e não me arrependo.

Jornal dos Professores: Você também usufruiu de gratuidade na sua formação?

Paulo Freire: O pai de Nita, Dr. Aluízio, dono do Colégio Oswaldo Cruz em Recife, foi absolutamente gratuito comigo, me possibilitando estudar sem pagar. Não foi bolsa aquilo. Dr. Aluízio me permitiu, me ofereceu o estudo como um direito. Ele nunca me chateou e nem à minha mãe para saber se a gente iria e se podia pagar. Não importava ao Aluízio, até, se eu pudesse pagar. Ele disse: "eu acredito no que a mãe dele me disse".

JORNAL DOS PROFESSORES: E a sua primeira aula?

PAULO FREIRE: O interessante é que com 16 anos eu escrevia "rato" com dois erres e "interessante" com cê-cedilha e aos 19 anos eu já era professor e, cá pra nós, eu me achava um grande professor.

A primeira aula particular foi lá mesmo na minha casa, numa salinha. Agora, na homenagem de 70 anos que fizeram a mim em Pernambuco, este primeiro aluno foi lá me abraçar, com a esposa dele. Ele foi meu primeiro aluno. Teve coragem de fazer essa experiência.

JORNAL DOS PROFESSORES: Como foi essa primeira aula?

PAULO FREIRE: Eu devo ter começado a propor a ele uma compreensão gramatical da estrutura do discurso. O interessante é que naquela época, sem saber nada, eu já partia para compreender as palavras nas relações que elas têm dentro do texto e não as palavras isoladas. Por exemplo, eu nunca dei aulas de verbo, a não ser pedindo aos meninos que eles criassem sentenças com os verbos.

JORNAL DOS PROFESSORES: E a sua primeira aula em colégio, como foi?

PAULO FREIRE: Uma das maiores alegrias que eu tive, realmente, foi quando dei aula no Colégio Oswaldo Cruz, o mesmo em que eu estudava, e comecei, obviamente, no que se chamava na época de curso para o exame de admissão. Dei as minhas aulinhas de língua portuguesa aos meninos de 10, 11 anos. Mas daí eu passei a ensinar no 1º, 2º, 3º anos.

Jornal dos Professores: Paulo, conta essa história de como o pai da Nita te deu emprego?

Paulo Freire: Um dia eu fui ao Aluízio e lhe disse que já fazia uns três ou quatro anos que eu estava ali estudando e não havia dado nada de mim ao colégio. Queria que ele escolhesse qualquer tarefa para eu cumprir, só lhe pedia que não fosse na hora das minhas aulas. E ele foi ótimo e pedagógico ao atender ao meu pedido. Comecei a trabalhar num cargo horrível: censor, que ajudava na disciplina do colégio, o que hoje pode ser chamado de inspetor de aluno. Foi uma experiência trágica, mas fundamental: eu fui censor da minha própria turma e vi como havia uma atitude classista por parte de alguns de meus colegas ricos, que passaram a me tratar com descaso ao perceberem que eu não pagava o colégio. De censor é que dei o salto para professor do admissão. Aluízio avaliou a minha prática docente com os meninos e aí ele me deu espaço. Eu dei aula no 1º, no 2º ano, e quando ele me botou no ginásio quis me testar e, nesta manhã, foi assistir à aula.

Jornal dos Professores: O que aconteceu nesta manhã?

Paulo Freire: Ele entrou, sentou-se e eu ainda me lembro que o conteúdo da aula eram as funções do "se". E eu dei uma bacaníssima aula. Eu sabia aquilo demais, era até um exagero o que eu sabia. Eu estudava muito. Naquela altura eu já sabia toda a réplica e a tréplica de Ruy, os sermões gramaticais de Ernesto Carneiro Ribeiro, o diabo!

Jornal dos Professores: E o Dr. Aluízio?

Paulo Freire: Assistiu à aula toda e depois mandou me chamar ao seu gabinete e me disse: "Paulo, olha aqui — sua expressão favorita —, sua aula foi extraordinária, mas você não acha que foi muito o que você deu?" E eu disse a ele que é ensinando muito que a gente pode cobrar do estudante: eles me entenderam e para mim este é o problema fundamental. Aí ele ficou em absoluta paz com relação ao meu trabalho.

Em última análise, para fechar essa pergunta, eu constatei pela própria experiência que a frase "NINGUÉM NASCE FEITO" não é apenas retórica e até que eu acho que a boa pedagogia é a que você se assuma fazendo-se permanentemente, para que você se faça bem. No fundo, eu fui me tornando professor, processo em que eu me acho ainda hoje.

Jornal dos Professores: Esta sua faceta, como professor de português, não é muito conhecida. Como você enveredou para a pedagogia?

Paulo Freire: Houve um momento na minha vida em que eu era conhecido na roda dos professores e também dos colégios como um dos bons professores de língua portuguesa.

Houve um outro momento da minha vida quando eu tive o convite para trabalhar no Serviço Social da Indústria, o Sesi, recém-criado pela Confederação Nacional da Indústria e instituído por decreto presidencial, num momento político que revela uma certa posição crítica das chamadas forças produtoras, das classes dominantes brasileiras, empresariais. Eu tenho quase certeza de que em certo momento dos anos 40 (sic), a classe dominante do Centro-Sul, preponderantemente de São Paulo, anteviu que o processo de presença popular na história política brasileira, a classe operária de São Paulo, seguindo o exemplo dos anos 20 (sic) (com a chegada dos italianos radicais, de esquerda, anarquistas), deu um baita impulso à consciência operária brasileira.

É como se a classe dominante dissesse naquele momento: "É preciso fazer o possível para continuar ocultando certas verdades". O Sesi, o Sesc, o Senai e o Senac nasceram com essa tarefa, de dourar a pílula, de fazer uma assistência que se estendesse ao assistencialismo e com o qual se faria política, mas a política da classe dominante.

Eu até que digo isso sem nenhum medo de estar cometendo uma injustiça.

A análise correta para mim é essa.

Vejam que coisa maravilhosa. Eu fui convidado para trabalhar neste recém-fundado Sesi de Pernambuco e foi exatamente a minha prática dentro do Sesi que me radicalizou.

JORNAL DOS PROFESSORES: Você era um agente de ocultação...

PAULO FREIRE: Eu nunca fui um agente da ocultação e me antecipei como desocultador. Agora, no texto que estou escrevendo, *Pedagogia da esperança*, em que retomo a *Pedagogia do oprimido*, eu faço uma incursão à minha passagem pelo Sesi e digo que, se bem que ela sozinha não explique a *Pedagogia do oprimido*, sem ela, porém, eu não posso explicar. Esta passagem foi e é um dado fundamental que me explica como educador progressista, hoje.

JORNAL DOS PROFESSORES: Quer dizer que, mesmo servindo aparentemente à classe dominante, você pôde realizar um trabalho de conscientização nos filhos da classe operária...

PAULO FREIRE: Por aí você vê como estavam equivocados e continuam alguns, espero em menor número, os sectários de esquerda que afirmavam, por exemplo, que aceitar um simples convite para ir a uma universidade dos Estados Unidos era vender-se ao imperialismo e que esse fato, por si só, significava um atraso ideológico, político. Isso não revela cientificidade nenhuma, revela nenhuma compreensão crítica da História, me dá mais pena do que raiva.

Jornal dos Professores: E os empresários paulistas, a Fiesp, como está hoje?

Paulo Freire: Naquela época, os empresários eram uma elite de intelectuais, como o Roberto Simonsen, pai do Mário Henrique, que era um homem inteligente, grande economista, que foram para mim muito mais clarividentes do que alguns reflexos daquela geração, como o [Mário] Amato. Quando você lê o que diz o Amato hoje, não tem nada a ver com a clarividência que tinha o Simonsen, por exemplo. Eu acho que houve um certo retrocesso na classe dominante.

Jornal dos Professores: Mais selvagem...

Paulo Freire: Mais dominante, mais selvagem.

Jornal dos Professores: Conte mais sobre a "contribuição" do Sesi na sua formação.

Paulo Freire: No Sesi eu aprendi a estabelecer uma certa comunicação com a classe trabalhadora, urbana e rural. O Sesi me deu essa chance. E foi a partir do Sesi que eu passei a dar saltos dentro do próprio município e cada vez mais eu comecei a ser chamado para discutir temas pedagógicos. Então eu fui me tornando um pedagogo também, um cara que pensava a prática educativa e que por isso mesmo propunha uma certa teoria dessa prática. Eu estou escrevendo muito sobre isso agora, preciso até me conter.

Jornal dos Professores: Conte um pouco da sua experiência com adultos, as reuniões de pais e mestres, enquanto diretor da Divisão de Ensino do Sesi.

Paulo Freire: Na Divisão de Educação aprendi as técnicas diferentes de ter encontro com grupos de adultos, aprendi, retifiquei os erros que eu cometi através das críticas que os operários me faziam, começando pelas coisas mais tradicionais até chegar a uma coisa que, eu acho, nunca foi feita em termos de prática na escola, que a gente chamava naquela época, pomposamente, de Círculos de Pais e Mestres e que eu amenizei, chamando de Pais e Professores.

Comecei a fazer círculos, reuniões programadas e conseguia uma frequência enorme. Discutia antes com os professores a problemática fundamental que eles viam naquela escola, escolhíamos uma temática parcial, porque caberia à família dar a outra parte. A primeira eu fiz. Daí em diante, terminava uma reunião fazia-se a temática da próxima, o que eu chamava de "carta temário". Os professores tinham um seminário comigo sobre o tema que ia ser discutido na próxima reunião, faziam um seminário com os alunos, que eram os primeiros a convocar os pais, para que não perdessem a reunião. Na "carta temário" eu desafiava os pais para que eles discutissem com os companheiros de rua, com os vizinhos. Eles precisavam trazer para o círculo não a opinião deles, mas da rua toda, do bairro, se possível. Resultado: passamos a ter 95% de frequência.

Jornal dos Professores: Isso acontecia em uma escola?

Paulo Freire: Não. Eram vinte e tantas escolas do Sesi.

Jornal dos Professores: O interessante é que o Sesi lhe dava espaço, apesar da ideologia...

Paulo Freire: Sim, eu tive todo o espaço para desocultar, apesar da ideologia ser ocultadora.

Jornal dos Professores: Você aproveitou a estrutura dos capitalistas para fazer exatamente o contrário da ideologia do capitalismo...

Paulo Freire: Claro, para fazer um trabalho democrático.

Jornal dos Professores: Houve algum episódio nesses Círculos de Pais e Professores que você gostaria de contar?

Paulo Freire: Nunca vou esquecer de uma coisa que está dita em inglês, porque eu contei isso nos Estados Unidos e saiu publicado. Um Círculo de Pais e Professores em que o tema geral que afligia os pais e as famílias era o da disciplina na família, na escola: o prêmio e o castigo. Eu tinha feito uma pesquisa no Sesi, com 1.500 famílias, e tinha encontrado um resultado trágico: a preponderância era de castigos físicos e violentos. Crianças amarradas com cordas, meninos que apanhavam surras. A única área em que o castigo sumia e caía na licenciosidade mais absoluta era a área praieira. Nesta zona, de pescadores, a relação pai-autoridade-liberdade era de total permissividade. Eu tinha um resultado diante de mim que era absolutamente negativo dos dois lados.

Para discutir o problema do castigo, do prêmio, na relação autoridade-liberdade, eu resolvi falar um pouco sobre o código moral da criança, mostrar que ele não tinha nada a ver com o código moral do adulto e que a permissão e a premiação passam pelo código moral. Ou passam aceitados ou passam rejeitados, mas passam sempre. Para explicar essa coisa eu me baseio todo, já naquela época, em Piaget.

JORNAL DOS PROFESSORES: Você pensava que eles entenderiam Piaget?

PAULO FREIRE: Eu teria que fazer a tradução, adequar o discurso científico de Piaget ao discurso concreto da classe trabalhadora. Ou eu era competente para fazer isso ou o meu discurso não seria inteligível.

Na época eu não era capaz de fazer isso. Eu não entendia como é que não me entendiam. Era tão claro para mim.

JORNAL DOS PROFESSORES: E como é que você aprendeu isso?

PAULO FREIRE: Com exemplos. Não foi invencionice da minha cabeça. Eu precisei descobrir que estava errado. Então, neste tal dia, em que eu falei de como alcançar a criança, disse que um dos caminhos era exatamente o diálogo com a criança. Quando eu acabei, um sujeito se levanta de lá e diz: "Nós acabamos de ouvir o Dr. Paulo que falou uma fala realmente muito bonita. Agora eu queria dizer umas coisas ao doutor que eu acho que meus companheiros todos concordam".

JORNAL DOS PROFESSORES: Era um dos pais?

PAULO FREIRE: Sim, um dos pais, um sujeito de cara forte mas mansa. Um cara de sabedoria, que falava com uma certa condescendência, expressava uma certa pena de mim. Ele olhou para mim e disse simplesmente: "doutor, o senhor sabe onde a gente mora?" E descreveu, afinal, a geografia da casa dele, a história e a cultura da casa dele. As necessidades dele, da mulher, dos filhos, as pressões para sobreviver, tudo isso. A dor, o cansaço. Chegar em casa de noite morto de fome e cansaço e tendo que acordar no outro dia, às quatro horas da manhã, portanto tendo que dormir.

E os meninos, endiabrados, diabólicos, fazendo o maior barulho do mundo. "Numa situação como essa doutor, o pai bate e não dialoga. Mas não é porque ele não ama. É porque não pode amar como o senhor pode."

E prosseguiu: "Eu vou dizer ao senhor como é a sua casa, eu nunca fui lá, mas vou descrever". E descreveu, perfeitamente, a minha casa.

Jornal dos Professores: Quer dizer que nós temos um país com esperança, ainda. Um homem do povo criticar... Ainda são possíveis as reformas de base...

Paulo Freire: Exatamente, que beleza! Eu vivi estes momentos de esperança, lindos. Que consciência de classe tinha esse homem, sem nunca ter lido Marx nem Engels. Como, a partir do conhecimento da geografia da casa, ele induzia a vida. Ele sabia os conhecimentos que você tinha e, inclusive, a forma errada de conhecer.

Hoje, sem saber seu nome ou se vivo está ainda — não creio —, lendo através do jornal de um Sindicato de Trabalhadores, a minha homenagem e o meu agradecimento a esse homem. Ele foi o meu grande pedagogo!

Jornal dos Professores: Naquela noite, qual foi sua reação?

Paulo Freire: Eu confesso a vocês que naquela noite fui afundando na cadeira. Se houvesse possibilidade, eu me esconderia. Às vezes me dá gana de ir lá, ver se ainda existe, perder a humildade e botar uma placa: "AQUI PAULO FREIRE APRENDEU QUE NÃO É POSSÍVEL FAZER O SEU DISCURSO PARA O POVO, QUE É PRECISO PRIMEIRO APRENDER A COMPREENSÃO DO MUNDO QUE O POVO ESTÁ TENDO, PARA DEPOIS FALARMOS NA SUA INTELIGÊNCIA". Dá vontade de fazer isso, mas seria arrogante demais.

Jornal dos Professores: O que ficou deste aprendizado na sua formação, nas suas obras?

Paulo Freire: Foram essas coisas todas que me levaram mais tarde, como pedagogo, a fazer afirmações como esta, por exemplo e até hoje, nem todo mundo me entendeu: "O ponto de partida de um projeto educacional está na identidade cultural dos educandos e não na dos educadores. Está na compreensão do mundo dos educandos. Está na sabedoria de que os educandos estão molhados, ensopados. Não importa que seja saber de experiência feita, portanto senso comum. Ninguém supera o senso comum a não ser partindo dele. Eu não posso superar o senso comum a partir do meu senso rigoroso. Eu tenho primeiro que assumir a ingenuidade do educando, me *empapar* dela também, depois, dar o braço ao educando e partir para superá-la. Isto não se faz! A escola admite que o aluno é tábua rasa para ela. Não traz nada do mundo e depois que vem para ela continua não recebendo nada do mundo. Só o que a escola dá. Esta escola não pode prestar, tem que fechá-la!"

Jornal dos Professores: Na história das suas reflexões, das que vão poder dar o salto, o reposicionamento, tem sempre o momento do diálogo com alguém qualificado que ajuda este processo...

Paulo Freire: Ah, sim. Eu tinha com quem conversar, trocar ideias. Em primeiro lugar, eu batia os papos com a Elza, minha primeira mulher, educadora também, a quem eu devo muito, porque é difícil você viver 42 anos sem dever a ela e ela a você. Se não é cínico, é louco! Em segundo lugar, eu tinha dois ou três amigos com quem trocava ideia, na acepção correta. O Paulo Rosas era um deles. Além disso, eu recorria a leituras que abriam caminho para mim da compreensão da formação social brasileira, profundamente autoritária. Depois, leituras que me ajudaram a descobrir como essa ideologia autoritária se reproduzia e como ela se manifestava em comportamentos diante dos quais eu estava vivendo.

Jornal dos Professores: No seu método de descoberta é interessante como a ideia vem antes da prática; como a gramática e o fascínio por ela o levam a dar aula. É interessante como é que não é o movimento social que o mobiliza, de início...

Paulo Freire: Eu acho que o que houve comigo é o que há contigo e com todo mundo. Houve um movimento dialético. Em certos casos foi a minha ideia a abstração que me moveu; em outros, não. Mas sempre a prática testou isso. Quem me fez sair do discurso de Piaget para discutir Piaget com eles, a partir da concretude deles, foram eles, e foi a minha prática de fazer um discurso sobre Piaget que me ensinou que estava errado.

Jornal dos Professores: Guimarães Rosa, através de um personagem, diz a certa altura: "Toda ação principia mesmo é por uma palavra pensada". Durante décadas se trabalhou com a ideia de que a classe operária seria a vanguarda das transformações. Neste momento os trabalhadores passam por um momento muito complexo. Afinal, quem é a vanguarda das transformações? Será o povo, a classe trabalhadora ou a intelectualidade que não vive as mesmas condições de necessidade?

Paulo Freire: A prática do oprimido para superar a realidade opressora começou na palavra pensada, que é exatamente o discurso antecipador do oprimido, da história. Enquanto a classe trabalhadora não tiver a possibilidade de teorizar o próprio discurso, somos nós, os chamados intelectuais, os progressistas que temos que fazer isso, indiscutivelmente. Mas ao fazermos isso não nos tornamos, necessariamente, vanguardas ou donos ou senhores do processo. Isso é o que muitos de nós fizemos, como intelectuais que pensávamos possuir a verdade revolucionária, que havia sido cientificamente proclamada, mas não necessariamente realizada.

Jornal dos Professores: Mesmo depois dos acontecimentos no Leste Europeu?

Paulo Freire: Para mim, depois de tudo isso que ocorreu no Leste Europeu, eu não vejo por que me desiludir da utopia socialista. Eu acho que na história, pela primeira vez, a gente está diante de uma possibilidade, ao reconhecer que a experiência anterior do socialismo nasceu equivocada porque se deu toda ela metida numa moldura autoritária.

O que não prestou na experiência do Leste Europeu não foi o socialismo, não. Foi a moldura autoritária dentro da qual o socialismo se extraviou. Assim como o que presta no Ocidente não é o capitalismo, não. É a moldura democrática da qual o capitalismo se serviu. O que a gente precisa hoje é motivar-se por uma outra luta, ainda pelo socialismo, mas arrebentando as molduras autoritárias em que foi metido e arrebentando a moldura democrática que está cobrindo e encobrindo o capitalismo para superar, mesmo agora, o capitalismo. Do ponto de vista da compreensão histórica, eu nunca estive tão otimista. Eu nunca percebi um momento tão importante para a prática pedagógica quanto este.

Jornal dos Professores: Uma volta aos anos 1960?

Paulo Freire: Não voltando ao pedagogismo dos anos 1960, em que se pensou que a prática educativa, sozinha, faria a revolução. Mas agora reconhecendo os limites da prática do capitalismo e descobrindo a força da educação, que está na fraqueza dela. Ela sozinha não faz a mudança social, mas também, a convicção — e aí vem a fortaleza da educação — de que não é possível fazer a mudança sem ela.

O que a gente tem a fazer hoje é instalar-se num otimismo crítico, de que a prática educativa — que se dirija no sentido de desocultação das verdades — é absolutamente indispensável à mudança do mundo.

Jornal dos Professores: O que leva um jovem hoje a querer ser professor? O que seria hoje o trabalho do professor no quadro da desesperança em que o indivíduo já não influi? O que motivaria um professor a dar aula?

Paulo Freire: A boniteza do momento de dar aula independe. Ela faz parte da natureza do ser da prática educativa. Por isso que eu acho tão importante que o educador se assuma fazendo boniteza. No fundo, as quatro dimensões da natureza da prática educativa são: a gnosiológica, a estética, a ética e a política. A prática educativa fecha essas quatro dimensões. Como educador, o professor faz política, então ele tem de se assumir politicamente. Para saber que ele tem um sonho que é político. Qual é a utopia dele? Que modelo da sociedade ele gostaria de provocar, de produzir com outros? Neste momento, independente do salário, o professor descobre mais boniteza ainda na sua prática.

O professor, também, tem que mudar a postura. Se é coerente e progressista, o professor tem que saber que não pode mediar nenhuma atitude dominante. Ele é refazedor do feito. Propor ao aluno que ressaiba o sabido, que reconheça o conhecido, que reproduza o produzido. Isso é produzir postura crítica no educando. Isso só o sujeito faz. E, quanto mais você faz, mais se capacita para trabalhar a transformação utópica da sociedade.

Chamar o aluno a assumir se enquanto conhecedor, não como recipiente do conhecimento que se transfere. É assim que ele vai aprender. O que libertará o menino operário, se ele entrar num processo de luta política, é a consciência de que pode conhecer e pode fazer História.

4

COM INDISFARÇÁVEL BRILHO NOS OLHOS*

SENTADO EM FRENTE A SEU ADMIRADOR, numa sala na Ireland House, um centro de cultura da Universidade de Nova York, a poucos metros da Washington Square, no Greenwich Village, o mestre — um homem doce, de fala entusiasmada e linguajar absolutamente pessoal — falou de seus amores, suas dores, da missão e da falta de reconhecimento dos educadores, de sua incansável esperança e, *com indisfarçável brilho nos olhos*, da paixão reencontrada na figura de uma mulher, aos 65 anos de idade.

EDNEY SILVESTRE: Como surgiu o Método Paulo Freire de alfabetização?

PAULO FREIRE: Eu talvez pudesse dizer a você e a quem nos vê e ouve que essa questão do meu trabalho no campo da alfabetização de adultos e, simultaneamente, no campo da educação em geral, tem uma origem muito remota. Eu não tenho dúvida alguma de que a minha relação com meus pais, o testemunho dos meus pais, a exemplaridade com que eles foram meus educadores e dos outros filhos, meus irmãos, isso me marcou enormemente. As crianças, de um modo geral, são curiosas, mas eu tive uma especial curiosidade em saber coisas, em querer aprender. Acho que aí está uma remota razão.

* Depoimento a Edney Silvestre, publicado no livro *Contestadores: entrevistas notáveis* (São Paulo: Francis, 2003), gravado em Nova York em abril de 1997. A.M.A.F.

Já na mocidade, acho que o que mais me tocou para que eu buscasse, pesquisasse algo, foi o que me parecia uma profunda injustiça e uma imensa ofensa aos adultos que, não tendo tido oportunidade de estudar enquanto crianças, chegaram à maturidade sem o comando da palavra escrita. Isso me parecia, como me parece, um absurdo, uma espécie de pilhagem. É como se o mundo que lê pilhasse, do mundo que não lê, o direito e a possibilidade de ler. O analfabetismo, no fundo, esconde uma proibição que é uma proibição de classe social.

EDNEY SILVESTRE: Dessa razão ética e dessa razão política é que teria vindo a sua paixão por ensinar?

PAULO FREIRE: Exato. Eu não tenho dúvida alguma de que eu não posso ser entendido fora de uma compreensão da ética e da política em mim. A educação, como formação humana, era um esforço indiscutivelmente ético e estético. Não há como separar também a decência da boniteza. A educação como busca de boniteza, necessariamente, procura a decência também, a decência do ser, e a natureza política dela, da educação, inviabiliza-nos a neutralidade. Você tem de, no fundo, ter uma opção, uma escolha, e depois brigar por ela, brigar pelo seu sonho. Então, meu primeiro ponto de partida era essa convicção de que, afinal, não só a alfabetização, mas também a educação implicam uma certa convivência ou uma relação que não pode ser rompida entre o conteúdo que se pretende ensinar e a experiência social e cultural que tem que ver com a identidade cultural, com os anseios. com os medos, com as frustrações do educando, e não do educador. Isso não significa, aliás, que o educador não possa e não tenha o direito de falar também de suas preferências culturais. O que ele não pode é fazer o trabalho educativo a partir de suas preferências culturais, quando sobretudo o que ocorre é uma diferença de classe social entre o educador e o educando. Nem sempre, mas quase sempre. Então esse é um ponto visto, primeiro. Um segundo ponto, uma segunda certeza, mais do que um ponto de vista, que eu tinha e tenho, é a de que, no caso da alfabetização, trata-se de uma experiência criadora, o que significa que o alfabetizando tem de criar, montar — para usar uma expressão mais técnica — o seu sistema de sinais gráficos. Ele tem de ser, no fundo, o arquiteto dessa produção ou criação, obviamente ajudado pelo educador ou pela educadora. O que eu quero dizer é que o exercício de tornar-se capaz de ler e escrever exige, de quem realmente aprende, uma postura de sujeito que cria o próprio aprendizado. Eu costumo, inclusive usando um jogo verbal, dizer que você só aprende quando apreende a razão de ser do objeto que aprende. Então, aprender é uma experiência de quem cria e não de quem é teleguiado. Assim, a minha crítica, o que chamei de bancarismo na educação, que é exatamente essa prática educativa em que o professor deposita... é como se o professor abrisse a cabeça do educando e metesse lá dentro os pacotes de conteúdos. Isso é uma inconsistência, não tem sentido. Por isso mesmo eu defendia o direito que o alfabetizando tinha e tem de fazer parte da sua capacidade de ler e de escrever. Uma outra coisa, para terminar essa pergunta, era a certeza que eu tinha e continuo tendo de que a prática de ensino e a prática da aprendizagem ocorrem num clima que deve ser, necessariamente, de boniteza e de alegria. Você imagina, uma das coisas mais tristes era a concepção clássica de uma escola severa, austera, punidora, em que se apresentava a punição como o caminho *sine qua non* para a formação do educando. Obviamente que eu não estou aqui defendendo uma pedagogia licenciosa, espontaneísta, de jeito nenhum. Eu estou absolutamente convencido de que a liberdade não cresce nem se constitui sem limites. O grande problema da liberdade é como assumir os limites eticamente, e não como assumir com medo da autoridade. Por exemplo, o pai que grita e esperneia e que tem o filho silenciado não é o pai que convence, que discute e que tem o filho silencioso. O que eu quero é um filho que saiba assumir o silêncio e não que viva silenciado. Isso exige um respeito ético dos limites. Mas eu estava certo, continuo hoje, de que a escola com que eu sonhava era uma escola de alegria, de festa, mas também, e necessariamente, uma escola de rigor, de seriedade científica.

EDNEY SILVESTRE: O senhor disse sua expressão "filho silenciado". Parece-me uma metáfora interessante para falar do que se passou no Brasil em 1964, quando nós tivemos o golpe militar. O que aconteceu especificamente com o senhor, a partir do golpe militar de 1964?

PAULO FREIRE: Eu fui silenciado. Eu só, não. O país foi silenciado, e o que é incrível são essas contradições que se dão na história. Afinal de contas os militares, que silenciaram a sociedade civil brasileira, em nome da fala da sociedade brasileira, em nome do discurso, do direito de voz, de ter voz, os militares se fundavam na comunistização do mundo e, quando me lembro disso, me lembro que fui apontado, com o processo todo de alfabetização no país, o movimento que eu coordenava, como bolchevizador e o anticristo. Quer dizer, é uma coisa de um imenso ridículo, sobretudo quando você pensa que isso foi em 1964, isso foi dito em 1964, é velho demais, esse discurso é atrasado demais, é medieval. Eu hoje acho que o Brasil não tem condições para golpes, não só o Brasil, mas sobretudo o Brasil, na América Latina. Acho também que a sociedade civil precisa ficar atenta, desperta, com relação ao indiscutível poder do Executivo brasileiro, o chamado "governar por decretos", 'medidas provisórias", é uma quantidade que nunca se acaba. Nunca a provisoriedade ficou tão efetiva. Eu acho que isso é uma ofensa também à democracia, mas no fundo isso é um vestígio do autoritarismo, a que o presidente não escapa como brasileiro. Daí a necessidade, para mim, da vigilância que um educador e, portanto, um político democrático, de opção democrática, coerente com a sua opção tem de ter, daí a necessidade da vigilância no sentido de se buscar a coerência. Não é possível fazer o discurso da democracia e usar tanta coisa antidemocrática Você não pode ter uma prática antidemocrática para selar o seu discurso democrático.

EDNEY SILVESTRE: Mas em 1964 o senhor foi preso e não sei se chegou a ser torturado.

PAULO FREIRE: Não, não. Mas eu acho que fui torturado, todos nós fomos, porque no fundo, por exemplo, quando lembro de que fui posto num xadrez...

EDNEY SILVESTRE: O senhor foi preso em Recife?

PAULO FREIRE: Em Recife. Fui posto numa cela do quartel do Exército, em Olinda, e confesso inclusive que, quando o oficial mandou abrir a porta e eu entrei, tomei um susto porque não imaginava que, em 1964, portanto duas décadas, quase três, antes de terminar o milênio, houvesse ainda uma punição como aquela para as pessoas. Eu pensei que não havia mais aquilo, e o que é triste é que eu acho que ainda continua a existir. Afinal de contas, me puseram numa cela que tinha um metro e setenta, que é exatamente o que eu tenho, de fundo, por sessenta de largura. Acho isso uma ofensa à dignidade humana. Eu faria até agora, através de vocês, um apelo ao Poder que nos ouve, não importa se civil ou militar, que acabe com isso. Vamos ser gente e não bicho brabo. Veja bem, a gente briga pelos direitos dos animais com legitimidade. Não é possível que no nosso mundo, na dimensão da existência, você ainda mantenha prisões desse tipo.

EDNEY SILVESTRE: Nessa cela, em Olinda, quanto tempo o senhor ficou?

PAULO FREIRE: Eu passei três dias. Ali, aprendi o valor da paciência, não de uma paciência de silenciados, mas de uma paciência silenciosa, que permuta com a impaciência. Aprendi também...

EDNEY SILVESTRE: Não seria a paciência da resistência?

PAULO FREIRE: A resistência, a necessidade existencial de resistir. Por isso mesmo aprendi, na minha experiência de preso, o quanto a obediência do silenciado, que não é ética, é uma resistência. Eu me lembrava, por exemplo, de como deveria ter sido duro para um escravo, levando pancadas violentas, açoites, preso, amarrado no tronco e obedecendo tanto quanto podia. E a obediência passou a ser uma resistência porque, obedecendo, mesmo absurdamente, salvava a vida, e preservar a vida para quem precisa brigar, para tornar o mundo decente, é fundamental. Eu digo no último livro que acaba de sair no Brasil que... Não, não é isso. O último livro chama-se *Pedagogia da autonomia* e acaba de sair aqui. Nele, eu digo que o homem e a mulher, através da história, tornaram-se capazes de tornar o mundo ético. Não havia como continuar sendo homem e mulher sem ética e precisamente ou somente porque somos nós os viabilizadores da ética é que somos capazes de transgredi-la. Por exemplo, você nunca ouviu falar que tigres africanos tenham sacudido bombas em cidades de tigres asiáticos. Nunca se ouviu falar na história que uma família de leões tenha covardemente matado membros de outra família e, à noite, tenham ido à família levar os seus pêsames. A gente faz isso. Nós fazemos isso. Para mim, uma das brigas que devemos ter enquanto estivermos no mundo é exatamente diminuir a possibilidade de transgredir a ética; portanto, de assumir eticamente de tal forma a ética que você diminua a possibilidade de evitar as transgressões. Você veja o mundo todo, não é só o Brasil, mas, no nosso caso particular, como a sem-vergonhice se democratizou de forma extraordinária no país. É preciso que se perceba no Brasil que a impunidade vai se acabar porque, com ela, você não restaura a ética, não creio que isso aconteça só com discursos. Acho que essas coisas, que no fundo são valores, precisam ser tomadas muito a sério hoje pelos políticos que são educadores e pelos educadores que também são políticos. Não é possível se esquecer disso. A ética atual é aquela do mercado e essa é uma ética malvada e perversa, absolutamente perversa. Precisamos lutar pela ética universal do ser humano, pois ela corresponde a uma natureza humana que se vem constituindo através dos tempos.

EDNEY SILVESTRE: O senhor é idealista, sonhador. O senhor tem esperança?

PAULO FREIRE: Claro. E comigo é uma coisa muito interessante, precisamente pela forma, pela maneira ou pela razão como eu entendo a esperança na existência humana. Há pessoas que me consideram um sonhador e eu o sou, mas não maluco. Há outras que me consideram um idealista. Para mim, não. Para mim a esperança faz parte disso que chamamos de natureza humana. No fundo, é algo que se constitui social e historicamente na nossa experiência, no mundo com os outros. E por que isso? Eu estou absolutamente convencido de que a inconclusão, o interminado, é uma característica da experiência vital: onde há vida, há inacabamento. Mas em termos de experiência existencial, que é a nossa, o inacabamento continua, nós somos tão inacabados quanto as árvores, os animais todos...

Edney Silvestre: O senhor está chamando de inacabamento a continuidade.

Paulo Freire: Exato. E pela incompletude do ser mesmo. Mas acontece que ao nível do homem e da mulher, tornamo-nos capazes de, em certo momento dessa experiência histórica do próprio inacabamento, nos conhecer como inacabados. A minha tese é a seguinte: um ser inacabado, que se sabe porém inacabado, necessariamente se insere num permanente processo de procura. A educação é esse processo. E agora a minha pergunta é a seguinte: será possível procurar sem esperança? Eu acho uma imensa contradição, por isso respeito os desesperançados e reconheço razões de ser que explicam a desesperança, mas ela é um desvio, uma distorção da vocação de caminhar que nós inventamos. A esperança em mim não é, como eu disse num dos meus livros mais recentes, uma teimosia. Eu sou ontologicamente, faz parte da natureza do meu ser a esperança, então não a posso negar. Mas há momentos históricos que pertencem não só a mim, à minha história individual, mas à história social, em que eu me deixo tocar pelo risco da desesperança. No momento em que me percebo um pouco desesperançoso, resisto, brigo contra mim mesmo, ou brigo comigo mesmo. Eu analiso a razão de ser da minha desesperança para poder superá-la. No fundo, sou inveteradamente esperançoso. Eu tenho um certo gosto, um gosto gostoso, verdadeiro, na intimidade do meu ser, de brigar pela esperança. Fora disso, eu não me entenderia no mundo.

Edney Silvestre: Mas mesmo hoje, mesmo depois do que aconteceu no Brasil em 1964, no Chile em 1973, mesmo depois do esfacelamento da União Soviética, o senhor ainda tem uma esperança política de construir uma sociedade mais justa?

Paulo Freire: Claro. Talvez até mais do que antes. Eu não tenho dúvida alguma de que com a queda do chamado muro de Berlim, do socialismo, que no fundo era um socialismo policialesco, e do stalinismo, o mundo terá condições — não exatamente agora, mas passada a estupefação — de construir uma sociedade mais justa. As esquerdas no mundo entraram em estupefação diante das pedras do muro caindo. Levantando-se dela, alguns elementos da esquerda ficaram mais rigidamente stalinistas, uma minoria que eu acho que, com todo o respeito que eu tenho, é uma minoria que perdeu o endereço da história. Uma quantidade razoavelmente grande dessa esquerda que lutou, brigou, em defesa dos interesses populares e da decência dos silenciados para que aceitem o silêncio enquanto manifestação ativa da luta, mas jamais ser silenciados. Uma grande quantidade de gente da esquerda estupefata aderiu ao discurso neoliberal. Veja bem, eu acho que eu e você temos um direito extraordinário, que é o direito de mudar; não tenha dúvida de que eu brigo pelo direito de mudar. Eticamente, acho que tenho de assumir que mudei, o que não posso é mudar e dizer que não mudei, o que não posso é mudar e pretender continuar a ter o mesmo respeito dos meus companheiros anteriores que me respeitavam precisamente pelas opções políticas contrárias às que tenho hoje. Por exemplo, se amanhã cismar e me convencer de que o discurso neoliberal é o correto, escrevo um livro sobre isso e digo: "Não venha mais aqui em casa falar em processo libertador, porque eu acredito na ideologia imobilizadora da história. O que eu acredito mesmo é que a educação deixou de sonhar. Não há mais o que sonhar em educação, não há mais o que pensar em utopias na educação, pois ela tem de ser uma prática, uma experiência puramente pragmática de treinamento técnico e científico do educando". O que eu não posso é virar esse tipo de homem, querendo contudo dizer que sou o mesmo que esse homem que escreveu esse livro que está na sua mão, *Cartas a Cristina*... Eu preciso ser coerente com o direito que tenho de mudar. Mas você me perguntou se, apesar de tudo isso, eu continuava otimista, esperançoso. Eu digo que sim.

EDNEY SILVESTRE: O senhor ainda acredita na utopia socialista?

PAULO FREIRE: Eu acredito. Eu não vou ver, mas a história não se faz com as presenças de quem sonha. Acho que o Darcy (Ribeiro) não vai ver a História mudar. Outro grande homem que morreu tão recentemente, (Antonio) Callado, nem eu, nem você veremos. Mas seus netos, sim. Acreditando nisso a que chamo projeto humano, mesmo que ameaçado e submetido a uma série de influências tecnológicas indiscutíveis que podem amaciar a curiosidade e a vontade, mesmo assim eu acredito que o projeto humano ganhará um dia. Recentemente, li um artigo de um padre suíço, num jornal suíço, cujo título era mais ou menos o seguinte: "Será que a globalização dará ou não lugar a um outro maio de 68?" Um artigo excelente, sobretudo em se tratando de um suíço, mostrando com uma imensa inquietação a inviabilidade da continuidade de um tal processo. Acho que, no fundo, o que há de gente em nós vai se rebelando contra uma ética que só cuida do lucro, e essa não é uma ética humana, e eu te digo mais: a liberdade de comércio que se sobrepõe à das mulheres e dos homens é uma licenciosidade e não uma liberdade, é uma imoralidade. Isso é imoral e eu não creio que a gente perdure muito tempo tão imoral, convivendo com distorções. Mas, é claro, você tem todo o direito, como centenas de pessoas que possam me ver e me ouvir, de dizer: "Paulo, tu continuas um sonhador". Graças a Deus continuo um sonhador. Aposto no projeto humano.

Edney Silvestre: Como foi seu reencontro com dona Ana Maria, sua esposa atual?

Paulo Freire: Ana Maria é minha mulher, nós nos casamos há oito anos. Eu lhe devo muito. Eu tinha perdido minha primeira mulher, que trabalhou enormemente junto comigo, que me acompanhou, me ajudou e me assessorou. Eu tenho uns amigos que dizem que eu era a teoria da prática dela, da Elza. Eu acho que era uma injustiça a ela e a mim. Ela era também teórica e eu sou também prático. Mas ela morreu e sua morte me destroçou, assim como a morte do marido de Ana Maria também a destroçou. Somos amigos desde que ela era menina e nos casamos em busca da reinvenção de nós mesmos. Abalado como eu estava... Mas houve uma coisa interessante, eu estava abalado mas não desesperançado, até nesse momento, que foi um momento dramático da minha vida. A chegada da Nita foi absolutamente importante e fundamental. Ela me ajudou a me refazer, a me reconstruir. Acho que quando a gente descobre, humildemente, a importância de uma outra pessoa em nossa reconstrução é uma coisa bonita também, é uma coisa gostosa. A minha gratidão a Nita é menor do que o meu amor por ela, porque, se só fosse gratidão, não valia. Por gratidão eu não continuaria com ela. Mas que existe também a gratidão, existe.

EDNEY SILVESTRE: No tempo em que o senhor vivia no exílio, como se sentia?

PAULO FREIRE: Eu só não te diria que eu me sentia destroçado porque é muito difícil isso acontecer. Mas eu sofri profundamente. Havia dimensões da nossa cultura que me fustigavam, como, por exemplo, o gosto da comida. O gosto da comida, no exílio, era uma coisa enorme. Quando eu viajava para os Estados Unidos ou para a Europa, eu já tinha os endereços de onde comer uma má ou uma boa, que para mim era sempre boa, feijoada. A música também, a língua, a entonação. Afinal de contas, a cultura, que eu acho que é tudo isso, e mais do que isso, é uma coisa que não nos deixa. Você, quando anda, anda com a sua cultura. E não há como sacrificar sua identidade cultural. Eu nunca me senti melhor que alguém porque sou brasileiro, mas nunca me senti pior por isso. Tenho uma alegria especial por ser brasileiro. Não um orgulho maluco, porque seria até burrice, mas um gosto de falar esse português nordestino.

Edney Silvestre: Mesmo tendo sido expulso do seu país, mesmo não podendo voltar ao seu país, ainda assim o senhor mantinha...

Paulo Freire: Claro! Eu mantinha e mantenho, a vida toda, porque, precisamente, quem me expulsou do país não foi o país, foi o poder. Eu não poderia penalizar o país inteiro por causa da distorção do poder, que é histórica. Eu jamais tive qualquer mágoa do Brasil, nem sequer de organismos, de universidades, por exemplo, que tiveram de ficar caladas, silenciadas, quando eu fui preso, minimizado, diminuído, expulso. Acho que não tinham como brigar.

Edney Silvestre: No Brasil, hoje se acredita que existam 40 milhões de analfabetos. O que isso diz da sociedade brasileira?

Paulo Freire: Isso continua falando da falta de decisão política da sociedade brasileira, da classe dominante. Educação, saúde e segurança são problemas que implicam uma vontade política. Eu não tenho dúvida alguma de que, se você tem uma vontade política, necessariamente o dinheiro vem. Evidentemente que não vem facilmente, você tem de fazer certas transformações na estrutura do poder. Você não pode pagar menos imoralmente aos professores num país, no Brasil, se você não fizer uma reforma na política de gastos. Não sou contra o fato de um profissional, um procurador por exemplo, ganhar muito bem, mas não posso entender que a distância entre o que ele ganha e o que ganha um professor seja tão grande! É preciso haver um acerto nessas coisas. Não estou propondo que se diminua o salário de quem ganha bem, mas o que é preciso fazer é acabar com a humilhação de quem é ofendido. Você imagina que no Nordeste brasileiro tem ainda professoras ganhando 15 reais e comprando giz com esse dinheiro, elas mesmas. E depois se fala tão contra, tão mal disso, das professoras brasileiras, dos professores. Eu tenho uma profunda estima por eles e um profundo respeito, porque fazer o que fazem, apesar de tudo, é uma coisa maravilhosa. O descaso histórico do poder nesse país com relação à educação e à dignidade da educadora é uma coisa que me deixa alarmado. Esse descaso é tal que às vezes tenho a impressão de que o presidente da República, governadores de estado, prefeitos não tiveram na vida deles uma professora primária que os tenha ensinado. Eles estão de tal maneira distantes do mundo de uma professora, de tal maneira se acham superiores à experiência, e ela só aparece em determinadas festividades para dizer: "Ela foi a professora do presidente", e o presidente a abraça. A impressão que eu tenho é de que esses homens vêm de outro mundo, um mundo diferente, são mandados por Papai do Céu. Eu não tenho dúvida de que é preciso um governo que eu chamo de sanamente insano, só assim você pode consertar as coisas, é como uma mescla de insanidade na sanidade.

Edney Silvestre: Professor, como o senhor quer ser lembrado?

Paulo Freire: Esta é ótima. Esta é ótima. Essa é uma pergunta muito gostosa. Eu até vou aprender a fazer esta pergunta a outras pessoas. Sabe que eu nunca tinha pensado nisso? Mas agora que você me desafia, talvez a minha resposta seja um pouco humilde. Eu gostaria de ser lembrado como um sujeito que aou profundamente o mundo e as pessoas, os bichos, as árvores, as águas, a vida.

Este livro foi composto na tipologia Dante MT Std, em corpo 12/15, e impresso em papel off-white no Sistema Cameron da Divisão Gráfica da Distribuidora Record.